개정
증보판

정보관리기술사 &
컴퓨터시스템응용기술사

Information Management
Computer System Application

vol.1 | 컴퓨터 구조

권영식, 권대호 지음

BM (주)도서출판 **성안당**

저 자 소 개

저자 권영식

- 성균관대학교 정보보호학과 졸업(공학석사)
- 삼성종합기술원 연구원
- 삼성전자 선임/책임/수석연구원
- 국립공원공단 정보융합실장
- 컴퓨터시스템응용기술사
- 정보시스템수석감리원

- 정보통신특급기술자
- 과학기술정보통신부 IT 멘토
- 데이터관리인증심사원(DQC-M)
- 韓(한)·日(일)기술사 교류회 위원
- http://cafe.naver.com/96starpe 운영자

저자 권대호

- 중앙대학교 소프트웨어학부

정보관리기술사
컴퓨터시스템응용기술사
- vol. 1 컴퓨터구조

2014. 10. 28. 1판 1쇄 발행
2015. 6. 5. 1판 2쇄 발행
2019. 6. 3. 개정증보 1판 1쇄 발행
2024. 1. 10. 개정증보 2판 1쇄 발행

지은이 | 권영식, 권대호
펴낸이 | 이종춘
펴낸곳 | BM (주)도서출판 성안당

주소 | 04032 서울시 마포구 양화로 127 첨단빌딩 3층(출판기획 R&D 센터)
     | 10881 경기도 파주시 문발로 112 파주 출판 문화도시(제작 및 물류)
전화 | 02) 3142-0036
     | 031) 950-6300
팩스 | 031) 955-0510
등록 | 1973. 2. 1. 제406-2005-000046호
출판사 홈페이지 | **www.cyber.co.kr**
ISBN | 978-89-315-2849-7 (13000)
정가 | 50,000원

이 책을 만든 사람들
책임 | 최옥현
진행 | 최창동
전산편집 | 이다혜
표지 디자인 | 박원석
홍보 | 김계향, 유미나, 정단비, 김주승
국제부 | 이선민, 조혜란
마케팅 | 구본철, 차정욱, 오영일, 나진호, 강호묵
마케팅 지원 | 장상범
제작 | 김유석

www.cyber.co.kr
성안당 Web 사이트

머리말

필자는 기업에 입사 후 학습량이 절대적으로 부족한 상태에서 여러 번 응시한 적이 있었고, 그때마다 답안 작성을 위해 참고할 만한 서적이 있었으면 하는 생각이 간절했었습니다. 1.6mm 볼펜으로 400분 동안 자신이 알고 있는 내용을 요약해서 해당 교시별로 14페이지에 논리적으로 기술하기란 쉬운 일이 아닙니다. 심지어 알고 있는 내용일지라도 답안에 기술하기란 또한 쉽지 않습니다.

이 책은 이런 어려움을 극복하기 위한 차원에서 학원 수강을 통해 습득한 내용과 멘토링을 진행하면서 스스로 학습한 내용을 바탕으로 답안 형태로 작성하였고, IT 분야 기술사인 정보관리기술사와 컴퓨터시스템응용기술사 자격을 취득하기 위해 학습하고 있거나 학습하고자 하는 분들을 위해 만들었습니다.

기술이란 과거 기술의 연장선으로 성능을 향상하였거나 보안요소 그리고 저전력, 사용자 편의성을 지향하는 방향으로 발전되고 있습니다. 해당 기술은 어떤 필요성에 의해 탄생이 되었을까? 그리고 어떤 기술 요소를 가지고 있고 다른 기술과의 관계는 어떻게 형성되는지? 그리고 향후에는 어떻게 발전될 것이며, 현업(실무자 차원)에서 경험한 문제와 해결 방법 등을 답안에 기술해야 고득점을 획득할 수 있습니다.

답안은 외워서 작성하는 것보다 실무 경험에서 쌓은 노하우를 논리적으로 기술하는 방법이 제일 좋습니다. 특히 IT 분야는 매우 다양하기 때문에 현업을 수행하면서 주위의 동료나 다른 부서의 팀원과의 교류를 통해 간접적인 경험을 많이 축적해 보는 것이 학습에 많은 도움이 되며, 직접 경험하지 못한 분야에 대해서는 간접적인 경험을 통해 습득하는 것도 좋은 방법입니다.

컴퓨터 구조 학습 방법의 예를 들자면, 아래와 같이 전반적인 발전 과정을 미리 이해해 두는 것이 좋습니다. 예를 들면 CPU 내의 Core 간 Interface의 발전 동향을 보면 아래와 같습니다.

과거	발전 방향	효과
병렬(Parallel) Data 전송	직렬(Serial) Data 전송	신호 간 간섭 제거, 저전력 대응
Master/Slave 연결	Point to Point 연결	3Tier에서 2Tier로 구성
동기식 통신(Clock 사용)	비동기식 통신	Clock 미사용에 따른 EMI 개선
송신측 오류 복구	수신측 오류 복구	전송속도 개선
Blocked I/O	비동기(Asynchronous)식 I/O	필요할 경우만 Event 처리
Process, Thread 동작	Multi-Thread 적용	Multi-Thread 동작으로 고속 처리
통신 방향(Half-Duplex)	Full-Duplex	송신과 수신 동시 수행
GPU-연산처리	GPGPU, TPU, NPU	고속 병렬처리, 인공지능에 최적화
저장(Memory) 기능	PIM(Processing In Memory)	Memory 내에서 Processing
2D Memory	HBM(High Bandwidth Memory)	3D TSV 적용 적층, 고속 데이터 처리

위와 같은 형태로 전체적인 내용을 이해하고 학습하면 지식의 폭은 신속히 늘릴 수 있습니다.

본 교재는 발전 동향, 배경, 그리고 유사 기술과의 비교, 다양한 도식화 등 25년간의 실무 개발자 경험을 토대로 작성한 내용으로 풍부한 경험적인 요소가 내재되어 있는 장점이 있습니다. 다시 한번 더 학습자 여러분의 답안 작성 방법에 많은 도움이 되었으면 하는 바람입니다.

교재 구입 후 추가로 궁금한 내용이나 문의 사항에 대해서는 운영 중인 카페 http://cafe.naver.com/96starpe를 통해 언제든지 성심성의껏 답변 드릴 것을 약속드리며, 본 교재 내의 내용도 지속적으로 보완하여 학습하시는 분들에게 도움을 드리고자 합니다.

총 9권의 도서가 집필되는 동안 옆에서 묵묵히 내조해 준 사랑하는 아내와 딸 지혜, 아들 대호에게 고맙고, 또한 출판을 위해 여러모로 도움을 주신 성안당 관계자분들께 감사드립니다.

저자 권영식

차 례

PART 3 병렬 컴퓨터

PART 4　Interrupt 및 I/O Interface

96. 아래는 프린트 IO제어기 내부 구조의 일부이다.
    데이터 레지스터(Printer_Data_Register)와 상태제어 레지스터(Printer_Status_Register)가
    있고 각각 8Bit 레지스터이며 상태제어 레지스터의 제어정보는 아래와 같다.
    사용자 프로그램에서 'ABCDEF'라는 6개 문자열을 프린트하고자 한다.
    Programmed IO방식에 대한 설명과 아래 Programmed IO방식으로 프린터에 문자열 쓰기
    Program 예시에 대한 구체적인 동작 과정을 기술하시오.
97. 아래 조건에서 기억장치-사상 I/O(Memory Mapped I/O) 방식으로 프린터에 출력하는
    프로그램을 작성하시오.

〈조건〉

1. Data Register 주소 : 412번지

2. 상태/제어 Register 주소 : 413번지

3. 상태 Register 최하위 Bit(b0) : Ready 비트로 사용

4. 제어 Register 최상위 Bit(b7) : 프린트 시작 비트로 사용

98. 아래 조건에서 분리형 I/O(Isolated I/O) 방식으로 프린터에 출력하는 프로그램을 작성하시오.

〈조건〉

1. Data Register 주소 : 412번지

2. 상태/제어 Register 주소 : 413번지

3. 상태 Register 최하위 Bit(b0) : Ready 비트로 사용

4. 제어 Register 최상위 Bit(b7) : 프린트 시작 비트로 사용

PART 6 논리회로

$$F(A, B, C, D) = A'B'CD + A'BCD + AB'CD + ABC'D + ABCD$$

$$F(A, B, C, D) = A'B'CD + A'BCD + AB'CD + ABC'D + ABCD$$

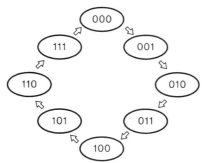

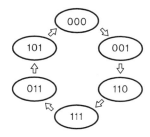

메모리 용량 : 1K Byte RAM, 1K Byte ROM

주소영역은 RAM은 0번지부터 ROM은 800H 번지부터 사용가능한 Chip(칩)들은 256Bx8Bit
RAM, 1KBx8Bit ROM

RAM의 제어신호는 RD, WR, CS(Chip Select)이고 ROM의 제어신호는 RD, /CS이다.
(" / "는 Active Low 신호이고 표기가 없으면 Active High임)

PART 7 컴퓨팅(Computing)

189. 암달(Amdahl's) 공식을 활용한 시스템 성능향상도이다.

> 시스템 성능 향상도＝1/(1－P)＋(P/S)
> * P＝속도 향상 가능 부분, S＝속도향상배수

CPU		입출력(I/O)	N/W 기능
정수 연산	부동 소수 연산	기억장치, Display 등	NW 기능
0.2%	0.2%		

0.4%　　　　　　0.5%　　　　　　0.1%

1) CPU Clock Speed를 2배로 가속했을 때 성능 향상은?

2) 부동소수연산 가속기를 2배로 했을 때 성능 향상은?

3) 입출력(I/O)속도를 2배(즉, BUS 구조, 캐쉬, 디스크 등 시스템 아키텍처를 최적화)로 했을 때 성능 향상은?

4) Network 속도를 2배로 증가했을 때 성능 향상은?

1) H/W 규모 산정 방법에 대한 개념 및 장단점

2) 규모 산정 대상

3) CPU 및 스토리지의 성능 기준치

PART 1

CPU
(Central Processing Unit)

하나의 토픽을 알기보다는 전체적인 발전 과정을 이해하고 도식화하여 기술을 설명하는 연습이 필요합니다. Computer의 5대 구성요소, 폰노이만(Von Neumann)과 하바드(Havard) 컴퓨터 구조, 명령어, System Bus, Register, H/W 구성요소, CPU 제어를 위한 Programming 방법, 그리고 CPU Core 간의 인터페이스 기술 발전과 CPU와 주변 장치 간의 인터페이스의 필요성 등 Computer의 제반 사항을 학습하는 Part입니다.

[관련 토픽 – 25개]

문	1)	Computer 5대 구성요소
답)		
1.		H/W, S/W, Firmware로 구성, Computer의 개요
	가	수백만개 이상의 전자부품으로 구성, Computer의 정의
		작성된 프로그램에 의해 입력장치로부터 자료를
		입력(Input) 받아 편집, 가공, 처리 저장후 결과
		(output)를 도출하는 전자자료처리 장치
	나	원시자료를 의사결정 활용까지의 과정

원시자료 Computer -Data를 가공하여

Data → 입력 → 입력장치 [CPU / 프로그램] 출력 출력장치 → 정보 얻은정보

-시급격의 Data
-의사결정사용부족

-의사결정에 활용

2.		5대 구성요소 및 설명
	가	Computer의 5대 구성요소

② 기억장치 HBM, DDR-RAM, SSD, HDD, VTL, Tape

NFC
Bluetooth, 무선
WLAN

③ 산술연산장치 -GPU

① 입력장치 유선/무선

④ 제어장치

Bluetooth, WiFi

⑤ 출력장치

-Wearable기기
-음성인식
-K/B, Mouse

CPU: 중앙처리장치

Monitor
projector
등

		- 산술연산장치, 제어장치, 기억장치, 입/출력장치로 구성
	나	Computer 5대 구성요소의 설명

장치	설 명	기술요소
① 입력	외부로부터 Program이나 Data를 컴퓨터 내부로 입력위한 장치	K/B, 마우스, 음성, WiFi, BT등
② 기억	프로그램과 프로그램수행에필요한 Data와 연산결과등을 기억	HBM, DDR-RAM SSD, HDD등
③ 산술연산	산술연산 / 논리연산 실행	Co-processor, GPU, GPGPU
④ 제어	각 장치의 동작과 Data 흐름제어	CPU (다수 Core)
⑤ 출력	처리한 결과 표시(가시화)장치	모니터, 홀로그램등

3. Computer 발전방향

- 상황인식 / 엣지(Edge) Computing, 양자 컴퓨터 등장
- GPU, GPGPU 통한 연산 성능 향상
- 기억 장치에 FeRAM, MRAM, PRAM등 비휘발성소자출시
- HBM - PIM 기술 적용, Processor와 Memory 간
 CXL Interface 적용, 성능향상

"끝"

문 2) Computer, H/W, S/W, F/W의 구성요소와 발전 방향

답) System의

1. Computer System 의 구성요소 설명

구성요소	설 명
사용자	Computer System 사용자 (End-User)
응용프로그램 (Application Software)	-System S/W : windows, ios, Unix, Linux 등 -응용 S/W : Excel, MS-Office, 한글, player -개발환경 : SDK, Eclipse, visualstudio 등 -언어 : JAVA, 파이썬, R, C++, C#, XML 등 -UI/UX, API, Process/Thread
운영체제 (Operating System)	H/W와 System 동작 직접제어 및 관리, 자원할당, 입출력제어(I/O), File/NW 관리 I/O제어, Memory 제어, Process/Thread 처리, 처리능력/신뢰도 향상, 응답시간단축, 사용가용성 향상, Multi-프로그래밍, Multi-Threading, Multi-Processing
Firmware	H/W 제어 S/W, OS를 Memory에 Load
Hardware	정보처리 위한 물리적인 요소의 집합

(좌측 화살표 표기: 소 → 위 → 계 → 벨)

2. Computer System의 발전

항 목	설 명
처리속도향상	1ms(1/1000초)→1-us→1ns→1ps→1f(femto)s
저장용량증가	KB→MB→GB→TB→P(peta)B→E(Exa)B→Z(zeta)B

		크기감소, 저가	TR → IC → SSI → LSI → VLSI → ULSI → VVLSI
		신뢰도 향상	MTBF(Mean Time Between Failure) 향상
		신기술 접목	무선 (802.11.XX), USB I/o, Thunderbolt I/o
		저전력화	탄소배출 Zero , Zero Power I/o, 저전력 I/o
		직렬 전송	기존 병렬전송 Data skew 발생, 속도향상한계
		연동제어(전압)	다양한 I/o 전압(1.5V, 3.3V, 5V등)구동제어
		메모리제어기개선	CPU 내 Memory Controller 내장

- VVLSI(Very Very Large Scale IC)

3. Device (Controller)간 인터페이스 발전방향

AS-IS	TO-BE	효과
병렬 전송	직렬 전송	신호간 간섭 제거, 저전력화
Master/slave	Point to Point	3 Tier에서 2 Tier로 구성
동기식 (Clock사용)	비동기식 통신	Clock 미사용, EMI 개선
송신측 오류복구	수신측 오류복구	전송속도 개선
Blocked I/o	비동기식 I/o	필요시만 Event 처리

- 초거대 언어모델(LLM)등 AI (인공지능) 학습위한
  GPGPU, TPU, NPU 통한 연산 속도향상

"끝"

문 3) CPU(Central Processing Unit)

답)

1. Computer의 두뇌, CPU의 개요

가. 중앙처리장치, 컴퓨터 통제, 연산/제어, CPU의 정의

외부에서 정보를 입력받아 기억하고 프로그램의 명령어를 해석, 연산하며 System을 제어하고 외부로 출력하는 역할

나. CPU가 수행하는 동작

구분	세부동작	설 명
공통적 동작	명령어인출	기억장치로부터 명령어를 읽어옴
	명령어 해독	수행동작 결정위한 명령어 해독
필요시 (명령어에 따라)	데이터 인출	필요시 기억장치&I/O장치로부터 Data인출
	데이터 처리	데이터의 산술적, 논리적 연산수행
	데이터 쓰기	수행 결과 저장 (주기억 장치&보조기억)

2. CPU 구조와 구성요소

가. 중앙처리장치(CPU)의 구조

구성요소	설 명		
ALU	- 산술/논리연산수행하는 회로(Hardware) - 산술(+, -, ×, ÷), 논리(AND.OR.XOR.Not) 연산		
레지스터 (Register)	- Access 속도가 가장 빠른 기억장치 - CPU 내부에 포함 가능한 Register수는 제한적		
제어유닛	명령어를 해독하고 그것을 실행하기위한 제어신호들 (Control신호)을 순차적으로 발생하는 H/W모듈		
CPU 내부버스	주소버스	외부로 발생하는 주소 정보 (8/16/32 Bit)	
	데이터	기억장치 & I/O장치와 데이터 송/수신	
	제어	동작제어 (예: Read/Write/Select등)	

나. CPU의 구성요소

"끝"

문	4	)	Stored program Computer 개념을 제시한 폰노이만
			컴퓨터 (Von Neumann) 구조의 특징과 문제점에 대해
			해결 방안을 제시하시오. (Harvard 구조와 비교도 하시오)
답	)		
1.			<u>Stored program 개요와 폰노이만 Computer의 특징</u>
	가.		<u>Stored program Computer의 정의</u> : 수행할 명령어들을
			내부 기억 장치에 기억 (Store)시켜놓고 순차적으로 실행하는 방식
	나.		Von Neumann Computer의 구조

CPU (Register) — 명령어 메모리 / Data 메모리 ← 주기억장치

①: 제어 (Control) 신호
②: 주소 (Address) 신호
③: 데이타 (Data)

- 하나의 주기억 장치 (Memory)에 명령어와 Data가 모두 저장

2.		Von Neumann Computer 구조의 특징과 문제점 및 해결방안
	가.	폰노이만 컴퓨터 구조의 특징과 문제점

분류	특징	문제점
공유 메모리 (Shared Memory)	하나의 메모리에 명령어와 Data가 모두 저장되는 구조	병목현상 발생 : 명령어 Read시 Data를 읽을수없음
명령어	명령어 Code 수정 가능	해킹(Hacking) 우려
Hazard 발생	파이프라인 명령 수행	공유메모리 → 구조적 해저드
장점	H/W Logic 간단, 저렴	역공학시 Code노출

	나.	Von Neumann Computer 구조의 문제점 해결 방안

분류	문제점	해결 방안

역공학 : Logic Analyzer 사용시 Code 노출됨

System Bus (Data/ Address/ Control 버스)

Data, 명령어	병목 현상	명령어와 Data, 제어 버스분리
역공학차원	Hacking 우려	암호화된 Code 사용
pipeline	Hazard 발생	Harvard 구조 적용
Memory	주기억 장치 병목현상	CPU에 메모리 제어기 내장(ሾ)

3. Von Neumann 구조와 Harvard 구조의 비교

항목	폰노이만 구조	Harvard 구조
특징	하나의 메모리(명령어+Data)	명령어와 Data 메모리 분리
시스템 Bus	제어, Data, 주소 버스공용	2개(주소, Data, 제어 Bus분리)
메모리	공유 (Shared)	분리 (명령어, Data 메모리각각)
pipeline	병목현상(구조적 해저드)	구조적 Hazard 제거
장점	Stored-program제시, H/W단순	pipeline 기술 적용 제시
단점	Hacking/역공학우려	구현 비용 증가, 회로 복잡
응용	Intel 계열 CPU (x86)	Embedded 소형 Core (ARM)

"끝"

ሾ= 비할렴 구조 ← intel cpu.

문 5) 폰노이만(Von Neumann)과 하바드(Harvard) 컴퓨터 구조

답)

1. 효율적인 Computer 디자인 위한 Computer 구조이해

가. Computer 아키텍쳐(Architecture)의 개념
   - 컴퓨터의 논리구조, Addressing Mode, Data 형식 과 같은 요소들의 조합으로 Computer 사용용도, 처리능력 (Processing Capability)에 영향주는 요소

나. 컴퓨터 Architecture의 종류(Memory 제어방식 차이)

Von Neumann 구조	Harvard 구조
하나의 Memory에 명령어와 Data가 모두 저장	서로 다른 메모리에 명령어와 Data가 각각 저장되는 구조

2. 폰노이만과 하바드 아키텍쳐의 개념도 및 비교

가. Memory Access 방식에 따른 아키텍쳐의 개념도

폰노이만	하바드
CPU — 주소 Address Data Bus 제어신호 → 메모리 (Data + 명령어)	메모리 프로그램 명령어 ⇄ 주소 Data 제어 — CPU — 주소 Data 제어 ⇄ 메모리 Data 저장

나. 주소, Data, Control(제어) 신호 갖는 아키텍쳐간 비교

항목	폰노이만 구조	Harvard 구조
특징	하나의 메모리만 존재	명령어와 Data 메모리 분리

		BUS	1개 (주소, Data, 제어)	2개 (주소, Data, 제어)
		메모리	공유 (shared)	명령어, Data 분리
		병렬처리	병목현상(구조적 해저드)	구조적 Hazard 제거
		장점	Stored-Program 제시	파이프라인 기술 적용제시
		단점	Hacking 우려	구현 비용증가, 회로복잡
		응용	Intel 계열 (x86)	임베디드 소형 Core (ARM)

3. Computer 아키텍처 현황과 전망   처리

가. 인공지능(AI) 연계 구현, GPGPU, NPU, TPU등 속도향상

나. 고성능 CPU chip은 아키텍처 혼합설계, Cache Memory

chip를 명령어 Cache와 Data Cache로 분리 설계 적용

다. 병렬 처리 기법 적용 : pipeline, Super Scalar,

VLIW, EPIC등의 기술 적용 고도화.

"끝"

문	6)	CISC와 RISC 명령어 구조		
답)				
1.		Computer 명령어 집합 구조, CISC와 RISC 개요		
	가.	CISC와 RISC의 정의 (명령어수, 형식, 길이차이)		

		CISC [복잡]	Complex Instruction set Computer
			다수 복잡한 명령어를 하나로 통합후 H/W처리
		RISC [축소]	Reduced 명령어 Set, 복잡한 명령을 단순명령
			으로 조합후 처리, 축소 명령형 Computer
		EISC[확장]	확장 Register와 Flag사용, 확장 명령형

	나.	명령어 집합 구조의 등장 배경 & 변천과정

		변천 과정,	단순 명령 → CISC → 파이프라이 적용 → RISC → 호환성 해결 → EISC
		등장 배경, 내용 설명	-CPU 처리속도↑ -고급언어 등장 -디코딩속도↑ -최소메모리사용	-CISC 가변길이 pipeline 적용어려움 -사용빈도높은명령 어고정길이 사용 →pipeline 적용	-고정길이 확장 사용 -확장 Register 와 Flag 사용

2.		CISC와 RISC 명령어 형식과 비교 (EISC포함)		
	가.	CISC와 RISC, EISC의 명령어 형식		

		CISC	RISC	EISC
		A [A/B] C D 1byte 2B 3B 4B A= opcode B/C/D= operand	A B C ← 고정길이 → 32Bit A= opcode B/C= operand	A B C ← 가변 → A= opcode B/C= operand

- EISC : 국내 개발 명령어로 RISC와 CISC 장점보완

나. 각 명령어 집합 구조간의 비교

구분	CISC	RISC	EISC
특징	복합 명령- H/W 복잡	32Bit 고정- H/W구조 간단	확장 명령어 가능
CPU명령	다수의 명령어	명령어 길이고정	가변길이 명령어
메오리	작게사용, 효율	낮은밀도, 비효율	효율↑, 임베디드유리
컴파일러	단순(HW 강조)	복잡(컴파일러 강조)	특수 Compiler필요

3. 실무자 입장에서의 효율적인 명령어 선정방법

- Multi-Core 적용시는 CISC, 간순 System에는 RISC
- 다양한 명령 처리 (16/32/64Bit)시 EISC 적용(적전략)

"끝"

- EISC (Extendable Instruction Set Computer)

문 7)	아래 연산을 CISC와 RISC 명령어 구조로 연산하는 예를 들고 CISC와 RISC에 대해 비교 설명하시오	

답)

$$X = (A+B) * (C+D)$$ //X,A,B,C,D는 변수

1. Computer 명령어 집합(Set) 구조, CISC와 RISC의 개요

가. CISC와 RISC의 정의 (명령어수, 형식(TYPE), 길이 차이)

CISC [복잡]	Complex Instruction Set Computer 다수의 복잡한 명령어를 하나로 통합후 H/W 처리
RISC [축소]	Reduced(축소) 명령어 Set, 복잡한 명령을 단순한 명령으로 조합하여 처리, 축소된 명령어 사용

나. Computer Instruction set의 변천과정 (발전과정)

단순 명령어 → CISC 파이프라인 적용 → RISC 조합성 강화 → EISC

CPU처리속도↑   Extendable(확장)

2. 주어진 수식에서 RISC와 CISC 명령어 구조 적용 예

가. RISC 명령어 구조 적용 (R1, R2, R3, R4는 CPU 레지스터)

실행	명령어형식	설명
LOAD R1, A	2 주소	R1 ←Load M[A] //Memory 내의 A값
LOAD R2, B	2 주소	R2 ← M[B]
LOAD R3, C	2 주소	R3 ← M[C]
LOAD R4, D	2 주소	R4 ← M[D]
ADD R1, R1, R2	3 주소	R1 ←Add후Load R1 + R2
ADD R3, R3, R4	3 주소	R3 ← R3 + R4
MUL R1, R1, R3	3 주소	R1 ←곱하기 R1 * R3

		STORE X, R1	2주소	M[X] ←저장 R1(결과)

4. CISC 명령어구조 적용

실 행	명령어형식	설 명
ADD R1, A, B	3주소	R1 ← M[A] + M[B]
ADD R2, C, D	3주소	R2 ← M[C] + M[D]
MUL X, R1, R2	3주소	M[X] ←저장 R1 * R2

3. CISC와 RISC의 비교   ↗ ADD, MUL 명령   LOAD, ADD, MUL,STORE.명령

구분	CISC	RISC
명령어 수	많음(예제에서 2)	적음(예제에서 4개명령)
명령어형식	여러 clock의 복합명령어를 포함	단일 clock의 축약명령어만포함
명령어길이	가변적임	고정적임
명령어호환성	유리 (명령어 추가용이)	불리(명령어 추가 제한적)
CDI	1보다큼	1에 가까움
Compiler	단순함. H/w가 강조됨.	복잡함. S/w(컴파일러)가강조됨
주소지정방식	복잡함	단순함
레지스터수	적은편	많은편
활용사례	Intel x86 계열	ARM, MIPS
메모리 접근 방식	-대부분 명령어가 가능함. -Memory-to-Memory:"LOAD" "STORE"가각 명령들내에 수행됨	-LOAD/STORE 명령어 가능함 -Register-to-Register:"LOAD" "STORE"를독립적인 명령으로사용함
Code 크기	작은 Code크기	큰 Code크기
제어방식	Micro-Program 방식	Hardwired 방식 유리

H/w = Hardware Logic   "끝"

문	8)	CPU 명령어 형식의 유형에 대해 설명하고 산술식 Y = A × (B+C)에 대해 ∅주소, 1주소, 2주소, 3주소 명령 방식을 아래 명령어를 선택하여 기술하시오. (PUSH, POP, MUL, ADD, LOAD, STORE, MOV 명령)
답	)	
1.		CPU의 Micro operation (최소동작), 명령어 형식의 개요
	가.	명령어 형식(Instruction Format)의 정의 (명령어 매뉴얼)
	-	각 CPU가 처리가능한 명령어 구성 구분을 표시하는 양식
	나	각 CPU의 Instruction Format의 표기 방법

OP Code	operand1	operand2

(2주소 명령방식 의 예)

↑ 명령어(산술,논리연산등) Data의 저장, Register와 메모리 주소형

- 명령어 형식은 명령어 집합, operand수, 명령어 길이로 구분

2.		CPU 명령어 형식의 유형 (기억장소와 operand수에 따름)
	가.	기억 장소에 따른 명령어 형식

기억장소	주소형식	설 명	명령어 예제
Stack	∅주소	Shift 연산	SHL : Shift Left
누산기(AC)	1 주소	AC에서 처리, 저장됨	ADD A AC←AC+A
다중	2 주소	Register들과	ADD R1, R2
레지스터	3 주소	메모리 번지	ADD R1, R2, R3

- 기억 장소 유형에 따라 Stack, AC, Register, 메모리로 구분

	나.	operand 수에 따른 명령어 형식

SHL : AC를 shift Left.

명령어	개념도 (op code와 오퍼랜드게)		명령어 예제
Ø 주소	A	A=opcode B=operand	SHL, SHR (shift Right)
1 주소	A | B |		LOAD A, ADD C
2 주소	A | B-1 | B-2		MOV R1, B ADD R1, R2
3 주소	A | B-1 | B-2 | B-3		ADD R1, B. C

- operand가 적수록 program 길이는 짧고 속도증가, 복잡함

3. 산술식 $Y = A \times (B+C)$의 각 주소 명령 방식 표현

Ø-주소 명령	1-주소 명령	2-주소 명령	3-주소 명령
PUSH C	LOAD B	MOV R1, B	ADD R1, B, C
PUSH B	ADD C	ADD R1, C	MUL Y, A, R1
ADD	MUL A	MUL R1, A	
PUSH A	STORE Y	MOV Y, R1	-Code size 축소
MUL	-Code size 많음		-복잡
POP Y	-단순함		-성능 up

- 주소 명령 방식에 따라 Code size 차이.   "끝"

문 9) 시스템 버스 (System Bus)

답)

1. CPU와 System 간의 정보교환, System Bus 개요

가. System간 Protocol, 시스템 버스의 정의

CPU (중앙처리장치)와 시스템내의 다른 구성요소들 간의 물리적 정보교환통로

나. System Bus의 종류 (Hardware 신호로 구분)

Address	단방향	구성요소들간의 주소 정보
Control	단방향	System동작제어 신호들의 집합
Data	양방향	Data 전송 (8/16/32/64 Bits)

2. System Bus의 구성 및 주요특징

가. CPU와 각 Component 간의 Bus 구성도

CPU (17)
- Overclocking 기능
- Turbo Booster
- 메모리 제어기 내장

L1 L2 L3 Cache
내장

주기억장치
- HBM
- SPRAM
- DDR4/5

보조기억장치
- I/O 장치
(HDD, SSD, Mouse, K/B)

제어선
주소신호
Data Bus
(Read/write)

Data Bus는 양방향임 (Read/write)

나. System Bus의 주요특징 & 설명

| Bus | 특징 | 응용예제 |

		Address	기억장치, I/O 장치 주소	주소Bit 16 = 64K주소지정
		Data	CPU 전송 Bit수 (one Time)	8Bit, 16Bit, 64Bit등
		Control	Read/Write 제어	I/O읽기 & 쓰기 가능

3. 최근 CPU의 Multi-Core간의 Bus 제어 동향

　가. 기존 FSB(Front Side Bus) 대역폭 한계 : 고속 메모리

　　　DDR 4/5 (Double pumping)등장 대역폭 한계

　나. QPI(Quick path Interconnect) BUS 제어 사용

　다. 비동기식 통신과 직렬 Interface 확장

　　　　　　　　　　　　　　"끝"

문 10) CPI (Clock Per Instruction), Processor 성능
　　　　　　　　　　　　　　　　　　　└향상 방안
답)

1. Processor 성능 향상의 핵심요소, CPI의 개념

　가. CPI (Clock Per Instruction)의 정의
　　명령어 당 소요되는 CPU 내부 Clock Cycle 수로
　　명령어상 실행시간을 표현하는 기준

　나. Program 수행시간 계산

> T(time) = Cycle time × CPI × 명령어수

　　Program 수행시간은 Compile 했을 때의 Program
　　명령수, 각 명령어수행시 소요되는 Cycle 수,
　　Cycle 당 소요되는 시간곱

2. CPI 표현방식 및 Processor 성능 향상방법

　가. CPI 1 일때와 2 일때의 표현예제

CPI=1 인 경우				
IF	ID	EX	MEM	WB

Clock 1 cycle

인출　해독　　　　　　　　Memory

명령 Fetch　Decoding 실행　Data인출 저장 Write Back

CPI=2 인 경우				
IF	ID	EX	MEM	WB

Clock 2 cycle

Fetch　Decode　Excute　Memory　Write Back

　나. Processor 성능 향상 방안 (CPI < 1)

기술	CPI < 1 되기 위한 기술 내용
직접도 향상	CPU내의 Register, Cache, Bus Bit 수등 용량증가 및 대역폭 증가로 시간상 처리량증가
Clock 속도Up	Clock 속도증가 → Cycle time 감소
Pipelining	슈퍼스칼라, Super pipeline 기술 활용
레지스터 수 증가	Register 수 증가로 주 Memory Access 줄임 CPU 내부동작 Fast Response (빠른반응)

3. 실무자 관점에서의 Processor 성능 향상시 고려사항

가. RISC의 설계 방식활용시 Pipeline, 메모리 Access 제한등으로 성능향상 범위를 고려하여 설계

나. Compiler와 연동하여 최대 속도 고려 (EPIC 적용)

"끝"

문 //) CPU 명령어 사이클(Instruction Cycle)과 Register

답)

1. CPU 명령어 실행 기본단위, Instruction Cycle 개요

정의 - 한개의 명령어를 실행하는데 필요한 전체 처리과정으로 CPU가 프로그램 실행순간부터 중단될때 까지의 Cycle

2. CPU의 명령어 수행 Cycle

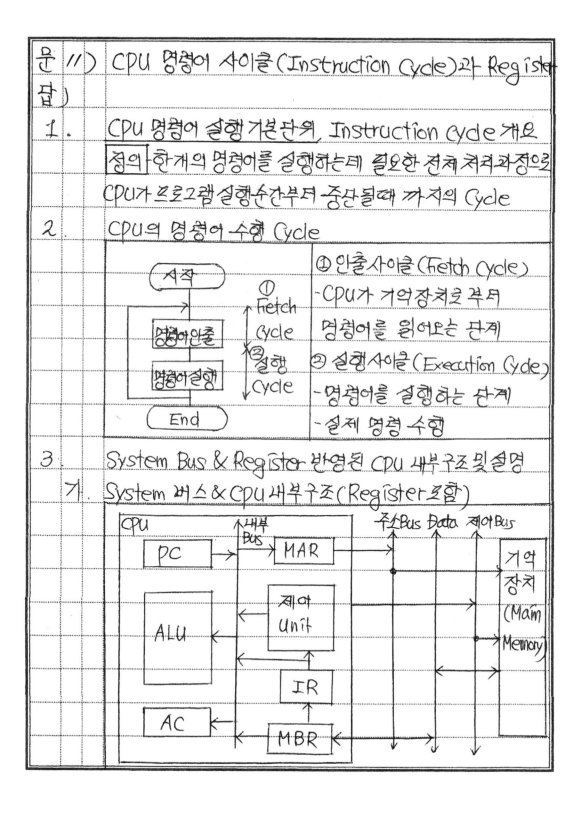

① 인출사이클(Fetch Cycle)
- CPU가 기억장치로 부터 명령어를 읽어오는 단계

② 실행사이클(Execution Cycle)
- 명령어를 실행하는 단계
- 실제 명령 수행

3. System Bus & Register 반영된 CPU 내부구조 및 설명

가. System 버스 & CPU 내부구조(Register 포함)

4.	명령어 실행에 필요한 레지스터의 설명		
	구분	Name	기능
	PC	Program Counter	다음에 인출(Fetch)할 명령어의 주소를 가진 Register
	AC	Accumulator	누산기, 데이터(Data)를 일시적으로 저장(Store)하는 레지스터
	IR	Instruction Register	가장 최근에 인출(Fetch)된 명령 어 코드(code)가 저장되어 있음
	MAR	기억장치 주소 Register	PC에 저장된 명령어 주소가 System 주소 버스로 출력되기 전에 일시적으로 저장되는 Address 레지스터
	MBR	기억장치 버퍼 레지스터	기억장치에 쓰여질 Data혹은 기억장치로부터 읽혀진 Data를 일시적으로 저장하는 Buffer 레지스터

"끝"

문 /2) CPU Major state

답)

1. CPU Major state 의 개요

가. 현재 state 표시, CPU Major State의 정의

- 현재 CPU가 무엇을 하고 있는 지를 나타내는 상태로 CPU가 무엇을 위해 주기억장치에 접근하느냐에 따라 Fetch, Execute, Interrupt Cycle로 구분됨

나. CPU (중앙처리장치)의 Machine Cycle

- CPU가 하나의 Major 상태로 머물러 있는 Time (시간)

2. CPU Major state의 상태변이와 역할

가. CPU Major 상태 변이

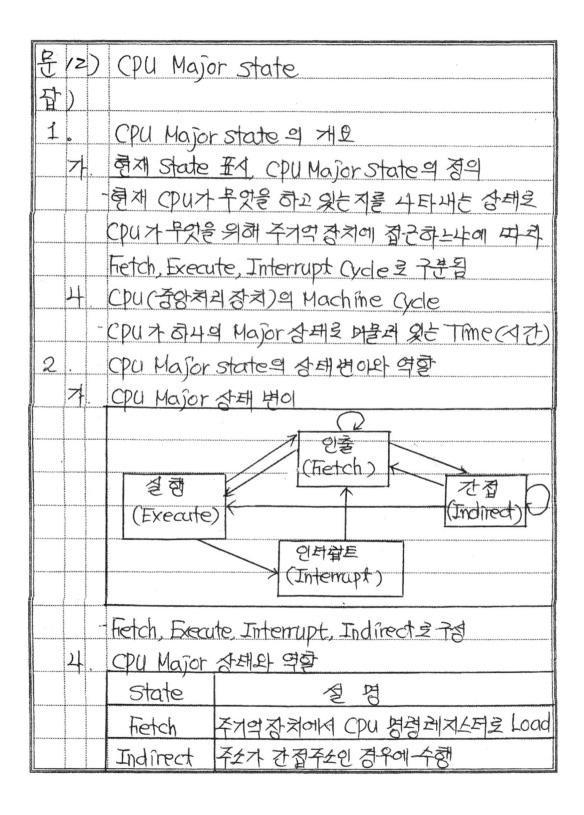

- Fetch, Execute, Interrupt, Indirect로 구성

나. CPU Major 상태와 역할

State	설 명
Fetch	주기억장치에서 CPU 명령레지스터로 Load
Indirect	주소가 간접주소인 경우에 수행

		Execute	인출 단계에서 해석한 명령을 실행하는 단계
		Interrupt	ISR(Interrupt Service Routine) 수행후 복귀
3		CPI < 1을 위한 CPU의 Major state	
		고려사항	설 명
		명령어 형식	∅/1/2/3 주소 명령어 형식
		주소 지정 방식	즉시 주소 지정, 직접(Direct) 번지 지정, 간접(Indirect) 번지 지정, 상대 번지 지정
		Interrupt	내/외부 Interrupt, Trap, S/W Interrupt, Interrupt 방식: Polling, Vector Interrupt
		Process 성능향상	일반적인 pipeline, Super pipeline VLIW, Superscalar, EPIC 등

"끝"

문 /3) CPU의 Major State를 Flow chart화 하여 설명하시오

답)

1. CPU 동작의 State Diagram, CPU Major 상태의 개요

가. CPU 현재 상태, CPU Major State의 정의

 - CPU와 Register가 무엇을 하고 있는지의 State

나. CPU Major State의 종류

명령어 Fetch(인출)	실행	직접/간접 Cycle	Interrupt 사이클

2. CPU Major State 동작의 Flow

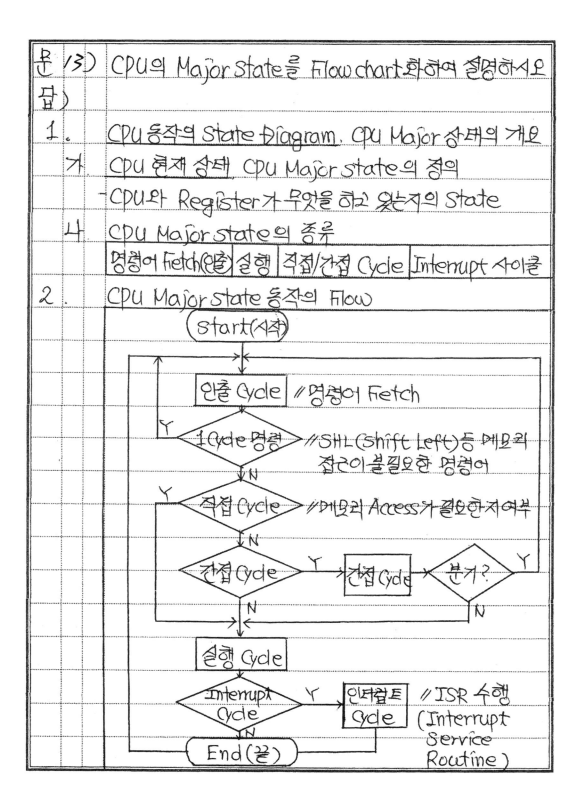

3		CPU Major 상태 Flow 설명	
		Cycle	설 명
		Fetch	-명령어해석, 실행할 명령어를 메모리에서 인출
			-명령어가 1Cycle명령어이면 다시 인출Cycle로
			-명령어가 1Cycle명령어가 아니면 실행Cycle로이동
		Indirect	-기억 장치로부터 주소(Address)를 읽어냄
			-간접주소이면 간접 Cycle로 이동하고
			분기(Branch) 명령이면 실행후 인출 Cycle
			로이동, 미분기시는 실행 Cycle로 이동
		Execution	-Data를 Memory(메모리)에서 읽어냄
			-실행후 인출 Cycle로 이동, Interrupt시는 처리
		Interrupt	CPU 상태 (현재 Program)를 잠시 pending하고
			ISR로 Jump후 Service실행후 복귀

"끝"

문 /4)	명령어 집합 구조 (Instruction Set Architecture)에 대해 설명하시오.

답)

1.	ISA(명령어 집합 구조)의 개요
가.	ISA(Instruction Set Architecture)의 역할
-	Software와 Hardware의 Interface 역할 수행
나.	S/W 설계자와 H/W 설계자의 역할

S/W 설계자	H/W 설계자
Programming에 필요한 명령어 종류 & Type, 형식, Data 표현 방법등	ISA(명령어 집합 구조)로부터 구현에 필요한 H/W 설계 구현 & 수행

2. ISA의 구성요소와 내용

분류	설명	
명령어 형식 (Type)	OP Code | Operand 1 | Operand 2 -OP code : 수행될 명령을 지정 -operand : 연산 필요한 Data 또는 Data 주소 지정	
명령어 종류	주소의 종류 : ∅ 주소 /1/2/3 주소	
	∅주소	Data나 주소 지정 불필요, ADD, MUL
	1주소	operand 하나만 가짐, PUSH A, POP A
	2주소	operand 2개. ADD R1 B
	3주소	operand 3개 ADD C A B

		명령어 역할	데이터 전송, 데이터 처리, 데이터 제어 기능
		주소 지정 방식	① 직접 주소 지정 → EA (유효주소) = A (오퍼랜드)
			② 간접 주소 지정 → EA = (A)
			③ 묵시적 주소 지정 → PUSH, POP, SHL
			④ 즉치 주소 지정 → operand = Data
			⑤ 레지스터 주소 지정 → EA = R(Register)
			⑥ 레지스터 간접주소 지정 → EA = (R)
			⑦ 변위 주소 지정 → EA = A + (R)

3. ISA 관련 최신동향

- RISC는 명령어 형식(size)을 고정하고 레지스터 수 증가함 주소 지정방식을 단순화하여 주기억장치 Access를 제한

"끝"

문 /5) CPU 주소지정방식의 유형및 예시

답)

1. CPU 메모리 참조방식, 주소지정방식 개요

개념도	정의
Instruction | OpCode | Address | Memory | operand |	프로그램 수행을 위해 연산에 사용되는 명령어의 구조와 데이터가 기억장치의 주소를 지정하는 방식

- 명령어는 OpCode와 operand 주소로 구성되며 주소지정방식에 따라 기억장치를 참조

2. 주소 지정방식의 유형및 예시

방식	지정 방식 설명	개념도
묵시주소 (implied)	-위치가 묵시적으로 포함 -Stack 구조시 항상 Top 예시) ADD, SHL, SHR	Instruction | Operand |
즉치주소 (immedi-ate)	명령어에 직접포함 (명령어를 연산에 사용) 예시) ADD R4, #3	Instruction | Opcode | data |
직접주소 (Direct)	연산에 사용될 데이터가 기억장치의 유효주소 예시) ADD R1, (0x1001)	| Opcode | Address | Memory | Operand | 0x1001

Register	연산에 사용될 데이터가 내부 레지스터에 저장. 예시)ADD R4.R3	OPcode Address / Register
간접주소 (Indirect)	오퍼랜드 기억장치 주소의 데이터는 실제 Data 주소를 지정 예시) ADD R4, @(R1)	OPcode Address / Memory / Operand
Register 간접주소	오퍼랜드에서 지정하는 레지스터는 실제 저장되어 있는 메모리 주소 예시) ADD R4, (R1)	OPcode Address / Memory register / operand
변위주소	-오퍼랜드 필드를 직접주소와 오프셋으로 구성. -메모리 사용 효과적이나 변위추가 필요 예) EA = A + (PC)	Opcode R A / register ⊕ / Operand Memory

3 주소지정방식 표기법

가. 표기법

EA	유효주소, 데이터가 저장된 기억장치 실제주소
A	명령어 내의 주소 필드 내용(Operand필드 = 기억장치주소)
R	명령어 내의 레지스터 번호(Operand필드 = 레지스터번호)
(A)	기억장치 A 번지의 내용
(R)	기억장치 R의 내용

4 표기법 활용 주소지정방식

주소 지정 방식	표기법	예시
즉치 주소	-	ADD R4, #3

묵시적 주소	-	SHL, SHR
직접 주소	EA = A	ADD R1, (0×100)
간접 주소	EA = (A)	ADD R4, @(R1)
레지스터 주소	EA = R	ADD R4, R3
레지스터 간접주소	EA = (R)	ADD R4, (R1)
변위주소	EA = A + (R) /A = offset(변위)	

다. 다양한 주소지정 방식 사용이유

- 제한된 수의 명령어 비트들을 이용하여 사용자(프로그래머)
가 여러가지 방법으로 operand의 주소를 결정 하도록해줌

"끝"

CPU

문 16) 아래 ADD (덧셈) 명령어의 실행 사이클 (Execution Cycle)
동작에 대해 설명하시오. | ADD addr(주소) 명령어 |

답)

1. CPU 명령어 실행 Cycle의 정의와 명령어 Cycle의 단계

  가. 명령어 실행(Instruction Execution) Cycle의 정의
  　 CPU가 기억장치로부터 읽어온(Fetch) 명령어를 실행.
  　 즉, IR(명령어 레지스터)에 적재된 명령어를 해독하고 실행하는단계

  나. CPU의 2단계 명령어 수행 과정 (Cycle)

  (Start) ┄→ 기억장치(Memory)로부터 명령어 Fetch
  　　　　　　 → 명령어를 Execution
  | 다음 명령어 패치 | → | 명령어 실행 | → (종 료)

2. ADD (덧셈) 명령어 실행 사이클과 Micro 동작 설명

  가. 주어진 ADD (덧셈) 명령어 실행 Cycle동안의 정보흐름도

CPU 내부
PC
MAR   t∅   t∅
제어장치
ALU
IR
AC   t2
MBR   t1
t1
기억장치 (Main Memory)
주소 Bus   Data Bus   제어 Bus
→ 실제 동작
┄┄ 연결도

정보흐름: t∅ → t1 → t2순

4.		ADD (덧셈) 연산의 실행 Cycle 설명	
		CPU clock	Micro 연산	동작 설명
		$t\phi$	MAR←IR(addr)	MBR에 Load될 ~~Data~~의 기억장치주소 전송
		$t1$	MBR←M[MAR]	해당주소 ~~Data~~를 MBR에 저장(Load)
		$t2$	AC←AC+MBR	MBR값과 AC내용 더해서 결과값 AC에 저장

3.		명령어 실행 Cycle의 Timing 계산 (CPU Clock이 500MHz)

CPU Clock이 500MHz = Clock 주기는 5nS

$t\phi$: $t1$: $t2$

5nS : 5nS : 5nS : → Total =15nS (실행 Cycle시)

"끝"

문 /7)	Cpu의 명령어 인출 사이클(Fetch Cycle) 동작에 대해 설명하시오 (IF: Instruction Fetch)
답)	
1.	Cpu 명령어 인출 사이클의 정의와 명령어 Cycle.
가.	명령어 인출(IF: Instruction Fetch) Cycle의 정의
	- Cpu (중앙처리장치)가 기억장치(Memory)에서 명령어를 읽어오는 단계. 즉 Stored Program의 내용을 Read함.
나.	Cpu의 2단계 명령어 수행 Cycle (Cpu clock 사용)
	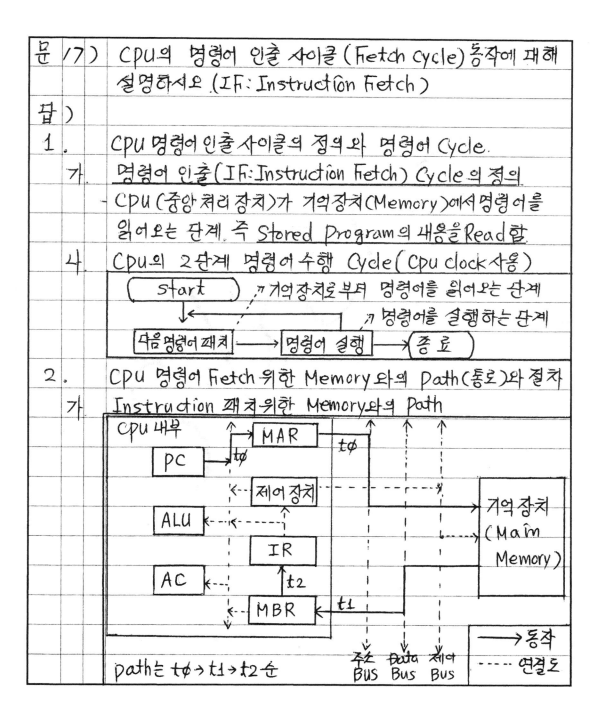
2.	Cpu 명령어 Fetch 위한 Memory와의 Path(통로)와 절차
가.	Instruction 패치 위한 Memory와의 Path

실제수행 동작

명령어 실행을위한 가장기본단위 프로그램수행

나.		인출 사이클의 실제수행 동작 (Micro /Atomic operation) 설명	
	CPU clock	Micro 연산	동작 설명
	t∅	MAR ← PC	- PC는 다음에 인출할 명령어의 주소
	t1	MBR ← M[MAR]	- PC가 가르키는 기억장소로부터 명령어 인출
		PC ← PC+1	하여 MBR에 적재, PC의 내용을 1 증가
	t2	IR ← MBR	인출된 명령어가 명령어 레지스터로 적재

CPU는 IR에 적재된 명령어를 해석하고 요구된 동작을수행

3. 명령어 인출 Cycle의 Timing 계산

CPU clock = 1GHz = Clock주기는 1ns

t∅   t1   t2
1ns   1ns   1ns   → Total = 3ns (인출 Cycle시)

"끝"

문 /8)	인터럽트(Interrupt) Cycle이 추가된 명령어 사이클에 대해 설명하시오.	
답)		
1.	인터럽트(Interrupt)의 정의와 제어 방식의 설명	
가	요구된 Interrupt의 우선 처리, Interrupt의 정의	
-	program 실행중에 CPU의 현재 처리 순서를 중단시키고 다른 등작을 수행하도록 요구하는 System(시스템)등작	
나	Interrupt에 의한 제어 방식의 설명	

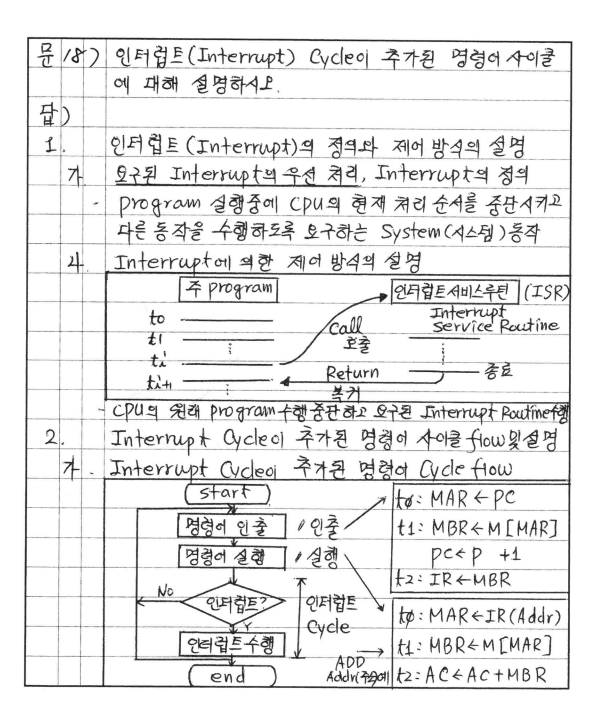

CPU의 원래 program 수행중단하고 요구된 Interrupt Routine수행

2. Interrupt Cycle이 추가된 명령어 사이클 flow 및 설명

가. Interrupt Cycle이 추가된 명령어 Cycle flow

$t0: MAR \leftarrow PC$

$t1: MBR \leftarrow M[MAR]$
$PC \leftarrow P +1$

$t2: IR \leftarrow MBR$

$t0: MAR \leftarrow IR(Addr)$

$t1: MBR \leftarrow M[MAR]$

$t2: AC \leftarrow AC + MBR$

4. Interrupt Cycle의 Micro 연산 설명

분류	Micro operation 및 내용
t∅	MBR ← PC (Program Counter)
t1	MAR ← SP, PC ← ISR의 시작 주소
t2	M[MAR] ← MBR * SP = Stack pointer
설명	t∅ : PC(프로그램 카운터)의 내용을 MBR로 전송
	t1 : SP내용을 MAR로, PC는 ISR의 시작주소로 변경
	t2 : MBR에 저장된 원래 PC내용을 stack에 저장

3. 다중 Interrupt 처리 과정 (중첩-Nesting)

주프로그램   ISRx   ISRY

주프로그램실행지속   x 실행완료   y 실행완료

- ISRx를 실행하는 도중에 우선순위가 더 높은 y Interrupt가 요구되었을때 처리하는 과정

"끝"

문19) ALU(Arithmetic Logic Unit)

답)

1. ALU(Arithmetic Logic Unit)의 개요

   가. 산술연산과 논리연산 담당, ALU의 정의

    - CPU에서 수치연산 & 논리 데이터에 대한 연산을
    수행하는 H/W 모듈, 모든 연산은 ALU를 통해 수행됨

   나. ALU의 역할

    - CPU(중앙처리장치)의 제어 Unit, Register,
    기억장치, I/O장치는 ALU에 데이터를 가져오거나
    연산 결과를 이동하는 역할

2. ALU의 구조 & 구성요소

ALU 구조	구성요소
내부버스 [산술연산장치] ←→ ↑	- 산술연산(+, -, ×, ÷) 수행
[논리연산장치] ←→	- 논리연산(AND, OR, XOR, NOT) 수행
[보수기] ←→	- 2의 보수를 취해 음수화
[Shift 레지스터] ←→	- 비트(Bit)를 좌측(×2배)/우측 (2배 나누기)으로 이동
[상태 레지스터] ←→ ↓	- 연산 결과의 상태를 나타내는 Flag 등을 저장

3. ALU 관련 최신 기술 방향

- Superpipeline, VLIW(Very Long Instruction Word) 구조에서는 다수의 ALU가 조합되어 동시에 병렬(Parallel)처리 수행
- Data 해저드(Hazard) 해결을 위해 ALU 출력을 입력으로 바로(ALU-Write / ALU-Read) 피드백(Feedback)하는 Forwarding 수행.

"끝"

문 20) 제어유니트(Control Unit)의 구성과 구현 방법에 대해 설명하시오

답)

1. 명령어 실행, Control Unit의 개요

가. 제어 유니트의 정의 : 명령어 실행을 위해 명령어를 해독하고 사전에 기술된 제어신호들을 적당한 순서로 발생시키는 Hardware 장치 (Unit)

나. 제어유닛(Control Unit)의 기본기능

| 순서 제어 | processor(Cpu)가 일련의 마이크로 연산들을 적절한 순서로 처리하도록 함 |
| 실행 | 각 Micro(마이크로) 연산이 실행되도록 함 |

2. 제어유니트 구성도와 구성에 대한 설명

가. Control Unit의 구성 (구조)

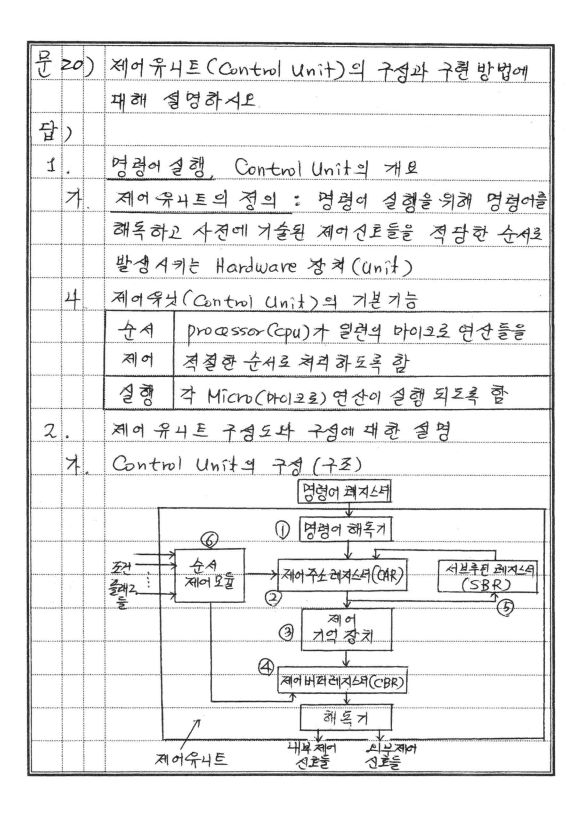

4. 제어유닛의 구성요소

No	구성요소	설명
①	명령어 해독기	명령어의 연산코드를 해독, 해당연산을 수행하기 위한 시작 주소 결정
②	제어주소 레지스터	다음(Next Cycle)에 실행할 마이크로 명령어의 주소를 저장하는 레지스터
③	제어 기억장치	마이크로(Micro) 명령어들로 구성되어진 마이크로 프로그램을 저장하는 내부기억장치
④	제어 버퍼 레지스터	제어 기억장치로부터 읽혀진 마이크로 명령어 비트(Bit)들을 일시적으로 저장 레지스터
⑤	서브루틴 레지스터	마이크로 프로그램에서 서브루틴이 호출되는 경우에 현재의 CAR(제어주소레지스터) 내용을 일시적으로 저장하는 레지스터
⑥	순서제어 모듈	마이크로(Micro) 명령어의 실행 순서를 결정하는 회로들의 집합

3. 제어유니트의 구현방법

Micro-Programmed 방법과 Hardwired Control 방법설명

구분	Micro-Programmed	Hardwired Control
개념도		

ROM: Read only Memory · 저장 반도체

			제어신호들의 조합을 미리	제어장치의 기능을 조합
		정의	구성해 ROM등에 프로그램으로	회로를 이용하여 Hardware
			저장하여 필요시 신호발생	로 구현
		구현	Hardware + Firmware	Hardware
		속도	S/W동작 제어로 상대적 저속	H/W회로로 고속처리
		유연성	S/W 구현으로 기능개선용이	고정된 H/W로 변경어려움
		비용	저가	고가
		적용방식	CISC	RISC
		오류	오류 발생률 낮음	오류발생률 높음

"끝"

문 21) CPU 제어 장치중 고정배선 (Hard-Wired) 방식과 마이크로 프로그래밍 (Micro-Programming) 방식

답)

1. CPU 제어 장치구성, 고정배선/Micro-프로그래밍 개요

가. CPU 제어 장치 (Control Unit)의 정의

- 주기억 장치에 적재된 명령을 순차적으로 인출한후 명령처리를 위해 기계적 동작구현 신호인 제어신호(Control Signal)를 발생하는 장치

나. Control unit의 분류

| 고정 배선 (Hard-Wired) 방식 |-고정된 형태의 논리회로를 이용하여 제어신호를 생성 (H/W적 논리회로 사용)

| 마이크로 프로그래밍 (Micro-Programming) | - ROM (Read Only Memory)에 저장된 마이크로 명령어를 이용하여 제어신호를 생성

2. 고정 배선 / 마이크로 프로그래밍 방식의 도식과 특징

가. 고정 배선 방식 (Hard-Wired)

			설명	-명령어 호출사이클에 의해 명령 Reg.에 들어온 연산자(OP-Code)는 해독된후 제어용 순서회로에 가해짐.·제어용 신호는 순서회로에서 얻음
	나.			Micro-Programming 방식의 구성도와 설명
			구성도	
			설명	-Hardware의 일부를 S/W기법으로 치환 -Micro-명령어가 제어장치의 기능을 직접수행(Firmware) -Micro 명령어의 형식 : 수평적/수직적 Micro- Programming 존재
	3.			Hard-wired 방식과 Micro-Programming 방식 비교

구분	Hard-wired	Micro-Programming
	Hardware 회로로 제어	Software (Firmware)
속도	신호를 생성하여 고속처리	적으로 제어신호 생성, 상대적 저속
변경 유연성	Hardware 고정회선 으로 변경어려움	F/W 구조로 변경쉬움, 기능개선 용이
적용방식	RISC / 고가	CISC / 저가

			설계 측면	System 복잡서 설계 (Design) 어려움	Firmware구조로 H/W 보다 쉽게 설계가능
			장점	-작동시간 극대화 -제어(Control)용 Timing 신호를 순서회로에서 얻음(부품최소)	-H/W 최소화, 설계간결 -개발후에도 변경가능 -S/W형태로 자기진단 (Diagnosis)기능 가능

"끝"

문 22)	제어 신호 생성을 위한 수직적 (Vertical), 수평적
	(Horizontal) Micro-programming
답)	
1.	수평/수직적 마이크로 프로그래밍을 통한 제어신호생성의 개요
가.	제어신호(Control Signal) 생성의 의미
-	기억장치로부터 인출된 Micro-명령어내 연산필드의 Bit
	들이 제어장치 외부로 출력되어 각각 제어신호로 사용됨
나	Micro-Programming 방식의 분류

수직적	연산필드의 Bit가 Decoder를 거쳐서 제어신호 발생
수평적	연산필드의 Bit가 각각이 하나의 제어신호를 의미

2	수직적/수평적 마이크로 프로그래밍의 개념도 & 의미
가.	Vertical (수직)적 Micro-Programming

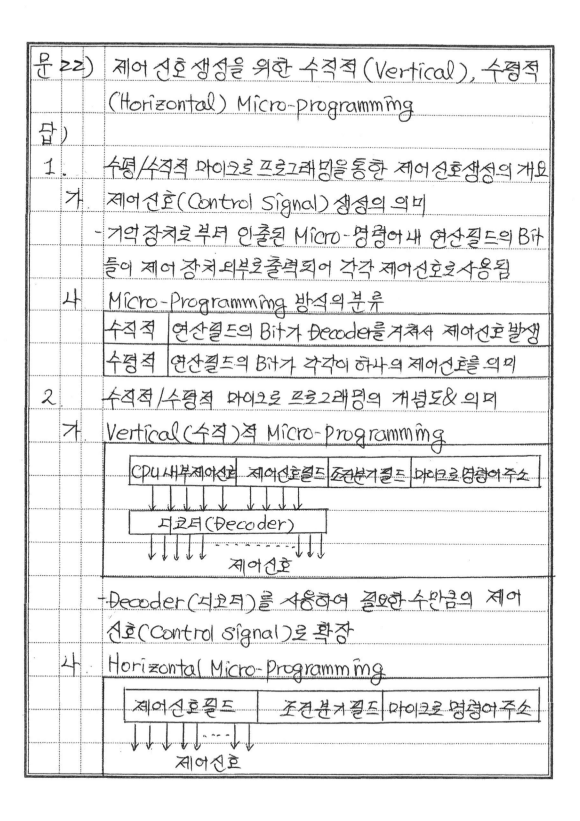

| CPU내부제어신호 | 제어신호필드 | 조건분기필드 | 마이크로 명령어주소 |

디코더 (Decoder)

제어신호

- Decoder (디코더)를 사용하여 필요한 수만큼의 제어
신호(Control signal)로 확장

나	Horizontal Micro-Programming

| 제어신호필드 | 조건분기필드 | 마이크로 명령어주소 |

제어신호

- 각 Bit는 하나의 Micro Action을 나타냄
- Micro 명령어의 각 Bit들은 각각 서로 다른 독립된 제어 신호(Control Signal)에 연결됨

4. 수직적/수평적 Micro-programming 의 비교

구분	수직적	수평적
Bit이용율	높음 (1 : n)	낮음 (1 : 1)
수행시간	디코더 해독시간 지연	1:1 대응으로 매우 빠름
병렬성	병렬성 낮음, Bit이용율 높아 기억장치이용율 높음	마이크로 Action들을 동시 수행, 병렬성 높음
장점	마이크로 명령어의 Bit 수 최소화, 기억장치용량↓	해석(Decoder) 동작 없어 빠름
단점	해독동작에 걸리는 만큼의 지연(Delay)시간발생	Bit이용율 낮아 제어 기억장치공간이용율 낮음
제어방식유형	CISC	CISC

3 제어 장치의 구현관련 실무차원에서의 고려사항

   고정 배선방식 - 상태 Flip Flop 제어방식, 순차 레지스터와 Decoder 제어 방식 종속도, 개발시간, 부품등을 고려 필요

   Software 방식 - PLA 제어 방식, 마이크로 프로그래밍 제어 방식으로 분류되고 Micro-Programming 제어방식에서는 대부분 수직적(Vertical)Micro-programming 방식이 적용됨

"끝"

문 23) Computer Main Board 의 노스브릿지 (North Bridge)
와 사우스브릿지 (South Bridge)

답)

1. Computer 메인 Board의 핵심부품 Chipset의 개요

　가. 전자회로의 집합체, 칩셋 (chip set)의 정의

　- 메인보드에 장착되어 여러 가지 제어회로를 내장하여
복수의 장치를 제어할수 있는 직접회로 칩 (IC chip)

　나. Chipset의 종류와 기능

종류	기능
North Bridge	- 메인보드북쪽(CPU아래)에 위치 (MCH) - CPU, RAM, VGA와 같은 고속의 장치 제어
South Bridge	- 메인보드 남쪽(North Bridge 아래)에 위치(IOH) - 저속장치(USB, PCI, SATA등)와 I/O 담당

2. Main Board 의 구조및 구성요소

　가. Intel 넷 버스트/Core 아키텍쳐

- FSB를 통해 CPU와 노스브릿지 간 연결(1600MHz, 13GB/s)
- DMI를 통해 North/South Bridge 간 연결(속도 2GB/s)

4. Intel i7 (네할렘) 아키텍쳐 (예시)

- QPI를 통해 CPU간, CPU와 North 브릿지 간 point to point 연결
- CPU내 Memory Controller 내장으로 직접 통신 및 메모리 관리

3. Main Board의 주요 Interface & 특징

가. North Bridge 연결 인터페이스

구분	내용
FSB	양방향 공유 버스구조, CPU와 메모리의 정수배 Clock(400MHz), 데이터 전송률(최대 13GB/s)
QPI	- 단방향 Point to point 구조, 최대 clock(3200MHz) - 데이터 전송률(최대 26GB/s), Star/Mesh 구조
PCI	- Peripheral Component Interconnect - Parallel, 65MB/s 전송속도 회선간 간섭

		PCI- Express	-지원 사양 다양화(×1/×2/×4/×8/×16/×32) -Point to Point 기반, LDVS 전송, QoS보장 -Serial (Layer통신), 회선간 간섭없음	

4. South Bridge 연결 Interface의 종류

구분	내 용
DMI	North Bridge와 South Bridge 연결
IEEE 1394	-AV기기, Home Networking용 표준 P2P시리얼규격 -3.2GBPS 속도, Host Master 기능 Default
USB	-Universal Serial Bus -각종 주변기기의 Plug&play, Hot swapping 지원, 고속 Serial Interface (USB 3.0 4.8Gbps)
PATA	-Parallel 40pin & 80 pin Cable(최대 45cm) 로 저장장치를 연결하는 Interface규격(HDD의용) -16 Bit Data동시 전송, 최대 133MB/s (UDMA)
RS- 232C	-시리얼 통신 지원, 비등기식 시리얼 Interface -홀/짝수 parity 지원, 9/25 pin 지원, 15m
I²C	-저속주변기기 연결, 양방향, 등기식 통신기술. -Master/slave구조, 3.3V, 10KKps
SPI	Serial 주변 Interface, 마스터/slave, 등기식
Audio Codec	오디오 출력위한 장치의 Interface (예 AC97)
PCI	Slot 형태의 다양한 장치 기판 연결 가능
Ethernet	유무선 N/W연결위한 Interface

4. Main Board Chipset의 발전방향

- GPU 내장 North Bridge 등장: 별도의 Graphic 카드를 장착하지 않고도 화면 출력 가능, 경제적임

- North / South Bridge의 기능통합: 두개의 Chipset을 하나로 통합하여 가격을 낮춘 Main Board 출시.

"끝"

문 24)		MultiCore 간의 기술발전방향과 CPU와 주변
		장치간의 정보전송을 하기위한 Interface 의
		필요성을 논하시오.
답)		
1.		MultiCore 간의 기술 발전 방향의 개요.
	-	CPU 내 여러개의 Core 간의 기술발전 내용

기 술	기술 발전 내용
통 신	병렬 → 직렬 전송 방식 (신호 간 간섭 Zero)
전압제어	전압 Regulator (전압 조정기) 내장 (자체제어)
전력	Green IT 대응 저전력화
프로그램 동작	Process → Multi - Thread 동작
Error 정정	수신 Core 에서 Error 정정 (해밍코드)
Clock 사용	동기식 → 비동기식 (clock 미사용)
통신 방향	Half Duplex → Full Duplex (양방향)
Graphic	GPU 성능향상 (3D/4D 대응)
제어신호	Master / Slave → Point to Point

2. CPU 와 주변장치 간의 Interface 필요성

필요성	내용	추가설명
다양성	표준 규약에 따른 장치 다양	USB, SSD, HDD 등
추상화	각 장치는 서로의 기능을	Interface 규격 간의
	몰라도 됨 (Layer 개념)	통신 Protocol
특성화	장치들의 특성에 따른	각각의 표준화 SPEC

	Interface	의 차이극복
호환성	기존 장치 지속 사용	기존 장치 호환성 유지
연동제어	다양한 I/O 장치들의 전압구동 차이 제어	1.5V, 3V, 5V, 12V 등의 구동 전압 차이
처리능력	8/16/32/64 Bit CPU의 처리 능력	Data 길이 처리부분의 차이극복
Band-Width 극복	Device 간의 Data 처리 Band-Width극복	전송 속도 Gap, Error 정정

- AI 학습 고속 처리: HBM - PIM, CXL 기술적용

"끝"

문 25) CPU의 Register 종류와 기능 설명

답)

1. CPU 산술/논리연산시 사용. Register 개요

가. 정의 - CPU 내부에 존재. 8/16/32/64 Bit 고속 처리 저장소

나. 필요성 - 산술연산, Thread 동작, Machine Cycle,
Content Switching 정보 저장 & 복구, Process 동작 제어

다. CPU Register 주요 동작 기능

Accumulator	누산기 산술/논리연산 결과 보관, ACC
Data Register	연산될 자료보관 & 연산결과 임시 저장
Adder	가산기, 누산기와 Data 레지스터 보관 자료 Adder
Status Register	Interrupt 발생여부 부호, Carry, Overflow 제어

2. CPU 레지스터의 구성도 및 종류, 기능설명

가. CPU Register의 구성도 (Intel CPU 기준)

31	16	8	0 16Bit	32BitCPU		〈Segment 레지스터〉
		AH	AL	AX	EAX	CS (code)
		BH	BL	BX	EBX	DS (Data)
		CH	CL	CX	ECX	SS (stack)
		DH	DL	DX	EDX	ES (Extra)
SP(stack Pointer)			SP	ESP		ALU
BP(Base Pointer)			BP	EBP		산술논리연산 → 출력
SI(Source Index)			SI	ESI		
DI(목적지 Index)			DI	EDI		
IP(명령어 pointer)			IP	EIP		Control Flag
PSW(프로그램상태워드)			PSW	EPSW		INT, Trap

Status Flag : CF, PF, ZF, SF, OF, AF로 구성

나. CPU Register 종류와 기능 설명
- 범용/ Pointer / Index / FLAG / Segment 레지스터로 분류

분류	Register 종류	Register 기능 설명
General (범용)	AX(AH, AL)	ACC, 산술/논리연산, I/O port
	BX(BH, BL)	Base Reg. 간접번지 지정
	CX(CH, CL)	Count Reg. Loop와 Repeat 시
	DX(DH, DL)	Data Reg. 곱셈/나눗셈 시 보조 ACC
Pointer	SP(Stack)	실행중인 함수의 위치 저장, SS와 사용
	BP(Base)	Stack Data Access, 번지 주소 지정
Index	SI(Source)	연산과 간접번지 지정시 사용
	DI(Destination)	연산및 간접번지 지정 (목표주소)
IP	IP(명령어위치)	다음에 실행할 명령어의 메모리 주소
FLAG	Status	Carry, Parity, Zero, Overflow, Sign
	Control	방향(하위,상위), Interrupt, Trap
Segment Register	CS, DS(Data)	Data Copy시 DI, SI, BX 사용
	SS(Stack), ES	SP 또는 BP 주소 참조, 스트링명령수행

3. Register 사용시 고려사항

- 명령어 수행시 구조, Data, 제어 Hazard의 최소화 구현
- CPI < 1 의 설계구현 & 선행 Code 개발

"끝"

Memory

메모리의 계층 구조상에서 메모리의 발전 기술과 활용 방법에 대해 학습하는
Part입니다. 특히 Computer의 속도 향상을 위해 메모리 계층의 구성 방법과
HBM(High Bandwidth Memory) 등 각 메모리의 특성 및 적용 기술, RAID, SSD
의 핵심기술인 FTL(Flash Translation Layer), 주기억장치 Access Time 등을
기술할 수 있어야 합니다.   [관련 토픽 – 30개]

문 26) 메모리 계층구조(Memory Hierarchy)

답)

1. 메모리 공간 & 속도등 활용 방법, 메모리 계층구조 개요

가. Memory Hierarchy의 필요성 및 효과

필요성 - 속도, 용량, 가격다양 → 효율적 활용 필요

효과 - 기억 장치들의 가격 대비 성능(performance /Cost Radio)을 향상시킴 (저비용, 고효율 추구)

나. 기억장치 특성들 간의 관계

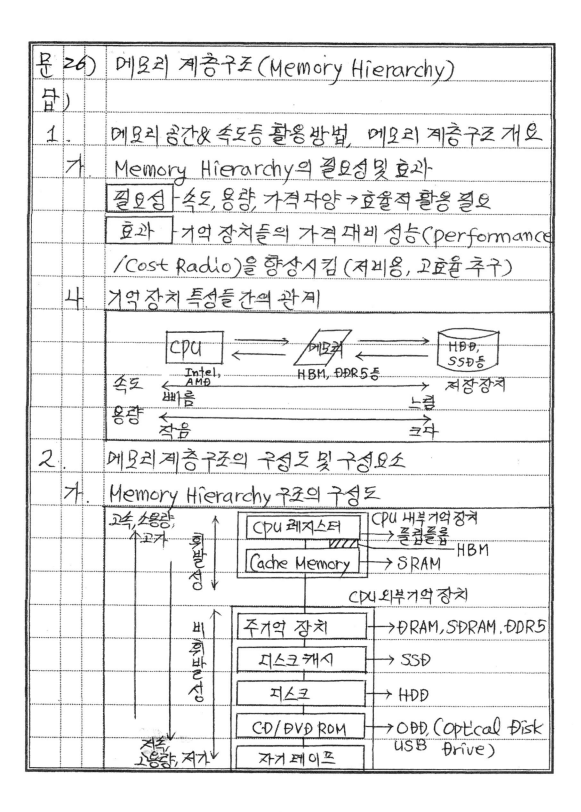

CPU ← → 메모리 ← → HDD, SSD등

Intel, AMD   HBM, DDR5등   저장장치

속도 빠름 ─────────────→ 느림

용량 작음 ←───────────── 크다

2. 메모리 계층구조의 구성도 및 구성요소

가. Memory Hierarchy 구조의 구성도

고속, 소용량, 고가

휘발성

| CPU 레지스터 | CPU 내부기억장치 → 플립플롭 |
| Cache Memory | → SRAM |

HBM

CPU 외부기억장치

비휘발성

주기억 장치	→ DRAM, SDRAM, DDR5
디스크 캐시	→ SSD
디스크	→ HDD
CD/DVD ROM	→ ODD (Optical Disk USB Drive)
자기 테이프	

저속, 고용량, 저가

		나	메모리 계층구조의 구성요소	
			분류	설명
			내부기억장치	CPU가 직접 Access, CPU레지스터 ~ 디스크캐시
			외부기억장치	장치제어기 통한 Access, HDD, SSD, ODD 등
			Cache기억	Access 속도 증가용, CPU ↔ 주기억장치 사이
			디스크캐시	디스크와 주기억장치 속도차이 극복
3			메모리 계층구조에서 지역성 원리의 활용	
	가		지역성 원리 - 특정영역만 집중적으로 Access 되는 현상	
	나		지역성 원리의 중요성	
			Cache - Cache Hit Ratio를 높이는데 이용	
			가상메모리 - Page & TLB entry 교체시 후보결정에 이용	

"끝"

문 27)	메모리 계층에서 캐시(Cache) 메모리(Memory)의 주요개념
답)	
1.	주기억장치(Main Memory) 속도차 극복, Cache 메모리개요
가.	캐시 메모리(Cache Memory)의 정의
-	CPU와 주기억장치의 속도차이로 인한 CPU 대기시간을 최소화 하기 위해 CPU와 주기억장치 사이에 설치하는 고속 반도체 기억 장치 (주로 SRAM(Static-RAM) 사용)
나	Cache Memory의 특징
-	주기억장치(Main Memory)보다 Access 속도 빠른 첩사용
-	가격 & 제한된 공간(Space) 때문에 용량(Capacity)이 적음
2.	Cache memory의 개념도와 주요 개념
가	캐시 메모리의 개념도

-	CPU와 주기억장치 사이에서 CPU 성능 증가용으로 사용
나	Cache memory의 주요 개념

주요 개념	설 명
Cache hit	CPU가 원하는 Data가 Cache에 존재

sp = stack pointer

		캐시 미스	CPU가 원하는 Data가 Cache에 없는 상태
		(Cache miss)	- 주기억장치로부터 읽어옴
		적중률	캐시에 적용되는 $=$ 캐시에 적중되는 횟수
		(Hit Ratio)	Ratio(H) $\quad$ 전체 기억장치 Access 횟수
		Miss Ratio	캐시 미스(Miss)율 $= (1-H)$
		평균 캐시에	$Ta = H \times Tc + (1-H) \times Tm$
		오리 Access 시간	- Tc는 캐시 액세스 시간, Tm은 주기억장치 Access시간
3.		Cache 설계(Design)시 고려사항	
		- Cache hit Ratio의 극대화 방안 - 설계시 고려사항임	
		- Cache Access 시간의 최소화 - CPU 성능에 연관됨	
		- Cache Miss에 따른 지연(Delay) 시간의 최소화	
		- 주기억장치와 Cache 간의 Data 일관성 유지 및	
		그에 따른 오버헤드(Overhead)의 최소화	
			"끝"

문 28)		메모리 계층구조(Memory Hierarchy)에 대해 기술
		하고 Cache memory와 virtual (가상) Memory
		와 비교 하시오.
답)		
1.		메모리공간 및 속도의 효과적인 활용법, 메모리 계층구조의 개요
	가.	Memory 계층 구조의 필요성과 효과
		[필요성] - 기억 장치들은 속도(performance), 용량(Capacity) 및 가격측면에서 매우다양, 이들의 효율적인 활용필요
		[효과] - 기억 장치 System의 가격 대비성능(performance/ Cost ratio)을 향상시킴 (저비용 고효율 정책 필요)
	나.	기억 장치 특성들 간의 관계
		- Access 속도가 빠를수록 Bit당 가격은 높아짐
		- 용량이 커질수록 Bit당 가격은 낮아짐
		- 용량이 커질수록 Access(접근)시간은 걸어짐(떨어짐)
2.		RAM과 ROM의 발전 과정과 특징
	가	RAM(Random Access Memory)의 발전과정 및 설명

발전 과정	SRAM /DRAM → SDRAM → DDR → DDR 3/4/5 → LP DDR

항목	용어	용도 및 특징
SRAM	Static RAM	Cache 메모리로 사용, 속도 빠름, 6 Transistor

TR = Transitor

			DRAM	Dynamic	주기억장치, 1 TR + 1 Capacity
			SDRAM	Synchronous Dynamic	주기억장치, System clock에 맞추어 (동기화)수행되는 DRAM
			DDR 2/3/4 SDRAM	Double Data Rate	Data 전송속도를 2배로 놀임. Double Pumping 동작 수행
			LPDDR	Low Power	저전력 구현, Green IT 대응
	4		ROM (Read Only Memory)의 발전과정과 설명		

		발전 과정			Mask ROM → PROM → EPROM → EEPROM → Flash ROM

		항목	용어	용도 & 특징	
		Mask ROM	Masking	Factory에서 Masking 해서 Release	
		PROM	프로그래밍	한번만 Programming 가능	
		EPROM	Erasable	자외선으로 Erase, CMOS, Embedded에 사용	
		Flash ROM	NOR 형	-Random Access (Bit 단위)가능 -PC BIOS, 고가	
			NAND 형	-Sequential Access (Page 단위)가능 -SSD, Embedded에 사용, 상대적 저가	
		차세대 ROM	RAM 기능과 ROM 기능확장	MRAM, PRAM, FeRAM	
		- EEPROM : 전기적으로 Erase 가능, Embedded에 사용			

	3.		메모리 계층구조의 구성도 및 구성요소의 설명		

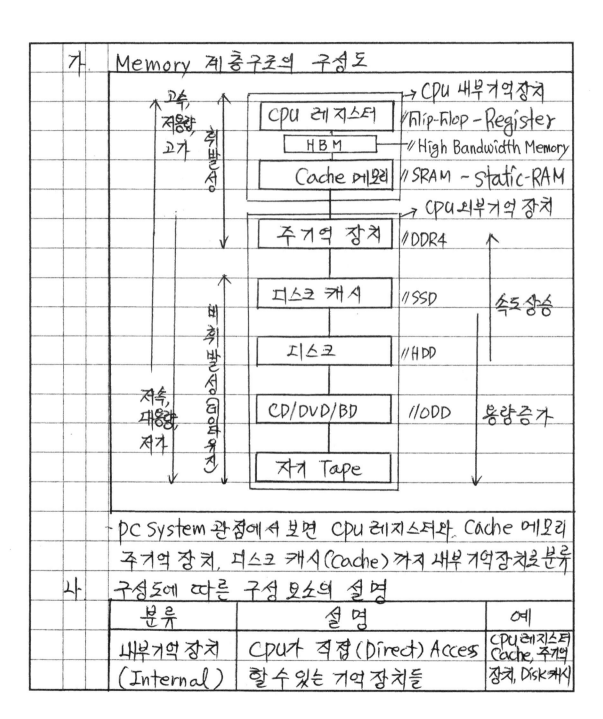

가. Memory 계층구조의 구성도

- CPU 내부기억장치
- CPU 레지스터 // Flip-Flop - Register
- HBM — // High Bandwidth Memory
- Cache 메모리 // SRAM - Static-RAM
- CPU 외부기억장치
- 주기억 장치 // DDR4
- 디스크 캐시 // SSD
- 디스크 // HDD
- CD/DVD/BD // ODD
- 자기 Tape

고속, 저용량 고가 / 휘발성

비휘발성(임의 위치)

저속, 대용량, 저가

속도 상승

용량 증가

- PC System 관점에서 보면 CPU 레지스터와 Cache 메모리 주기억 장치, 디스크 캐시(Cache)까지 내부 기억장치로 분류

나. 구성도에 따른 구성 요소의 설명

분류	설명	예
내부기억 장치 (Internal)	CPU가 직접(Direct) Access 할 수 있는 기억 장치들	CPU 레지스터 Cache, 주기억 장치, Disk 캐시

			외부 기억장치 (External Memory)	CPU가 직접 Access 불가, 장치 제어기 (Device Controller)를 통해서만 Access 할수 있는 기억 장치들	HDD SSD ODD
			캐시 기억장치 (Cache Memory)	주기억장치 속도가 CPU 대비 매우느림 CPU 성능 향상을 위해 CPU와 주기억 사이에 Buffer역할 고속의 반도체기억장치	SRAM (소용량, 고속 처리)
			디스크 캐시 (Disk Cache)	디스크와 주기억 장치의 Access 속도차이를 줄이기 위 하여 그 사이 에 설치하는 반도체 기억 장치	주기억장치 SSD, HDD I/O 제어기 보드
			디스크 (SSD)	-Solid State (고체 상태) Drive -NAND Flash, 전기적 동작만 수행	SLC, MLC TLC Flash
			디스크 (HDD)	Hard disk Drive -물리적 동작	자기 원판
			디스크 (ODD)	Optical Disk Drive -광소재	CD, DVD, BD

4. Cache Memory와 가상(Virtual) 메모리의 비교

항목	캐시(Cache) Memory	가상 메모리(Virtual)
위치	CPU와 주기억 장치사이	주기억 장치와 디스크사이
목적	느린 주기억 장치의 속도차 극복 (상대적으로 CPU속도 빠름)	주기억 장치의 용량(보조기억 장치) 한계 극복위해 사용
구현	물리적으로 구현 됨 (Hardware)	논리적으로 구현 됨 (OS가 운영함)
속도	빠름	Cache 보다 느림

교체 단위	Block (주기억장치관점) = Line (line, Cache 관점)	페이지 (Page) & 세그먼트 (Segment)
교체 후보	동일한 Set 내에서 결정 (예, 4 way는 4개중에 결정)	전체 페이지 (page) 중에서 결정
LRU 교체 정책 구현 가능 여부	LRU (Least Recently Use : 최근 사용된것) 구현 가능 (일반적인경우 세트가 8이내)	LRU 근사 구현 (page table 크기상, LRU 불가능)
특 징	- Cache miss 발생시 성능 (performance) 저하 - 병렬처리에서 일관성 (Coherency) 문제 개선필요	- Hardware - MMU (TLB 포함)의 도움 받음 - Thrashing (스래싱)으로 인한 성능 저하

"끝"

문 29) Cache Flush, Cache Clean, Cache Invalidate

답)

1. Cache 일관성보장, Cache Flush/Clean 의 범위와 정의

구분	설명
Cache Flush	캐시 내용을 주메모리에 쓰지 않고 캐시 무효화(V bit)
Cache Clean	캐시 내용을 주기억장치에 기록후 D, V bit Clear
Invalidate	캐시 Flush후 주메모리의 내용을 Cache에 갱신

2. Cache Flush와 Cache clean의 동작예와 비교

가. Cache Coherency 위한 Flush와 Clean의 동작예

현재상태		Flush/Clean동작		결과설명
D-bit =1, V-bit=1		D-bit=0, V-bit =0		-주메모리에 기록(D-Bit가 1일때)
Cache	주메모리	Cache	주메모리	
AAA	BBB	AAA → AAA		

- D-bit =1 이면 Cache 와 주메모리간 Data불일치
- V-bit=1, 메모리→ 캐시로 갱신됨

		D-bit=1, v-bit=0		-주메모리 기록하지않음
		Cache	주메모리	v-bit=0
		AAA ---- BBB		

나. Cache clean과 Cache Flush 상세 비교

구분	Cache clean	Cache Flush
주메모리	Cache Data로 교체	주메모리 Data 변경없음

Flag 제어	D/V-Bit 둘다 Clear	V bit만 Clear
Cache와 주메모리 비교	다른 Data	동일 Data
사용	Write-Back 에서	DMA 이용시 캐쉬
용도	Cache Data 일관성 유지	와 주메모리간 Data 일치

3. Cache Write Back 정책에서의 상호동작

Write Back 요청 → Data Write → Cache Clean → Cache 무효화 → Cache Flush

- Cache Flush 동작전 Cache Clean 수행 필요. "끝"

문 30)	메모리 병목현상 최소화 방안에 대해 설명하시오
답)	
1.	처리시간 지연, 메모리 병목현상의 개요
가.	Memory 병목(Bottleneck)현상의 정의
	엄청난 양의 Data를 한순간에 메모리에 보낼때 메모리가
	이를 제대로 처리하지 못하고 지연되는 현상
나.	메모리 병목현상 최소화 방안 개념

CPU L1/L2 → Cach Hit율 향상 → Cache 메모리 L3 SRAM → Access Time 최소화 → 주기억장치 DRAM → I/O Swap 최소 → 가상기억장치 (HDD, SSD등)

2.	Cache Hit율 향상및 Cache Access 타임 최적화 방안
가.	Cache Miss 원인별 적중율 향상방안

원인	내용	방안
Compulsory 미스 (필수)	최초 전원 ON후 페이저 접근	Prefetch (미리읽기)
Capacity 미스	Cache 용량 부족 (SRAM 사용)	Cache용량 증가, Cache 블럭사이즈 증가
Conflict Miss	Cache 용량은 남아 있으나 Set수 부족	Set수증가, 사상방식 (완전연관) 변경, 컴파일러 최적화

어쩔수 없는 Miss

Cache 용량및 Set수증가시 비용증가측면도 고려 필요

나.	Cache Access Time 향상방안

향상 방안	내용
캐쉬용량증가, 블럭사이즈증가	Cache Access time 줄일수있으나 비용증

		pipelined 캐쉬 접근	Cache가 복잡해지고, 비용증가
		주소변환시간 감소	Hashing 이용을 통해 빠른 변환

3. Main 메모리 Access time 최적화 방안

구분	내용
Multilevel 캐쉬 사용	메모리 (Memory) 계층구조를 이용하는 방안으로 Data 동기화 문제 존재
Victim 캐쉬 사용	교체를 블럭 (Block)을 따로 저장하는 방안으로 비용증가, 알고리즘 (Algorithm) 복잡
Write Buffer 머지	새로운 블럭 (Block)과 기존 Block을 머지하여 효율적 사용
Non-Blocking Cache 사용	캐쉬 미스 (Cache Miss)인 동안에도 Data 캐쉬 (Data cache)에 대한 Hit를 제공
Cache B/W 증가	다중 (Multi) Bank을 이용하여 Cache 메모리에 동시 접근 지원
메모리 인터리빙	메모리를 병렬화하여 동시 접근하는 방식 (상위 / 하위 / Hybrid 인터리빙)

"끝"

문 31)	MMU(Memory Management Unit)
답)	
1.	가상메모리(Virtual Memory)를 위한 MMU의 개요
가.	MMU (메모리 관리 Unit)의 정의
-	가상주소와 물리주소의 Mapping (사상)을 이용, 가상주소를 물리주소로 변환
나	MMU의 필요성
	OS는 Main Memory 용량한계 극복을 위해 가상메모리 이용
	가상메모리 방식에서 실제 주소 접근을 위해 주소 변환필요
2.	MMU의 역할및 동작원리 설명
가.	MMU의 역할 : 가상주소를 이용 물리주소로 변환

⑤ Data Fetch

나.	동작원리 설명	
순서	동작 설명	
①	CPU는 가상주소를 통해 Data 요구	
②	MMU는 가상주소를 받아서 TTB(Translation Table Base)부터 시작하는 Page Table 조회	
③	물리주소를 검색하여 주소 발생	

		④	메모리의 Data 영역에서 Data를 Access
		⑤	CPU에 Data 전달
3.			MMU 관련 실무자 관점에서의 고려사항

- Paging 과 Segmentation은 주소변환 시간이 소요되므로 TLB 레지스터 집합을 이용해 속도 개선
- 다중 Programming 시 단편화 발생, 외부단편화 해결책으로는 압축이 있음

"끝"

문 32)	TLB (Translation Look aside Buffer)
답)	
1.	CPU와 Cache Memory 간의 고성능 매핑, TLB의 개요
가	TLB(Translation Look aside Buffer)의 정의
	빠른 메모리 주소 지정을 위한 Linear Address를
	physical Address로 바꿀때 사용되는 메모리 접근 버퍼
나	TLB의 주요 특징 - 성능향상(고속 Access)위해 사용

소형 Cache	· 완전 연관 방식만을 사용, 크기 작음 (예 : 128개의 Address Entry 사용)
지연 개선	Page Table Access 지연문제 개선
고속 접근	가장 최근 사용 Page Table 내용 유지

2.	TLB 처리 개념도와 설명
가	TLB(Translation Look aside Buffer) 처리 개념

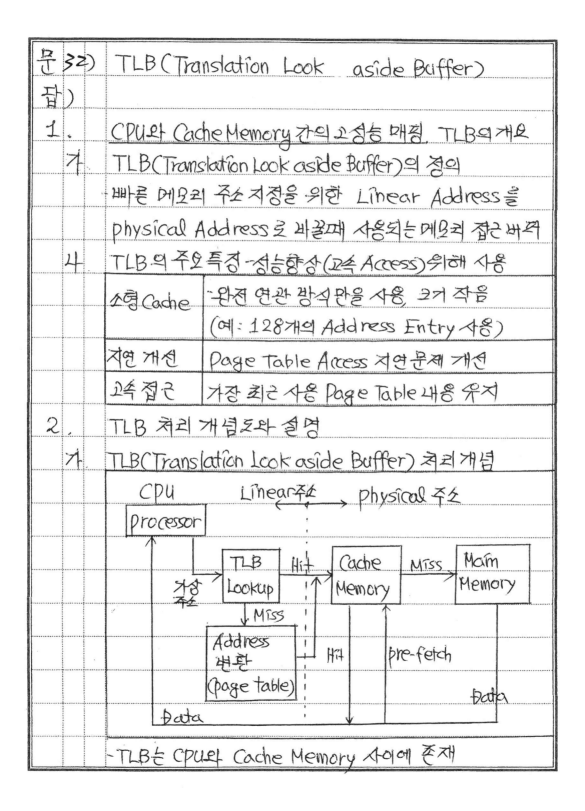

- TLB는 CPU와 Cache Memory 사이에 존재

4. TLB 구성도에 따른 설명

TLB Cache Hit	가상주소에 대한 물리주소가 TLB Look-up에 존재
TLB Cache Miss	가상주소에 대해 물리적 주소 정보가 TLB 에 미존재 (Address 변환 필요)
Page Fault	Page Table에도 정보 미존재서 Disk에서 물리 메모리로 Page 적재 필요

3. TLB 성능향상 방법의 실제 구성 사례

- Entry 수와 Page크기 조정하여 유효한 수로 적용
- 다중 page 지원 : 적은 내부단편화로 큰 page 사용가능
- SRAM 사용시 빈번한 접근은 전력소모 증대

"끝"

문 33) HBM (High Bandwidth Memory)

답)

1. 차세대 초고성능 Computing 지원, HBM 개요

정의 - 3D TSV 기술 적용, D-RAM chip에 수천 개의 Hole을 뚫고 상하로 연결, 데이터 처리속도 개선 메모리

등장배경 - GDDR의 속도개선, 전력소비/발열문제 등

2. HBM의 아키텍쳐 & 장단점

가. HBM의 아키텍쳐 (4 Hi stacked HBM DRAM의 예)

- HBM은 고대역폭 메모리로 GDDR 보다 더 높은 메모리폭을 확보하기 위해 설계. 메모리 자이을 적층해 대역폭 높임

나. HBM의 장단점

구분	핵심	상세설명
장점	높은 메모리 대역폭	메모리 적층, 여러 채널 확보

	장점	작은 chip면적 가능	PCB의 총 면적 줄임(PCB 단가절약)
		낮은 전력소모	소비 전력 낮음
	단점	높은 구현 난이도	GDDR대비 구현난이
		열 배출 난이, 고가	적층으로 열배출 필요

3. HBM과 GDDR5의 비교

구분	HBM	GDDR
I/O 개수	1024개	32개
I/O당 처리속도	1~2Gbps	7 Gbps
최대속도	256GB/s	2GB/s
동적 전압	1.2V	1.5V

- GPU에서 고속 Vector연산시, HBM 통한 병렬처리 가능

"끝"

문34) PIM(Processing In Memory)

답)

1. 프로세서와 Memory간 병목현상 극복, PIM 정의

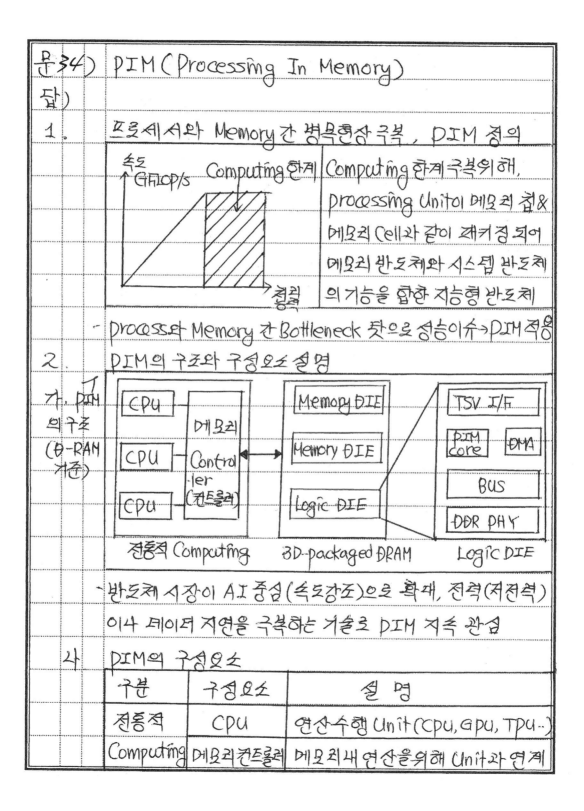

- Process와 Memory간 Bottleneck 탓으로 성능이슈→PIM 적용

2. PIM의 구조와 구성요소 설명

가. PIM의 구조 (θ-RAM 기준)

전통적 Computing   3D-packaged DRAM   Logic DIE

- 반도체 시장이 AI 중심(속도강조)으로 확대, 전력(저전력)
이나 데이터 지연을 극복하는 기술로 PIM 지속 관심

나. PIM의 구성요소

구분	구성요소	설명
전통적 Computing	CPU	연산수행 Unit (CPU, GPU, TPU..)
	메모리컨트롤러	메모리내 연산을위해 Unit과 연계

		3D-Packaged Memory DIE	3D 적층기반, 물리적 DRAM 결합
	DRAM	Logic DIE	PIM 구현 위한 논리관위 처리
		TSV Interface	실리콘 관통 전극 패키징기술
	Logic DIE	PIM Core	고속 Access 지원, Data Intensive 프로세싱
		DMA	물리/논리 주소변환, 가상메모리 지원
		BUS	유기적 Data 전송위한 System Bus
		DDR PHY	PIM Core 연계동작수행

- TSV(Through-Silicon-Via) 공정에서 핵심은 Micro-Bump, CMP(Wafer연마), Deep Etching, TC-Bonding (열압축본딩)

3. PIM관련 기술 발전동향

```
   상용              인공지능           AI-PIM
PIM반도체           서비스
   생산

-HBM,            -생성형AI        -PIM 기술표준화
 GDDR-PIM         (ex:chatGPT)    -H/W platform 개발
 GDDR-AIM        -자율주행 자동차
```

"끝"

문 35) CAM (Content - Addressable Memory)에 재하여 일반적인 메모리와 비교하여 설명하시오 (기본 개념, 액세스 방법 및 활용분야)

답)

1. CAM과 일반적인 메모리와 개념 비교

구분	개념
CAM	- 연관기억장치 (Associative Memory) - 접근하려고 하는 자료의 내용을 사용 → 기억장치 접근 → 그 결과로 주소를 출력하는 방식의 기억 장치 - 검색속도 빠름, 병렬 판독 논리회로 필요, H/W 비용증가
일반 메모리	- 정보가 저장되어 있는 주소에 의해 그 내용에 접근(Access)하는 메모리(기억 장치) - 검색속도 느림, H/W 비용 저렴

2. CAM과 일반적인 메모리 Access 방법

가. Content - Addressable Memory 의 Access 방법

Argument 인자 Register n bit → 검색하고자하는 정보 저장

Key 키 Register n bit → 찾고자하는 Key값

Input → 연산기억장치 m words n bits per word

Read →

Write →

↓ Output

M1
M2
M3
⋮
Mn

Match Register

← Key값과 동일할 경우 M bit = 1로 Set (탐색과정)

| 4. | 일반 메모리의 Access 방법 |

- MAR (Memory Address Register) : 메모리 주소 레지스터
- MBR (Memory Buffer Register) : 메모리 버퍼 레지스터

| 3 | CAM과 일반적인 메모리의 활용분야 |

구분	활용분야
CAM	-Cache 기억장치, AI학습, 연관정보 탐색등 - 영상패턴 탐색, Mapping Table(가상메모리) 등
일반메모리	-주기억장치(RAM), 운영체제 기반의 System등

"끝"

문 36) CAM (Content Addressable Memory)에 대해
예시를 들어 설명하시오.

답)

1. 저장된 내용으로 정보의 위치 검색, CAM의 개요

　가. CAM (Content Addressable Memory)의 정의
　　기억 장치에 기억된 정보를 접근하기 위해 주소가 아니라
　　저장된 내용의 일부를 이용해 원하는 정보의 위치를
　　검색하는 내용 (Content) 지정 메모리

　나. CAM의 특징

정보 검색유용	기억된 정보 접근시 주소아닌 내용의 일부로 검색 → 그 위치의 내용을 전부 호출하는 기억장치
병렬처리	병렬 판독회로 적용, 신속한 검색 (Search) 가능
속도향상	구조 & 동작 복잡하지만 빠름, 고가 Cache 메모리나 가상 메모리 주소 탐색에 많이 사용

2. CAM의 구성 및 구성요소

　가. CAM의 구성

```
                    nbit  | Argument 레지스터 |   (Search Data)
                    nbit  | key 레지스터 |          (Mask)
                                  ↓
      Input  ───→   ┌──────────────┐
      Read   ───→   │    CAM       │ ───→  ┌──────┐ Match
      (R)           │   (m × n)    │       │ mbit │ 레지스터
      Write  ───→   └──────────────┘       └──────┘
      (W)                  ↓
                         output
```

4	구성요소의 설명	
	구분	설명
	인자 레지스터	찾고자하는 내용의 일부분을 저장 (Search Data)
	Key(키) 레지스터	인자(Argument) 레지스터에 있는 데이터에서 검색에 필요없는 부분을 Mask Bit (0 Bit)로 Set시키는 역할을 하는 레지스터
	Match (일치) 레지스터	검색하고자 하는 내용와 단어를 포함하고 있는 내용이 있는 경우, 그것을 표시하는데 사용하는 레지스터
	CAM	CAM ($m \times n$ bit)
	R/W	Read/write 신호
	Input	CAM 선택 신호

다. CAM 활용 예시 (친 대효의 주소와 전화번호 찾기)

② Argument Register ― |002|전대효|#$99:00$| n bit

찾고자하는 내용 일부분 Upload

③ Key Register ― |000|전대효|$000:000$| n bit

④ 검색 병렬처리

① Data Load

up

입력 →
R →
W →

CAM ($m \times n$)

전대효

⑤ → 1

일치 레지스터 (m bit)

학번	이름	주소	TEL
001	박순기	#28	△△
002	전대효	#99	00
003	전지혜	#33	□□

⑥ 출력

원하는 내용 존재시 일치 레지스터에 표시

			①	File, CSV형태 Data → CAM에 Upload
			②	검색하고자 하는 내용을 인자레지스터에 Upload
			③	해당 Bit들을 "ϕ"으로 Mask
			④	병렬로 검색
			⑤	원하는 내용이 CAM에 존재시 일치 레지스터에 동시
			⑥	해당 내용 (주소)들을 출력

3 CAM의 활용분야

Cache 기억장치, AI 학습, 영상 패턴 검색,
연관정보 탐색, Mapping Table(가상메모리의 매핑)
Network 장비내의 동일 Routing 정보 검색 등

"끝"

문 37) 메모리 인터리빙 (Memory Interleaving)

답)

1. 메모리 접근속도 향상, Memory Interleaving 개요

가. H/W 회로 단순화, 메모리 인터리빙(이하MI)의 정의

- Memory 접근시간 최소화를 위해 Memory를 복수의 모듈로 나누고 동시접근이 가능하게 하는 기술

나. PCB Size축소, 단가 절약, MI의 목적

전송률 향상	Memory 모듈화로 병렬처리 → 전송률↑
CPU 성능↑	Memory Access Time 향상 → 처리속도 증가
충돌 회피	Bus 경합이나 기억장치의 충돌 회피

2. MI의 개념도 & 동작순서

가. 각 Bank별 제어, MI의 개념도

```
┌─────────┐         ┌──────────────────┐
│  CPU    │←────●───→│ Memory  Bank∅    │
└─────────┘     │    └──────────────────┘
- CPU와 메모리간 통신 ├───→ ┌────  Bank1 ────┐
- Memory 영역 분할    ├───→ ┌─  //   Bank2 ──┐
  접근(Access)       └───→ ┌─  //   Bank3 ──┐
```

나. 동작순서

Bank∅ Access / Bank∅ Read, Bank 1 Access / Bank1 Read, Bank 2 Access — Bank∅, Bank1, Bank2 병렬 수행, Time

3.		MI의 유형	
	가	상위 인터리빙	
		특징	Memory 주소 상위 2Bit로 모듈지정
		구조 (상위 2 Bit로 모듈 4개 지정)	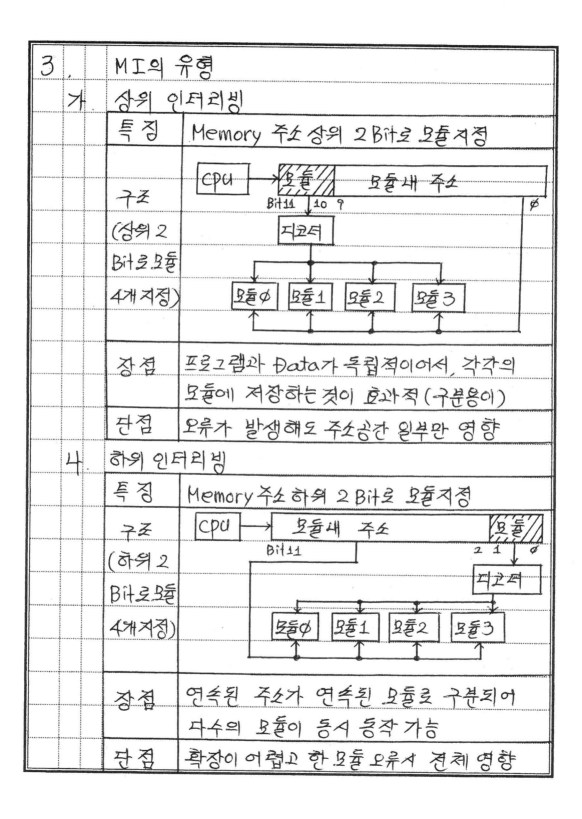
		장점	프로그램과 Data가 독립적이어서, 각각의 모듈에 저장하는 것이 효과적 (구분용이)
		단점	오류가 발생해도 주소공간 일부만 영향
	나	하위 인터리빙	
		특징	Memory 주소 하위 2Bit로 모듈지정
		구조 (하위 2 Bit로 모듈 4개 지정)	
		장점	연속된 주소가 연속된 모듈로 구분되어 다수의 모듈이 등시 동작 가능
		단점	확장이 어렵고 한 모듈 오류시 전체 영향

다	혼합 인터리빙	
	특징	상위 Bit는 뱅크 선택, 하위 Bit는 Bank내 모듈 선택
	구조 (상위, 하위 Bit 사용)	 Mφ : 모듈 φ
	장점	Bank 확장이 쉬움, 한 모듈 오류시 한 Bank에만 영향, Bank 구분이 용이함
	단점	자소 복잡함
4	DI의 유형별 장/단점 & 효과	
가	DI의 유형별 장/단점	

구분	상위 인터리빙	하위 인터리빙	혼합 인터리빙
특징	상위 Bit로 지정	하위 Bit로 지정	상위 하위 (Bank), (모듈)
장· 단점	연속주소지정, 한 모듈 오류시 전체 영향	프로그램과 데이터 공간복잡, 연속주소 지정안됨	뱅크확장용이, 오류에독립 구현복잡

나	인터리빙의 효과	
	System 성능향상	싱글프로세서에서도 성능↑, 전체 System 성능↑
	빠른 Access	비디오 메모리 (CAM) 사용시 대용량의

| | | | 메모리 Data의 Access를 빠르게 구현하는 방법 |
| | | CPU 사용률 증가 | Fast Memory Access에 따른 CPU 사용률 증가 |

4. DI의 동향 & 전망

- DDR 메모리의 보편화 : 더블 펌핑(Double Pumping)
  이 가능한 DDR4/5로 인 보편화됨

- 병목현상 방지 방법으로 CPU Core내 Memory 컨트롤러
  를 내장하는 i7(네할렘) 아키텍처 적용

"끝"

문 38) Flash Memory를 RAM과 EEPROM과 비교

답)

1. NOR/NAND Flash, Flash Memory의 개요

　가. 전원 OFF 되어도 정보유지, Flash 메모리의 정의

　　- Reflesh 동작이 없어 소비전력이 낮고 DRAM과는 달리 전원 OFF시에도 정보를 유지하는 메모리소자

　나. ROM (Read Only Memory)의 종류

RAM	휘발성메모리, Reflesh 필요, 소비전류높음
Mask ROM, PROM	"1"과 "φ"으로 Masking, 출하후 한번만 기록가능
EPROM, EEPROM	자외선 & 전기적 신호사용 Erase후 재기록
Flash Memory	NOR, NAND Flash로 구성, 재기록 가능

2. Flash Memory 구조 및 RAM과 EEPROM 비교

　가. Flash Memory 구조

\<Flash Cell 구조\>	- 고속 Access time : 전기/전자 적 접근이 가능 (Random)
Control Gate / Floating Gate / Data저장 영역(절연체) / Source / Drain / Wafer - Floating Gate에 전자주입, 반영구적으로 저장	- Low Power Consumption - 소형화 / 경량화 가능 - 충격 / 온도 / 내구성 양호

　나. RAM과 EEPROM과의 비교 설명

분류	NOR Flash	NAND Flash	RAM	EEPROM
비휘발성	Yes	Yes	No(휘발성)	Yes
Random Access	가능	순서적 Read	가능	가능

			I/O 인터페이스	SRAM과 유사, 주소 & Data Line 직접 연결	Control 편 이 추가된 다중화 I/O	주소와 Data Line이 Direct로 연결	SRAM과 유사 하고 Direct Access 가능
			Code 실행여부	실행및 저장 가능	RAM기능수행 불가(실행을 DRAM Load후)	실행 & 저장 가능	실행 & 저장 가능
			장점	고속접근가능 (Chipset Clock 증가로)	M비당 저렴 한 제조단가	고속접근가능	고속접근가능 (Clock 증가로)

3 Flash Memory 사용시 고려사항

- NOR와 NAND Flash는 Direct Bit 제어 가능의

차이가 있어 사용상의 고려 필요.

"끝"

문 39) PRAM (Phase change Memory RAM)

답)

1. P(Phase change 메모리) RAM의 개요

가. 비휘발성, PRAM의 정의 : 다결정체 화합물(Polycrystal chalcogenide)인 칼코겐 물질에 열을 가함에 따라 비정질상태(논리 = "RESET"), 결정상태(논리 = "SET")로 상변화 특성을 이용한 Memory 소자

나. 비휘발성 Memory의 필요성

Reflesh 불필요	소비전력감소, Access time 단축, 기동시간단축
정보처리속도	Access time이 10ns 이내, 안정성, 가격

2. PRAM의 동작원리 & 비휘발성 Memory의 비교

가. PRAM의 동작원리 & 설명

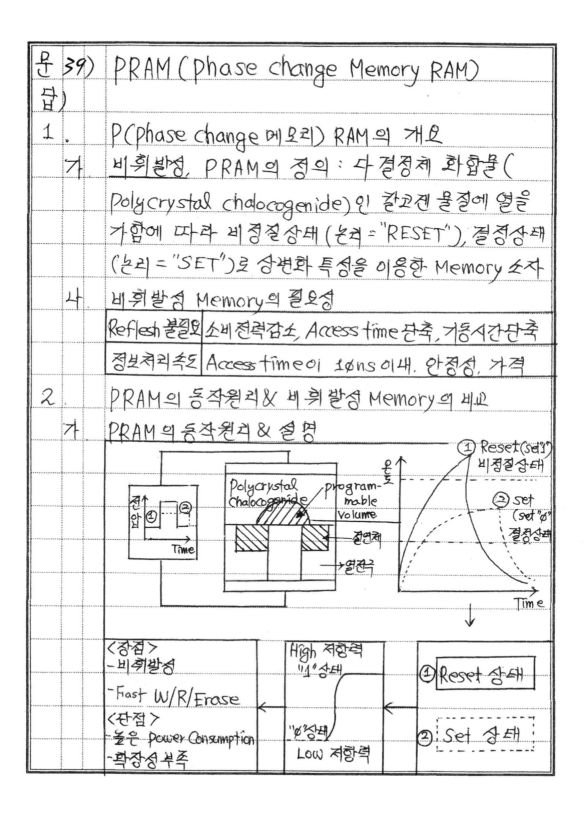

- 다결정체에 전압을 가하면 온도변화에 따른 전이상태에 따라 "∅"과 "1"을 구분, Memory 소자로 사용가능

4. 비휘발성 Memory 비교 & 장단점

분류	DRAM	PRAM	Flash Memory
비휘발성	No	Yes	No
저장장치	Capacity	상변화 Device	floating gate
"1" 저장	+ + + .. + +　－ － － .. － －	비정질	Control Gate
"∅" 저장	. . . . . .　.	결정질	floating Gate
장점	고속 R/Write　-저비용	-비휘발성 제조용이. -Soc 제작용이	-비휘발성　-저비용
단점	-Reflesh 필요　-휘발성	-높은 소비전류　-MRAM/FeRAM 보다느림	느린 쓰기속도 (Erase 후 쓰기)

3. PRAM 사용시의 고려사항

- 고체상태에서 결정과 비정질 상태의 적합한 전이온도 필요. -열변화에 따른 재료의 상변화 속도, 신뢰성 확보 필요

"끝"

문 40) RAID Ø+1 과 RAID 1+Ø

답)

1. Disk의 고가용성(HA) 확보와 성능향상, RAID의 개요

Striping			안전성 확보
Mirroring	▷	RAID Ø, 1 등 ◁	Disk 용량 확장
Parity		RAID Ø+1, 1+Ø	고가용성 확보

←——— 구현원리 ———|——— RAID 종류 ———|——— RAID 효과 ———→

Striping(RAID Ø)과 Mirroring(RAID 1)의 조합 방식에 따라 RAID Ø+1, RAID 1+Ø으로 분류가능

2. RAID Ø+1 과 RAID 1+Ø 비교 설명 (Disk 4개에서)

구분	RAID Ø+1	RAID 1+Ø
개념	4개 Disk를 2개씩 스트라이핑후 미러링한 저장방식	4개 Disk를 2개씩 미러링후 Striping한 저장방식
목적	다소 속도에 중점	다소 Data 안전성에 중점
개념도	RAID1 (Mirror) ←——————→ RAID Ø(Stripe) RAID Ø(stripe) A1 A2 ｜ A1 A2 A3 A4 ｜ A3 A4 A5 A6 ｜ A5 A6 A7 A8 ｜ A7 A8 Disk #1 #2　#3 #4	RAID Ø (stripe) ←——————→ RAID1(Mirror) RAID1(Mirror) A1 A1 ｜ A2 A2 A3 A3 ｜ A4 A4 A5 A5 ｜ A6 A6 A7 A7 ｜ A8 A8 #1 #2　#3 #4
구현방식	스트라이핑후 미러링	미러링후 스트라이핑

최소 Disk	4개	4개
안전성	다소 높음	아주 높음
복구시간	장애시 전체 복구	손실된 데이터만 복원
공간효율	C=N*2/D C:총용량 N:Disk수, D:HDD용량	C=N*2/D
고장허용	동시 2개 Disk (Disk1,2/Disk3,4만)	동시 2개 Disk (Disk1,3/Disk2,4만)

- 가용성과 안전성 고려, 전용 스토리지 구비 후 데이터 분산 저장

3. RAID 기법 활용, 전용 Storage H/W의 종류

- 비정형 데이터와 분산 저장이 급증하는 Cloud 환경에서는
Object storage 각광 중

"끝"

문	41)	RAID ∅, 1, 5, 6, 1+∅		
답)				
1		고성능, 고가용성 스토리지 구현기술, RAID의 개요		
	가	RAID (Redundant Array of Idependent Disk) 정의		
		- 복수의 Disk 장치에 데이터를 분할하여 병렬로 저장&		
		복원하는 고속, 고효율, 안전한 스토리지 장치 제어 기술		
	나	RAID의 주요기술		
		Mirroring	Data를 두개의 디스크에 중복 저장, 결합복구	
		Stripping	-Data Block들을 여러개의 디스크에 분산저장	
			-Disk Interleaving, Round-Robin 방식	
		Parity check	짝수/홀수 Parity check 오류 Bit 정정	
		Hamming코드	Bit 오류 검출, 정정기능, RAID 2	
2		RAID ∅, 1의 구성및 설명		
	가	RAID ∅의 구성& 설명		

	구성	RAID∅ Stripping
		A1 / A3 : Disk∅ A2 / A4 : Disk1
	설명	① HDD, SSD등 2개 이상에서 적용가능 ② Data 보호기능 없음, ③ 데이터를 쪼개어 두개의 스토리지에 번갈아가며 저장, 속도 향상 빠름 ④ 사용용량 ex) 1TB×2 = 2TB (Data사용)

4. RAID 1의 구성 & 설명

구성	RAID 1
	Mirroring
	A1 / A2 (Disk∅) A1 / A2 (Disk1)
설명	① HDD, SDD등 2개 이상의 Disk에서 적용가능
	② 안정성 극대화구성, 2개 스토리지에 같은 Data 저장방식 (Mirroring)
	③ 사용용량 ex) 1TB×2 = 1TB만 사용가능

3. RAID 5, 6의 구성및 설명

가. RAID 5의 구성 & 설명

구성	RAID 5
	A1 A2 Ap / A-parity
	B1 Bp / B-parity B2
	Cp / C-parity C1 C2
	Disk∅ 1 2
설명	① HDD, SDD등 3개 이상의 Disk에서 적용가능
	② 안정성 & 속도 모두 무난 → 가장 많아사용
	③ parity 분산저장 → 병목현상 완화
	④ 스토리지 1개에 장애 발생시라도 parity 영역을 활용, Seamless 사용가능
	⑤ 사용용량 ex) 1TB×3 = 2TB

4. RAID 6의 구성 & 설명

구성	RAID 6 구성도

RAID 6

			중복
A1	A2	Ap	Aq
B1	Bp	Bq	B2
Cp	Cq	C1	C2

Disk0   1   2   3

설명

① HDD, SSD등 4개 이상의 Disk에서 적용가능

② 높은 안정성, Parity 중복유지

③ 사용용량 ex) 1TB×4 =2TB, 1TB×5 =3TB

④ RAID 5 비슷, 스토리지에 parity 중복 저장

---

4. RAID 1+0 구성 & 설명

RAID 1 + 0

RAID 0

RAID 1   RAID 1

A1	A1	A2	A2
A3	A3	A4	A4
A5	A5	A6	A6

Disk0   1   2   3

설명

① HDD, SSD등 4개 이상의 Disk에서 적용가능

② 스토리지 절반은 RAID 0로 구성한 후 RAID 1
으로 미러링 (Mirroring) ③ 사용용량 : 스토리지 절반

"끝"

문 42) SRAM과 DRAM 비교하고 DDR SDRAM의 핵심기술

답)

1. SRAM과 DRAM의 정의 (둘다 휘발성 Memory임)

SRAM(Static Random Access Memory)-플립플롭 방식의 메모리 Cell을 가진 임의 접근장치로서 전원공급이 되는한 내용을 계속유지하는 정적(Static) Memory

DRAM(Dynamic RAM)-Capacitor와 트랜지스터(FET)로 구성된 고직접도 메모리(Memory)로 Refresh회로를 필요로 하는 동적(Dynamic) RAM

2. SRAM과 DRAM의 비교

구분	SRAM	DRAM
주용도	Cache Memory	주기억장치
재충전(Refresh)	불필요	필요
직접도	낮음 (DRAM 대비 회로복잡)	높음
접근속도	빠름 (10ns 이내)	느림 (10ns 이상)
구조	6TR	1TR + 1Capacitor
소비전력	많음 (Flip Flop 회로 복잡)	적음
Idle mode 소비전력	저전력	Refresh 동작 전력소모
활용	CPU 내부 L1/2/3 캐쉬	주기억장치(DDR SDRAM)

3. DDR SDRAM(Double Data Rate Synchronous DRAM) 핵심기술

DDR SDRAM 정의-Clock의 High 및 Low Edge를 모두 사용하여 Data 전송속도를 배수로 늘림.

Double Pumping (DDR SDRAM 의 핵심기술)
- Rising / Falling Edge에서 Data Fetch 기술임

Double Pumping의 도식

Rising edge

Clock ⌐ Falling edge

SDR SDRAM [Data] → Rising edge에서만 Data Fetch

DDR SDRAM → Rising / Falling edge 둘다 Data Fetch

(Double Pumping)

"끝"

문 43) DDR SDRAM (Double Data Rate Synchronous DRAM)의 갱신 (Refresh)에 대해 다음을 설명하시오

(1) DRAM에서 Refresh가 필요한 이유

(2) Auto Refresh

(3) Self Refresh   「Refresh」

(4) 저전력 자동 셀프갱신 (LPASR : Low Power Auto Self

답)

1. DDR SDRAM과 Refresh (갱신)의 정의

   | DDR SDRAM | - clock의 High(Rising) / Low(Falling) Edge에서 Data Fetch, Data 전송속도를 배수로 높임

   | Refresh (갱신) | - DRA에 탑재된 Capacitor에 저장된 전하량이 시간이 지나면서 감소함에 따라 주기적으로 동일 데이터를 다시 써주는 동작 (갱신 - Refresh)

2. DRAM에서 Refresh가 필요한 이유 및 Auto 갱신

가. Refresh 필요이유

(데이터 복원) (전류 흐름 보존) (회로 구조단순) (저비용)

→주기적 갱신   →전하감소 방지   →회로단순, 속도↑   →효율성↑

4. Auto Refresh 설명

- SDRAM의 Controller 명령에 수행되는 Refresh 동작이 아닌 SDRAM 자체가 IDLE 상태일때 자동으로 갱신

→ 동작수행   IDLE   Active   → Time

(갱신) 수행

3. Self 갱신과 LPASR 설명

가. Self Refresh

- 장시간 사용할 일이 없을 경우 전력소모를 줄이기 위해 사용. "POWER DOWN (대기모드)" 상태에서 주기적으로 수행되는 Refresh.

4. LPASR 설명

- SDRAM에 온도센서를 내장하여 Self 갱신모드에서 온도에 따라 Refresh 빈도를 줄여 대기모드의 전

Graph 화 (온도와 방전량)	LPASR 온도에 따른 가변적 동작

"끝"

문 44) NAND Flash 에서 Write (쓰기), Read(읽기), 삭제
(Erase) 과정을 상세히 설명 하시오.

답)

1. 비휘발성 메모리, NAND Flash의 정의
   - 전원 Off (꺼짐)시 저장된 정보가 사라지는 DRAM이나
   SRAM과는 달리 전원이 Off되어도 데이터(Data)를
   지속적으로 저장가능한 메모리 (삭제, 쓰기, 읽기 가능)

2. NAND Flash의 쓰기, 지우기(삭제), 읽기동작의 과정

구분	구조	설명
Write (쓰기)		Control Gate에 (12~24V)인가 + P층의 전자가 Floating Gate로 유입, Control Gate 전압을 끊으면 Floating Gate내의 전자가 유지됨
Erase (지우기)		P 표면에 전압을 인가 하여 Floating Gate 의 전자를 P표면으로 끌어 당김(Tunnel Release) → Floating Gate의 전자가 비워지게됨 (Erase)

			Read (읽기)	약한 전압 Control Gate Floating Gate 전압 인가 N+ Source N+ Drain P틀면	Control Gate에 약한 전압 인가, Drain에 전압(12~24V)인가, Source에서 Drain으로 전자 이동시 전자의 양을 측정 →Data (∅,1) 판단
3			NAND Flash의 활용		
	-		IT 제품에 다양하게 메모리 소자로 활용됨		
	-		SSD의 경우는 SLC, MLC, TLC Type으로 구분 적용		
			QLC로 구분		
					"끝"

문45)	Flash ROM Memory의 프로2래밍, Read, Erase 동작을 설명하고 NOR/NAND Flash의 차이점
답)	
1.	ROM (Read Only Memory)의 개요
가.	정의 전원공급이 중단되어도 지워지지 않는 비휘발성 에모리
나	ROM의 발전 현황

Mask ROM	PROM	EP ROM	EEPROM	Flash (NOR, NAND)
제작시 Mask	Write 한번만 가능	자외선으로 Erase, 반복사용	전기적으로 Erase, 반복사용	SSD에 활용

2.	Flash ROM 메모리의 프로그래밍, Read, Erase 동작

동작	메모리 구성	설 명
프로그래밍 동작 (Write)		Floating Gate에 Source에 있는 전자를 투입하여 program -ming, Gate:10V, Drain :-4V, Source는 Ground
Erase 동작		Floating Gate의 산화막에 터널링 전류를 흐르게 하여 전자(⊕)를 소거 (Erase)함

	Read 동작	-소거된 Cell과 프로그래밍되어있는 Cell의 판독 -프로그램된 Cell의 경우는 Floating Gate가 이미 전자(⊕)로 채워져 있기 때문에 채널에 전류가 흐르지 않게되어 논리적 "High"로 해석	

3. NOR Flash와 NAND Flash Memory의 비교

구분	NOR	NAND
Cell 연결	Unit cell (Bit 제어 가능)	Unit cell
Read Access	Random Access (Direct Addressing/ Data 연결 가능)	순차적 Access (Sequential Access)
사용가치	PCBIOS/Booting용	Camera/MP3/SSD
Access 방식	Memory 써 Fast Random Access 가능 (Bit 제어 가능)	Block Unit Access, Data 저장매체로 적합
Erase 방식	Field Emission(전기적) Hot Carrier Injection(고전압) 느린 지우기속도 1.2S(12KB)	Field Emission(전기적) Hot Carrier Injection (고전압)

			I/O Interface	SRAM과 유사, 주소/ Data line Direct 연결	Control Pin이 추가된 다중화 I/O
			대용량 기록속도	NAND 보다 느림 (word당 1∅ μs)	빠름 (word당 1∅∅ns)
			Code 실행가능 여부	실행가능, Bit 반자까지 Access가 가능하므로 실행이 가능함	RAM 가능으로 NAND에서 수행불가, DRAM에 Load 해서 실행
			주소 지정 방식	각 Cell의 Source가 VSS 단자와 연결되어 있고 임의의 주소에 Read & Write, Erase 가능	각 Cell의 Source가 다음 Cell의 Drain으로 연결 마지막 Cell의 Source가 VSS에 연결되는 구조
			장점	고속의 임의 접근이 가능 (chipset clock 동기화 가능)	M Bit당 저렴한 제조 원가로 사용 가능. 대량화 가능

"끝"

문 46) FTL(Flash Translation Layer)의 개념, 필요성, 동작 방법, Sector Mapping 과 Block Mapping

답)

1. FTL(Flash Translation Layer)의 개요

가. NAND Flash 사용, Block Device개념 적용 FTL의 정의
- Flash 메모리와 File System 사이에 위치하여 Flash Memory를 Disk Device 처럼 사용하게 가능한 기술

나. FTL의 필요성

File system 호환성 확보	FAT 16/32, NTFS, UDF등의 각종 System호환
I/O 동작 수행	PC에서 Disk로 보내는 I/O 명령수행

- FTL 없을 경우 Flash-aware FileSystem (Flash 전용) 도입필요

2. FTL의 위치 & 동작구조의 설명

가. Flash Translation Layer의 위치

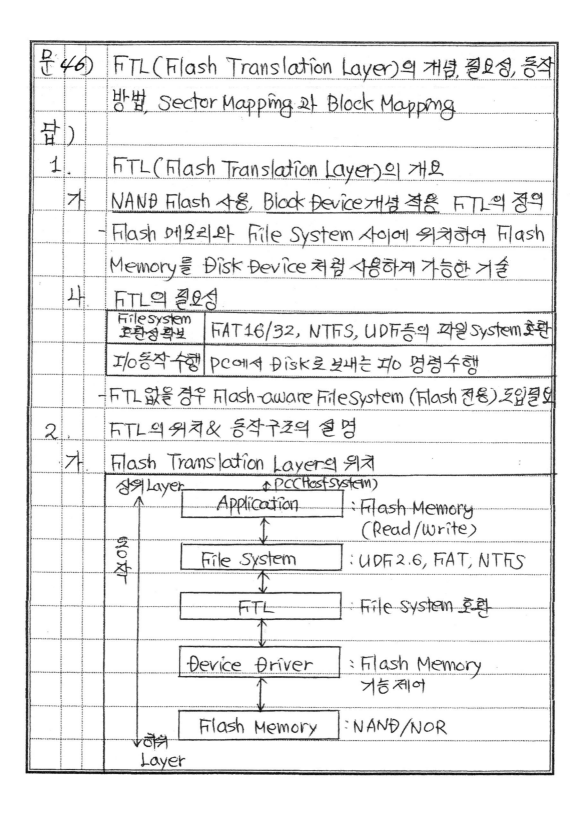

상위 Layer ──── ↑ PC(Host System)

```
        Application          : Flash Memory
                               (Read/write)
   동작
        File System          : UDF 2.6, FAT, NTFS

        FTL                  - File System 호환

        Device Driver        : Flash Memory
                               기능 제어

        Flash Memory         : NAND/NOR
```
↓ 하위 Layer

Flash Memory를 저장장치로 사용할 경우 기존의 파일 System 구조에서 FTL을 두어 File System과 Flash Memory 간 Mapping 시켜주는 역할수행함

4. FTL의 동작구조와 설명

LSN (Logical Sector Number)

PSN(물리적 섹터 Number)

② FTL Table

Flash Memory

동작순서	설 명
①	Sector 6번을 요청
②	FTL Mapping Table 참조
③	FTL Mapping Table에 의거하여 논리주소 6의 위치 참조 → 물리주소 획득 (PSN)
④	Flash 메모리의 해당 Block0 및 page2 주소접근
⑤	Flash Memory에서의 Data 전송

3. Sector Mapping 과 Block Mapping의 비교

구분	Sector Mapping	Block Mapping
개념	Read, Write 단위인 Sector 단위	Erase 단위인 Block으로 Mapping
장점	섹터 Update시 매핑 Table 정보만 변경, Erase 연산최소화	Mapping Table의 크기가 작음
단점	Mapping Table의 크기가 커질수 있음	Mapping 정보와 일치해야 되기때문에 성능저하 발생

Sector와 Block 매핑존재 방식인 Hybrid Mapping도 가능

"끝"

문 47) Flash Memory의 타입(Type)에는 SLC, MLC, TLC, QLC 타입으로 구분할 수 있다. 각각에 대해 설명하고 특징을 비교 하시오.

답)

1. SSD 저장장치에도 적용, Flash 메모리의 개요

　가. 소형화, 대용량화 가능, 비 휘발성, Flash 메모리의 정의 전원이 끊겨도 저장된 Data를 보존하는 ROM의 장점과 정보의 입출력 (Read, write, 지우기)이 자유로운 RAM의 장점을 동시에 지닌 메모리 반도체 (Semiconductor)

　나. SLC, MLC, TLC, QLC Type의 정의

SLC	Single Level Cell	1개의 Cell에 1 Bit 정보저장(0,1)
MLC	Multi Level Cell	1개 Cell에 2Bit 정보저장
TLC	Triple Level Cell	1개 Cell에 3Bit 정보 저장
QLC	Quad Level Cell	1개 Cell에 4Bit 정보저장

2. SLC, MLC, TLC, QLC Type의 Data 저장방식

- 하나의 Cell에서 표현 가능한 정보의 차이

	SLC	MLC	TLC	QLC
하나의 셀(Cell)	1 / 0 (2개 정보 표현)	11 / 10 / 01 / 00 (4개 정보 표현)	111 / 110 / 101 / 100 / 011 / 010 / 001 / 000 (8개 정보 표현)	1111 ... 0000 (16개 정보 표현)

SSD (Solid State Drive) 저장장치
ROM (Read Only Memory)

3 SLC, MLC, TLC, QLC의 특징비교

구분	SLC	MLC	TLC	QLC
정보표현	1 Bit	2 Bit	3 Bit	4 Bit
재기록 가능수	10만번	3천~1만번	1000회	300회
읽기 성능	25μs	50μs	75μs	150μs
쓰기 성능	~300μs	~900μs	~1350μs	~2000μs
지우기 성능	~2ms	~3ms	~5ms	~10ms

- SSD (Solid State Drive) 저장장치에 적용됨

"끝"

문48) FTL(Flash Translation Layer) 구조에 대해 상세하게 설명하시오

답)

1. 기존 HDD(Hard Disk Drive)와 호환유지, FTL의 개요

가. Sector 기반의 운영체제 대응, FTL의 정의

- Block과 Page 기반의 SSD가 Sector 기반의 PC와 OS에 대응하기 위한 변환 계층, 즉 SSD와 파일시스템(OS) 사이에 위치, SSD를 HDD처럼 블럭(Block)장치로 변환해주는 S/W

나. Flash Translation Layer의 위치

HDD 기반	Flash 메모리사용 SSD 기반
PC, OS(운영체제) FAT, NTFS등 Sector기반 R/Write Read Sector, Write Sector HDD(Hard Disk Drive) PC 영역 / HDD 영역	PC, OS(운영체제) FTL(Flash변환 Layer) -Wear leveling, Garbage Collection등 SSD(Solid State Device) PC / SSD 영역

2. Flash Translation Layer의 구조및 설명

가. FTL의 구조

OS	File System, Block Device Driver	
SW (FTL)	STL(Sector Translation)	-Mapping, 가비지 콜렉션 웨어레벨링
	BML(Block Management)	-Bad Block 관리 Error Handling
	LLD(Low Level Driver)	-Flash Interface
SSD	SSD, NAND Flash Device	-컨트롤러, DRAM I/O 인터페이스

Sector : HDD의 기록 최소 단위 (물리적)

4. FTL 구성요소에 따른 설명

요소	특징	설명
STL	주소변환, SSD의 핵심기술적용	- 주소 Mapping : 파일시스템의 논리적 주소을 NAND Flash Memory의 물리적 주소로 연결 - Garbage Collection, Wear leveling 등
BML	Bad Block 관리	공장출하시의 초기불량 (Defect Block 수) 과 사용중 불량이 발생하는 Block을 Spec.에서 「허용」
LLD	Interface	Flash Interface를 상위 계층에 제공

3. FTL의 핵심기술

핵심기술	특징	설명
Wear Leveling	마모평준화 (수명연장)	블럭당 기록횟수를 균등하게 분배하는 것
Garbage Collection	삭제 효율화	미사용 page와 사용 page 분류
Over Provisioning	여유공간제공	마모평준화와 삭제 효율화를 위한 여유 「공간」
NCQ (Native Command Queuing)	여러 명령 동시 처리	한번에 여러 개의 Read/Write 명령처리
TRIM	선 삭제통일	기록시 Erase하지 않고 미리 Erase수 「행」

"끝"

| 문 49) | FTL (Flash Translation Layer)의 핵심기술인 Wear leveling, Garbage Collection, Over-Provision NCQ (Native Command Queuing), TRIM 동작에 대해 각각 설명하시오. |

답)

1. <u>기존 Sector 기반의 HDD와 호환성 유지. FTL의 정의</u>
   Block과 Page기반의 SSD가 Sector 기반 PC와 OS
   에 대응하기 위한 변환 S/W. Flash 메모리와 OS의 각 일
   시스템에 위치하면서 플래시 메모리를 디스크 처럼 Block
   장치로 사용할수 있게 해주는 기술 (s/w : software)

2. FTL의 핵심기술 요약설명및 세부기술설명

   가. FTL의 핵심 기술의 요약 설명

구분	설 명
Wear leveling ①	마모균등화. 특정 블럭에만 Write 되는것을 방지
Garbage Collection ②	쓰레기수집, 쓸모 없는 page 정리, 자원 낭비 방지
Over-Provision	①,②동작위한 여유공간 확보 (미확보시 자주 Access 함으로 성능저하)
NCQ	한번에 여러 Read, write 명령 동시 처리
TRIM	미리 Erase동작수행 (삭제된 파일)

   - TRIM은 OS에서 SSD로 명령통보시 SSD에서 삭제된
     Block (page)를 미리 Erase해 둠으로써 Write동작성능 향상

   4. Wear leveling (마모 평균화)의 기술설명
   - Flash 메모리는 재 기록 가능 횟수가 정해져 있음.

- 즉, 저장/삭제(Program/Erase Cycles)수가 정해져 (있음)
SSD의 수명연장을 위해서 모든 영역에 골고루 쓰도록 하는 기능

구분	No Wear-leveling	Wear-leveling
수명	더이상사용 불가 / 1000번(예) / 수명 / Erase Count / ←쓰기작업 / 1 2 3 4 주소	1000번(예) / 수명 / ←쓰기작업 / 1 2 3 4 5 주소
설명	특정 영역의 경우 과도한 쓰기 작업으로 수명이 줄어듦	전영역에 골고루 쓰기 작업이 수행됨, 수명연장효과

4. Garbage Collection 기술의 설명
쓸모없는 Page와 사용중인 Page를 정리해 둠으로써 기록
성능, 재생 성능과 자원 낭비 방지효과 (디스크 조각 모음)

Page				
유효 Data	① =유효Data	①		①
무효 Data	② =무효Data	①		①
유효 Data	①	①		①
무효 Data	② Data Copy	①	→	①
유효 Data	① 수행	②		②
무효 Data	②	②		②
유효 Data	①	②		②

Block 단위 Erase 수행

①=Valid Data ②=Invalid Data, Invalid Data를
모아 Block 단위로 한번에 Erase 수행

3. Over-provision, NCQ, TRIM 기술 설명

가. Over-provision 기술의 설명

- 비어 있는 여유공간이 부족서에 Wear-leveling, Garbage Collection이 제대로 수행되지 못하는 문제 발생, 즉 여유공간이 적어 특정 page들만 혹사 당하는 (너무 자주 Access) 문제를 극복하기 위한 여유공간 필요

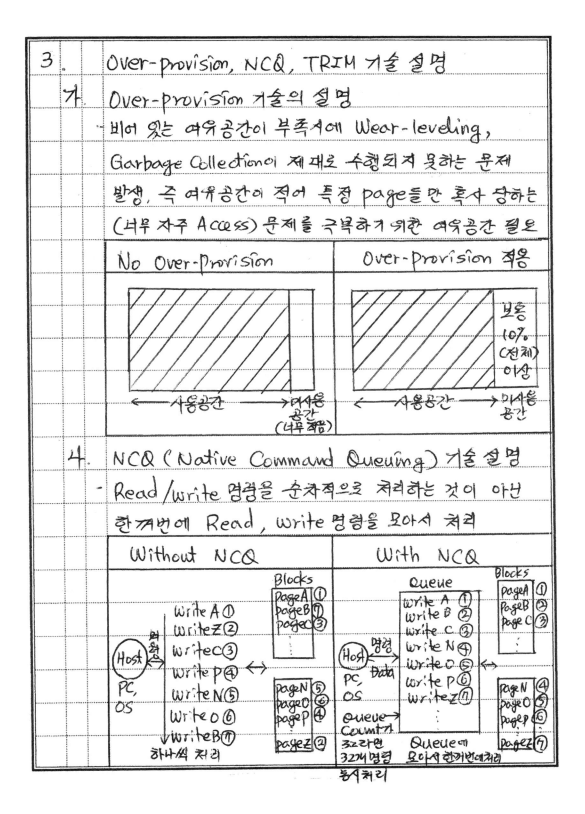

4. NCQ (Native Command Queuing) 기술 설명

- Read/write 명령을 순차적으로 처리하는 것이 아닌 한꺼번에 Read, Write 명령을 모아서 처리

		각각의 Write 명령을 하나씩 Random하게 수행	Queue에 모아서 처리 Queue Count가 32라면 32개 Write 명령 모아서 동시처리

다. TRIM 기술의 설명

- OS의 파일삭제는 실제로 지우는 것이 아닌 파일시스템과의 연결만 끊고 디스크에 파일은 그대로 존재하기 때문에 OS에서 삭제된 파일들을 OS의 도움을 받아 파악후 SSD상에서 실제로 지우는 명령어. 즉 SSD 기록시 Erase할 필요가 없기 때문에 Performance가 향상됨(즉, 미리 Erase동작을 수행 했기 때문에 Write 동작시 Erase 불필요)

NO	실제 동작	동작 설명
1	← Empty page	초기상태 (Empty 상태)
2	← 기록	Page에 기록
3	사용자에 의해 삭제	- 사용자에 의해 삭제 - OS에 의해 미사용 page로 둘기됨 - Data는 SSD에 존재
4		- 3번 상태에서 TRIM 명령 수행전

| | | 4 | | ·3번 상태에서 TRIM 명령 수행후 (Empty 상태로 〔전환〕 |
| | | 5 | | ·Full speed로 다시 기록 가능 |

↑재 기록한 Page

" 끝 "

문 50) SSD(Solid State Device)에 대해 설명하시오.

답)

1. 속도 차원의 신 개념 디스크(ROM) 저장장치, SSD의 개요.

    가. HDD의 기계적인 특성을 극복, SSD의 정의
      - NAND flash 메모리와 제어기술의 결합된 저장 장치

    나. 반도체 기술이 적용된 SSD의 등장배경 (Cpu속도향상)
      - I/O Data의 병목현상 제거, I/O Device 제어속도 향상

    다. SSD(Solid State Device)의 주요 핵심 기술 설명

파일시스템호환	기존 운영체제와 100% 호환성 제공
I/F 지원	SATA, USB, Thunderbolt Spec Fully 지원
I/O속도 UP	Access time (200μs 이내) - 성능 향상
친환경 제품	0.4W, 120만 시간 사용보증, 충격강함, 저소음.

2. SSD의 구성도 및 구성요소 (IF/제어/NAND Flash)

    가. PC Interface와 Flash 구성도

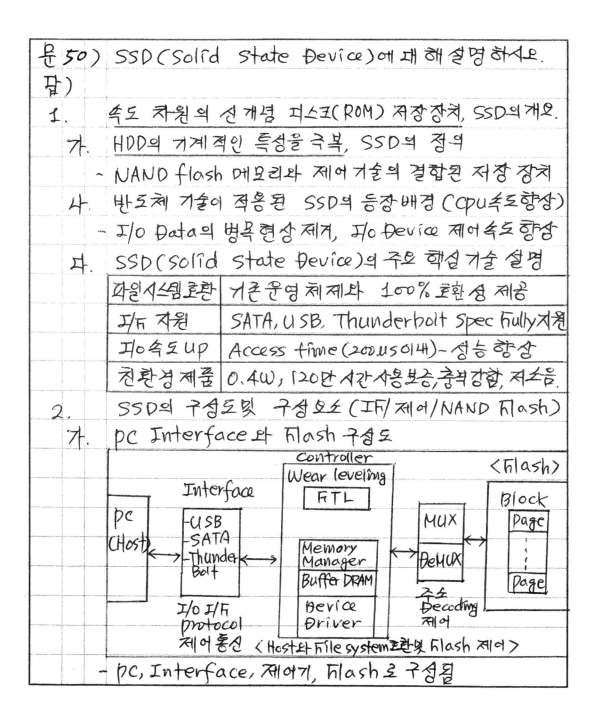

      - PC, Interface, 제어기, Flash로 구성됨

SLC = Single Level Cell
MLC = Multi " "

4. SSD의 구성요소의 설명

구성요소	설명
Controller	Wearleveling을 위한 FTL과 DRAM으로 구성
Mux/Demux	병렬로 연결된 Flash Memory Access 회로
Flash	NAND Flash 사용, SLC와 MLC가 있음
Interface	SATA, USB, Thunderbolt 통신 제어
메모리관리자	오류 복귀가능, Valid, Free, Invalid 정보관리
Device Driver	PC의 File System과 SSD File System 제어

3. SSD의 발전 방향과 고려 사항 (속도, SLC, MLC)

가. 적용분야 확대 : 메모리 용량증가 및 가격하락으로 확대증대

나. SLC 대중화 : SLC의 경우 고가로 대중화 걸림돌이나
거술 개발로 저가 공급이 필요하고 저렴화후 대중화

자. 대체품 사용 : 가격 대비 성능 뛰어난 Hybrid-HDD 및
ODD 사용 가능 (Disc Cache로 사용 가능)

"끝"

ODD : Optical Disk drive

문 51)	SSD (Solid State Device)와 HDD(Hard Disk Drive)
	의 차이점에 대해 설명하시오.

답)

1. 반도체 사용 SSD, 자성체 사용 HDD의 정의

SSD	HDD
NAND Flash 메모리와 제어기술이 결합된 저장장치	자성체로 고정된 원판에 Data를 자화시켜 기록/탐색가능 저장장치

2. SSD와 HDD(Hard Disk)의 기록방식

Solid State Device	Hard Disk Drive
1 page / 1 Block (8 page)	외주방향 / 1 sector - 512, 1024, 2048Byte 로 설정가능 / 1 Track / 회전축 / 외주

- SSD의 기록 최소 단위는 Page 단위이며 HDD는 Sector단위
- SSD는 기록을 위해 반드시 Erase (삭제)가 선행되어야 하며 HDD는 오버 기록 (Overwrite) 가능함

3. SSD와 HDD의 비교

구분	SSD	HDD
적용 기술	FTL, Wear-leveling (마모 평준화), Garbage Collection (저 쓰레기모음), Trim (미리 Erase 동작수행), Over-Provision (여유 공간확보), NCQ (Native 명령 큐잉) -스케줄링등	Dual 액츄에이터 기술, (모든 Head 병렬동작), 레이저 이용 고밀도기록, DSP기술, 극초단축 기술등

FTL: Flash Translation Layer, DSP (Digital Signal processing)
(Device Driver 역할, 기존 HDD와 호환)
OS입장에서는 HDD인지 SSD인지 구분없이 사용가능

물리적구조	Block, Page	Track, Sector
성능	물리적이동불필요, 빠름	물리적이동 필요, 느림
기록 동작	-Write 전에 Erase 필요 -성능저하방지위해 Erase 동작 (전처리필요)	-Erase 동작없이 바로 Overwrite 가능
장점	무소음 / 저 발열 / 저 전력 내구성, IOPS 높음(랜덤 I/O)	가격대비 고용량
단점	가격대비 저용량	외부충격민감, 데이터보호필요
소비전력	낮음	SSD 대비 높음
소음	없음	SSD 대비 높음
속도	빠름	SSD 대비 느림.

"끝"

문 52) CPU관점에서 주기억장치 Access time이 400ns이고 Cache Access time이 50ns 일때 캐쉬의 적중률이 90%라면 평균기억장치 Access time은 몇ns인가?

답)

1. 주어진 토픽의 도식화 설명

CPU ←—— 400ns ——→ 주기억장치
←50ns→ 캐쉬기억장치 ←—
(SRAM)   (DRAM)
캐쉬 적중률 : 90%

2. 캐쉬 적중률, 캐쉬 미스, 평균기억장치 Access time의 정의

구분	설명
캐쉬 적중	Cache Hit, CPU가 원하는 데이터가 캐쉬에 존재
캐쉬 미스 (Cache Miss)	CPU가 원하는 데이터가 캐쉬에 없는 상태 이경우에는 주기억장치로부터 데이터를 읽어옴
적중률 (Hit Ratio)	H(캐쉬에 적중되는정도) = $\dfrac{캐쉬에\ 적중되는\ 회수}{전체\ 기억장치액세스\ 회수}$
캐쉬 미스률	Cache Miss Ratio = $(1 - H)$
평균기억 장치액세스시간 (Ta)	$Ta = H \times Tc + (1 - H) \times Tm$ 단, Tc는 캐쉬 액세스시간, Tm=주기억장치 액세스 시간
-평균기억 장치 액세스 시간 (Ta) =	Cache Hit Time + Cache Miss (주기억장치 Access Time)

3.   주어진 문제에서 평균기억장치 Access time 계산

$$Ta = \text{Cache Hit Time} + \text{Cache Miss}$$

$$= \text{Cache Hit Time} + \text{주기억장치 Access time}$$

$$= H \times Tc + (1 - H) \times Tm$$

$$= 0.9(90\%) \times 50ns + (1 - 0.9(90\%)) \times 400nS$$

$$= 45ns + 40ns$$

$$= 85ns \leftarrow 답$$

"끝"

문 53) 두 계층으로 이루어진 기억장치 시스템에서 첫번째 계층의 기억장치 액세스 시간이 40ns이고 두번째 계층의 기억장치 액세스 시간은 400ns이다. 아래 2가지 질문에 답변하시오

(1) 첫번째 계층의 기억장치에 대한 적중률이 90%일때 평균기억장치 엑세스 시간을 구하시오.

(2) 첫번째 계층의 기억장치에 대한 적중률이 0%부터 20%간격으로 100%까지 변할때의 평균 기억장치 엑세스 시간들을 구하여 그래프를 그리고 결과에 대해 설명하시오 단, 그래프의 x축은 적중률 y축은 엑세스 시간으로 한다

답)

1. (1) 주어진 토픽의 도식화 설명

첫번째 계층의   Cache
기억장치 적중률 90%   메모리

두번째 계층의 기억장치 : 주기억 장치

2. (1) 평균기억장치 Access time

$$T_a = (H \times T_c) + (1 - H) \times T_m$$

-H : 캐쉬 적중률, T_c = 캐쉬 액세스 타임

T_m = 주기억장치 Access time

$$= (0.9 \times 40ns) + (1 - 0.9(90\%)) \times 400ns$$

$$= 36ns + 40ns = 76ns$$

3.	적중률이 ∅%부터 2∅% 간격으로 1∅∅%까지 변할때
	의 평균기억장치 Access time 및 Graph 토큰
가.	적중률 변경에 따른 평균기억장치 Access time

적중률	$Ta = (H \times Tc) + (1-H) \times Tm$	Ta
∅%	$∅ \times 4∅ns + 1 \times 4∅∅ns$	400ns
2∅%	$∅.2 \times 4∅ns + ∅.8 \times 4∅∅ns$	328ns
4∅%	$∅.4 \times 4∅ns + ∅.6 \times 4∅∅ns$	256ns
6∅%	$∅.6 \times 4∅ns + ∅.4 \times 4∅∅ns$	184ns
8∅%	$∅.8 \times 4∅ns + ∅.2 \times 4∅∅ns$	112ns
1∅∅%	$1 \times 4∅ns + ∅ \times 4∅∅ns$	40ns

Ta = 평균기억장치 Access time

4. 적중률과 Acces time 간의 Graph 토큰

결론

첫번째 계층의 기억장치
적중률이 늘으면 늘을수록
평균기억장치 Access
Time은 짧아 짐.

"끝"

문 54) 아래 3개 문제에 대해 답변하시오

문(1) 컴퓨터 시스템에 디스크 캐쉬를 도입함으로써 평균 디스크 엑세스 시간이 20ms에서 8.3ms로 감소되었다. 디스크 캐쉬의 적중률(Hit Ratio)이 60%라면 디스크 캐쉬의 Access time은 얼마인가?

문(2) 주기억 장치 Access time이 300ns, 캐쉬(Cache) 엑세스 Time이 60ns인 시스템에서 기억장치 Access가 1000번이 수행되었다. 그중의 60%는 읽기동작이고 40%는 쓰기동작이었으며 평균 적중률은 80%였다. Cache Write 정책인 Write-Through 와 Write-Back 방식에서 각각의 평균 기억장치 Access time을 구하시오.

문(3) 두 계층의 Cache를 가진 시스템에서 첫번째 계층의 Cache인 L1의 Access time은 25ns, 두번째 계층의 캐쉬인 L2의 Access time은 80n 이고 주기억 장치 엑세스 시간은 250ns 이다. L1의 적중률이 75%이고 L2의 적중률은 90% 일때 평균 기억장치 Access time을 구하시오.

답)

1. 문(1) Cache Access time 계산

평균기억장치 엑세스 Time (T_a)

$$T_a = (H \times T_c) + (1 - H) \times T_m$$

/H: 캐쉬 적중률, T_c: 캐쉬 Access time

T_m: 디스크(주기억장치) Access time

$$Ta = (H \times Tc) + (1 - H) \times Tm$$

$$8.3ms = (0.6 \times Tc) + (1 - 0.6) \times 20ms$$

$$8.3ms = 0.6Tc + (0.4 \times 20ms)$$

$$8.3ms = 0.6Tc + 8ms$$

$$0.3ms = 0.6Tc$$

$$\underline{Tc = 0.5ms} \ / \ 디스크 캐쉬의 \ Access \ time$$

2. 문(2) 평균 기억장치 Access time 계산

가. Write 정책(Policy)인 Write-through와 Write-Back 설명

구분 \ 정책	Write-through	Write-Back
동작 개념도	CPU 기록 → 캐쉬 주기억 장치	CPU 기록 → 캐쉬 주기억 장치
동작 원리	Write 동작시 Cache와 주기억 장치에 동시에 쓰기 (항상 동일한 Data 유지)	Write 동작시 Cache에만 쓰고 해당 Data가 Swap-Out시 주기억장치에 복사

-Swap-out (캐쉬 내의 Data를 주기억장치로 복사)

4. Write-through 방식에서의 평균 기억장치 Access time

① 읽기동작의 평균 Access time (Ta)

$$Ta = (H \times Tc) + (1 - H) \times Tm$$

$$= (0.8(80\%) \times 60ns) + (1 - 0.8(80\%)) \times 300ns$$

$$= 48ns + 60ns$$

$$= 108ns$$

② 쓰기 동작의 평균 Access time = 300ns

③ 읽기동작과 쓰기동작 평균 → 평균기억장치 Access time (Ta)

$$Ta = \underbrace{108ns \times 0.6(60\%)}_{읽기동작} + \underbrace{300ns \times 0.4(40\%)}_{쓰기동작}$$

$$= 64.8ns + 120ns$$

$$= 184.8ns$$

다. Write - Back 방식에서의 평균기억장치 Access time

- 읽기동작(Cache로부터)과 쓰기동작에 소요되는 시간은 동일

$$Ta = (H \times Tc) + (1-H) \times Tm$$

$$= (0.8 \times 600ns) + (1-0.8) \times 300ns$$

$$= 108ns$$

3. 문(3) 평균 기억장치 Access time 계산

$$Ta = (H1 \times Tc1) + (H2 - H1) \times Tc2) + (1-H2) * Tm$$

/ H1 : L1 Cache 적중률

/ Tc1 : L1 Cache Access time

$$Ta = (0.75 * 25ns) + ((0.9 - 0.75) \times 80) + (1-0.9) \times 250ns$$
$$\overset{\wedge}{ns}$$

$$= 18.75ns + 12ns + 25ns$$

$$= 55.75ns$$

"끝"

문 55) 빅 엔디언(Big Endian)과 리틀 엔디언(Little Endian)

답)

1. 메모리에 Byte의 저장순서, Endian의 개요

Big Endian	데이터를 메모리에 적재시 메모리 시작주소에 데이터 상위 Byte부터 순차적으로 적재
Little Endian	Big Endian과는 반대, 하위 Byte부터 적재

2. 빅 엔디언과 리틀 엔디언의 상세 설명

   가. Big Endian의 상세 설명

개념도(32bit 변수)	구분	설명
	chip	IBM
	저장방식	낮은 주소에 MSB Bit부터 저장
	비교연산	순차적 Stack push, 속도우위
	디버깅	분석용이
	N/W Byte order	N/W Byte 순서수행(빅엔디안 순)

   나. Little Endian의 상세설명

개념도(32Bit 변수에서)	구분	설명
	chip	Intel, AMD
	저장방식	낮은 주소에 LSB Bit부터 저장
	비교연산	역순차적 Stack 삽입, 자소느림
	디버깅	난해성 증가
	N/W 바이트순서	재 정렬위한 처리 필요

			- MSB(Mast significant Bit), LSB(Least significant Bit)
3			Big/Little Endian의 사용에 따른 유형

Endian	Byte order	설 명
Bi-endian	endian 선택	Big-Endian과 Little-Endian중 하나를 선택할수 있는 아키텍쳐
Middle-endian	endian 교차	1~2 Byte 단위로 Big/Little Endian중 서로 다른 순서 사용

- 다양한 Endian 방식에 따라서 Data 송수신시

Data 순서의 고려가 필요함

"끝"

병렬 컴퓨터

병렬 컴퓨터의 분류, CPU 성능 향상을 위해 명령어를 병렬로 처리하는 방법과 이 때 고려해야 할 기술에 대해 학습하는 Part입니다. 컴퓨터의 명령어 처리 속도 향상을 위해 사용되는 파이프라이닝 기술의 발전 과정과 Hazard 발생 원인 및 해결 방법이 핵심입니다.

[관련 토픽 – 14개]

문 56) 병렬 컴퓨터의 Flynn의 분류, 활용사례

답)

1. 동시 처리 기술, 병렬 Computer의 정의 & 필요성

   정의 - 다수 Processor들이 다수 프로그램 & 단일 프로그램의 분할된 부분들을 분담하여 동시에 처리하는 컴퓨터를 총칭

   필요성 - Von Neumann Bottleneck (병목현상) 해소

   - 단일 Processor와 Memory의 성능 향상 한계

   - AI (인공지능), 과학 & 공학분야의 Computing Power 요구

2. Flynn에 따른 병렬 Computer 분류

   가. 컴퓨터의 분류 (Flynn의 분류)

   - 명령어와 데이터의 단수/복수흐름인지에 따라 분류

분류	명령어 흐름	데이터 흐름	사례
SISD	1	1	전통적인 순차 컴퓨터 (Von Neumann)
SIMD	1	다	Array Processor, Vector/Super Computer
MISD	다	1	구현 어려움, Systolic Array
MIMD	다	다	다중프로세서, 클러스터, MPP 시스템

   - Systolic Array : 심장박동 원리 → 같은 기능을 가진 Cell들이 연결망을 구성하여 전체적인 동기신호에 맞추어 연산수행

   나. Computer 분류별 특징

분류	내용	
SISD	한번에 한 개씩 명령어와 데이터 순차 처리	

			SIMD	-Single Instruction Multi Data -단일 CPU와 다중 ALU 구조 -다수 ALU로 구성되고 이들은 모두 하나의 제어장치가 통제 - 명령어 실행과정에서 서로 다른 Data 사용	 P: 처리장치 M: 메모리
			MIMD	-Multi Instruction Multi Data -다중 processor로 구성, 서로 다른 명령어와 Data를 처리 - Processor간 연결 방법에 따라 SMP, MPP, NUMA 등이 있음	 C: 제어장치 p: 처리장치

3 병렬 Computer의 활용사례

가. 병렬 Computer의 활용분야

분야	내용	예시
생명 탐구	게놈(Genome) 통한 유전병차 명, DNA 연구의 획기적 개선	유전자 메커니즘 규명 Database 분석
영상분야	영화제작(특수효과, 랜더링)	쥬라기공원 등
설계 분야	안전한 토목 구조물 & 건축물 설계, 자동차설계	구조해석/시뮬레이션등 제작기간 단축, 비용↓
기상 분야	자연재해 조기예측/재난 방지, 기후변화등 기상예측	태풍진로, 폭우지역 & 강수량 예측
게임	바둑(알파고)	알파고 병렬 Computing

4. 병렬 Computer의 전망

- SMP (Symmetric Multiprocessor)의 확장성에 대한 장점 & MPP(Massive Parallel Processor)의 프로그래밍 곤란 해소하는 NUMA (Non Uniform Memory Access Architecture)가 시장을 주도
- 병렬처리를 위한 범용 Compiler 보급 필요
- GPGPU, TPU, NPU등 병렬 처리 기술 고도화

"끝"

문 57) 병렬 컴퓨터의 상호연결망 성능 결정요소와 종류

답)

1. Processor간 통신을 위한 상호연결망의 개요

　가. 상호연결망(Inter-Connection Network)의 정의

　　processor들이 자원을 공유하고 서로 통신하기위해서 구성되는 processor간 통신 메카니즘

　나. 상호연결망의 분류

분류	내용
정적 상호연결망	연결경로가 변하지 않는 연결구조 ex) 선형, 원형, 트리, Mesh, Fat Tree, Torus
동적 상호연결망	연결경로가 실행시간 중 변하는 연결구조 ex) 다단계 큐브/오메가/다단계 크로스바 스위치

2. 상호연결망의 성능 결정요소 및 내용

결정요소	내용
대역폭 (Bandwidth)	Network를 통하여 전송될 수 있는 최대 데이터 전송율을 의미. 단위 [M Bytes/sec]
네트워크 지연 (N/W Latency)	Network를 통하여 메시지(Message)를 전송하는데 소요되는 시간 지연(Delay)
기능성 (Functionality)	- N/W가 지원하는 기능들의 유무 & 종류 - Interrupt 처리, 동기화, 메시지 송수신 등
확장 가능성 (Scalability)	New H/W 자원(processor, 기억장치, 지 I/O등)이 추가시 성능확장을 위해 N/W 확장가능여부

		하드웨어 복잡 성 (H/W Complexity)	Network 구현을 위해 필요한 H/W등 (스위칭 소자, 중재회로, I/F 회로 구성을 위한 부품, 선로등)의 수와 복잡성
3		상호 연결망의 종류	
	가	정적 상호 연결망의 종류와 특징	

종류	구조 & 특징
선형배열 구조 (Linear Array)	 -각 Node들이 차례로 연결된 구조 -간단, 통신 시간이 가장 김
원형구조 (Ring)	 -선형구조에서 N-1 Node가 ∅ node에 연결된 구조 -차수는 각 노드가 가지는 링크수 -단방향=N-1, 양방향=N/2
트리 구조 (Tree)	 -3층 구조의 Binary Tree 구조 -노드(Node) 개수는 $(2^{L-1}-1 < n < 2^{L}-1)$ L = Level
메시구조 (Mesh)	 Node들을 2차원 배열로 연결, 각 Node가 주변 4개의 Node와 직접 연결되는 구조 (Mesh 형태)

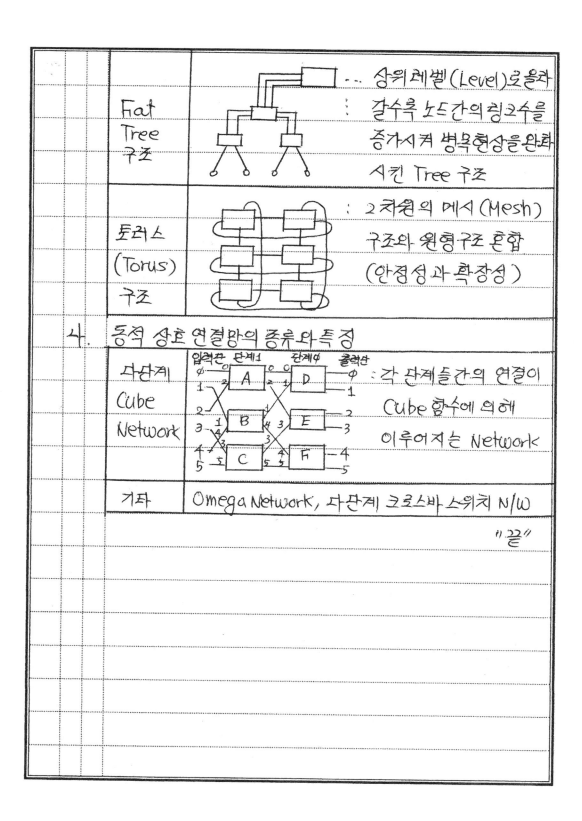

	Fat Tree 구조		┄ 상위 레벨(Level)로 올라 ┊ 갈수록 노드간의 링크수를 증가시켜 병목현상을 완화 시킨 Tree 구조
	토러스 (Torus) 구조		┊ 2차원의 메시(Mesh) 구조와 원형구조 혼합 (안정성과 확장성)

4. 동적 상호 연결망의 종류와 특징

다단계 Cube Network	입력단 단계1 단계4 출력단 A D B E C F	┊ 각 단계들간의 연결이 Cube 함수에 의해 이루어지는 Network
기타	Omega Network, 다단계 크로스바 스위치 N/W	

"끝"

문 58) 병렬처리 시스템의 상호연결망(Inter Connection Network)에 대해 다음을 설명하시오.

가. 상호연결망의 개념과 종류

나. 토러스(Torus) 구조

답)

1. Multi-Processor간 협업, 상호연결망의 개요

가. 병렬처리시스템에서의 Core간의 협업, 상호연결망정의

MIMD, 멀티프로세서들의 상호 페이터 교환등

협업을 위한 기본 Network 환경을 위해 구성,

상호 Data 교환, 제어 뿐만 아니라 토플로지 방식으로 활용

나. Flynn의 병렬 처리 시스템의 분류

컴퓨팅 Flynn 분류	→	병렬 처리 시스템	단일처리시스템 ── SISD
			SIMD
			MISD
			MIMD → 재규모 멀티프로세서의 상호협업 구조 필요 → 상호 연결망 구성

다수의 명령어 스트림이 다수의 페이터 스트림 처리

Multi-Processor의 각 processor간 상호 페이터 교환등을 목적으로 구성하는 Network 구성필요

2. 상호연결망의 개념과 종류

가. 상호연결망(Inter-Connection Network) 개념

- MIMD, 멀티프로세서구조, Array 프로세서에서의
Cache, Main Memory, Global 기억 장치 모듈등을
상호연결할수 있는 N/W. (병렬처리 H/W 구성에서 성능기여)

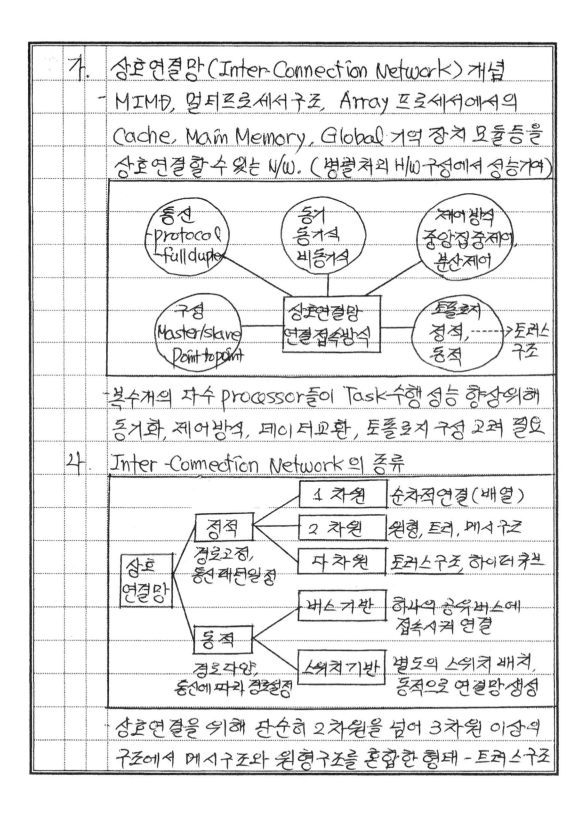

- 복수개의 자수 processor들이 Task 수행 성능 향상위해
동기화, 제어방식, 메이터교환, 토폴로지 구성 고려 필요

나. Inter-Connection Network의 종류

상호연결을 위해 단순히 2차원을 넘어 3차원 이상의
구조에서 메시구조와 원형구조를 혼합한 형태 - 트리스구조

3 토러스 구조의 개념과 기술요소 상세 설명

가. Torus 구조의 개념

- Torus 구조는 2차원의 메시(Mesh)구조와 원형구조를 혼합함. 메시구조의 장점 - 안정성을 유지하면서 원형 구조의 장점인 보자 다양한 경로설정과 확장성 확보

나. Torus 구조의 기술요소

기술요소	설 명
Fault-Tolerant 안전성	한곳의 Node - 프로세서에 문제가 생겨도 전체 System에 영향을 주지 않음
Cyclic 연결 성	원형구조에서와 같이 처음과 끝의 Node가 모두 직접 연결되어 있어 Network 흡수를 절반으로 줄여 성능의 극대화 가능
확장성	Array로 Processor를 재구성하여 fat-Tree 에 비해서 비용대비 높은 확장성

- fat-Tree 구조 : 상위 Level로 올라갈수록 노드간의 링크수를 증가시켜 병목현상을 완화시킨 Tree구조

- Torus 구조는 안정성과 확장성을 확보할수 있지만 비교적 높은 구축비용으로 고성능 Computer에서는 이에 대한 고려가 동시에 필요함

4. Torus 구조와 분산 Storage System에의 응용
- 고성능 Computing에서는 2차원 Tree 구조의 형태인 Fat-tree와 함께 가장 많이 사용되는 N/W 토폴로지
- 높은 확장성과 함께 별도의 Network 스위치가 불필요 하여 대용량 분산 스토리지 구축에 유리
- 상호연결망 N/W Hop 증가에 따른 지연(Delay) 시간 의 최소화를 위한 최적화 구축방안 필요

"끝"

문 59) 병렬 컴퓨팅을 위한 <u>SMP, MPP, NUMA</u>에 대해 설명하시오.

답)

1. 병렬 컴퓨터의 개요및 분류

가. (병렬 Computer의 정의) - 여러개의 프로세서들이 다수의
Task혹은 단일Task를 분할하여 동시에 처리하는 Computer,
다수의 프로세서를 상호연결하여, 성능을 향상시킨 Computer
로 동시에 다수의 독립적인 process를 처리.

나. 병렬 컴퓨터의 분류

분류 기준	분류
Flynn 분류	SISD, SIMD, MISD, MIMD
기억장치접근	UMA, NUMA, COMA, NORMA
시스템 구성	SMP, MPP, CC-NUMA, 분산 Cluster.

다. SMP, MPP, NUMA의 정의

SMP (UMA구조)	Symmetric Multiprocessor: 대칭형 다중프로세서 UMA구조, 여러개의 프로세서가 OS및 메모리공유
MPP (NORHA구조)	Massive Parallel Processor: 거대 병렬프로세서 프로세서+메모리+OS로 구성된 노드가 상호연결망에 연결됨
NUMA	Non Uniform Memory Access Architecture: 불균형메모리접근구조 SMP와 MPP의 장점을 취하면서 단점을 해결한 구조

2. SMP, MPP, NUMA의 구조 및 특징

가. SMP (Symmetric)의 구조와 특징 - 대칭형 다중프로세서

	SMP 의 구조	-UMA구조, 여러개의 프로세서가 OS및 메모리공유. 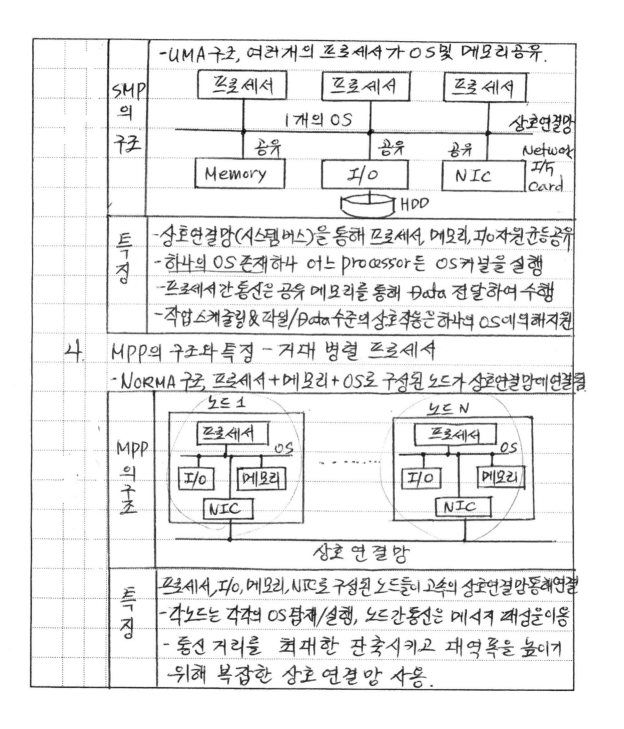
	특 징	-상호연결망(시스템버스)을 통해 프로세서, 메모리, I/O자원 균등공유 -하나의 OS 존재하나 어느 processor든 OS커널을 실행 -프로세서간 통신은 공유 메모리를 통해 Data 전달하여 수행 -작업스케줄링 & 각 쓰레드/Data수준의 상호작용은 하나의 OS에 의해지원

4. MPP의 구조와 특징 - 거대 병렬 프로세서

-NORMA 구조, 프로세서 + 메모리 + OS로 구성된 노드가 상호연결망에 연결됨

	MPP 의 구 조	
	특 징	프로세서, I/O, 메모리, NIC로 구성된 노드들이 고속의 상호연결망 통해 연결 -각 노드는 각각의 OS 탑재/실행, 노드간 통신은 메시지 패싱을 이용 -통신 거리를 최대한 단축시키고 대역폭을 높이기 위해 복잡한 상호 연결망 사용.

4. NUMA의 구조와 특징
- SMP와 MPP의 장점을 취하면서 단점을 해결한 구조

NUMA 의 구조	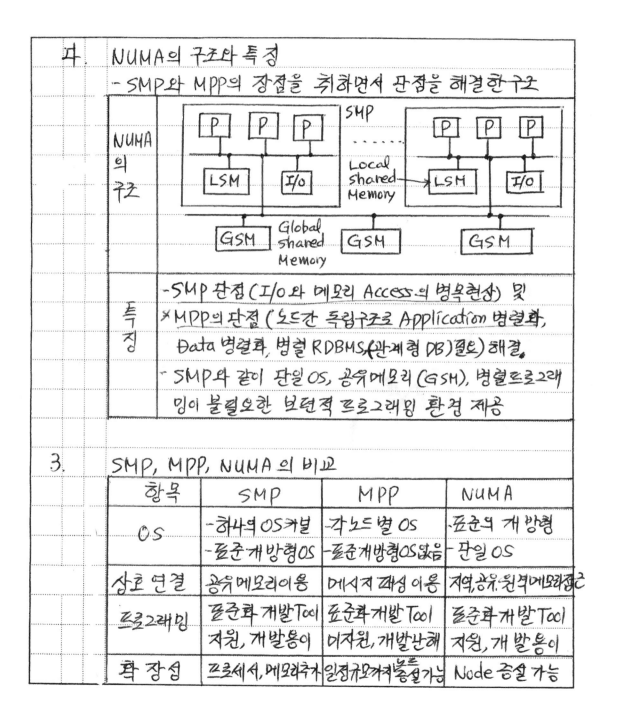
특징	-SMP 단점 (I/O와 메모리 Access의 병목현상) 및 *MPP의 단점 (노드간 독립구조로 Application 병렬화, Data 병렬화, 병렬 RDBMS(관계형 DB)필요) 해결. - SMP와 같이 단일 OS, 공유메모리 (GSM), 병렬프로그래 밍이 불필요한 보편적 프로그래밍 환경 제공

3. SMP, MPP, NUMA 의 비교

항목	SMP	MPP	NUMA
OS	-하나의 OS커널 -표준개방형OS	-각노드별 OS -표준개방형OS없음	-표준의 개방형 -단일 OS
상호 연결	공유메모리이용	메시지 작성 이용	지역,공유,원격메모리접근
프로그래밍	표준화 개발Tool 지원, 개발용이	표준화 개발Tool 미지원, 개발난해	표준화 개발Tool 지원, 개발용이
확장성	프로세서,메모리추가	일정규모거치능노드증설가능	Node 증설 가능

		Application	다양한 유틸리티 자원	제한된 유틸리티	다양한 유틸리려 자원
	원격 Data 접근	자동		주소변환, 메시지 전달	패킷전송으로 LSM간 접근가능

4. SMP, MPP, NUMA 관련 고려사항

가. SMP의 단점인 확장제한을 해결하기 위해 MPP가 등장.
MPP의 복잡한 programming 환경, 비용문제를 해결하고자
저/중규모의 병렬 Computing에 NUMA 등장.

나. CC-NUMA는 NUMA의 문제점인 원격 기억 장치 Access시
성능저하를 해결하기 위해 메모리로 캐시를 활용하며, 분산
캐시 디렉토리를 통해 일관성을 해결.

"끝"

문 60) 병렬처리, 그레인 (Grain)

답)

1. 병렬처리의 정의, 작업의 단위, Grain의 구분

가. 병렬처리 (Parallel Processing)의 정의

다수의 processor들이 여러개의 프로그램들 혹은 프로그램의 분할된 부분들을 분담하여 동시에 처리하는 기술

나. 병렬처리의 단위 (Unit) 및 구분

기술요소	내용	구분
Job Level (작업단위)	작업프로그램 단위로 병렬처리	Coarse Grain
Task Level	분리된 태스크 단위로 병렬처리	Mid Grain
Process Level	여러개의 process로 분리하여 처리	Mid Grain
변수 단위	여러 변수(Variable)를 동시에 수행	Fine Grain
Bit Level	각 Bit연산을 병렬로 수행	Fine Grain

- Grain = 각 processor가 처리하여야 할 작업의 단위

2. 병렬처리 Grain별 세부설명

가. Fine Grain 병렬처리

- Bit & 변수단위의 병렬처리
- PE 하나는 연산의 최소단위
- 연산하나를 수행하고 연산정보교환
- PE숫자가 65.5조개도 가능 ←2^{16}
- SIMD, VECTOR프로세싱의 발전

| Fine Grain 설명 | ① 프로그램이 고급 프로그래밍언어의 한 문장이나 산술-논리 연산단위로 세분되어 processor에게 할당 ② 연산과정중 processor간 빈번한 Data 교환필요 (통신시간 최소화 구성필요) ③ 각 processor 모듈을 하나의 반도체 칩에 직접화 가능 |

4   Mid Grain 병렬처리

CPU CPU ---- CPU ← 메모리(공유) 고속 N/W & 버스 연결 구조	- SMP의 확장 - 수백개 정도의 CPU들이 연결된 구조 - Task & process 단위로 병렬처리 - CPU간 계산결과는 공유 메모리 혹은 메시지을 전달함 - SMP, UMA 구조의 발전된 형태

| Mid Grain 설명 | ① 저렴하고 고속연산 가능한 Microprocessor ② 최근의 슈퍼컴퓨터 시스템들은 그레인 병렬성 보자는 Mid Grain 병렬성을 이용하면서 프로세스 수가 많은 대규모 병렬처리 (MPP)구조로 발전 (예 Intel Skylake등) |

4   Coarse Grain 병렬처리

P P P P M M 노드 고속 N/W	- MPP의 발전된 형태 (clustring) - 노드는 각자의 프로그램 혹은 Job을 수행 - 노드내에서 세부적인 병렬처리 가능 - 결과는 고속 N/W을 통해 공유
- MPP (Massively Parallel processing)의 발전된 형태	예) 슈퍼 Computer

| Coarse Grain 설명 | ① 작업단위 및 Task 단위의 병렬처리 |

② 각 작업(Job) 혹은 Task 프로그램이 Vector나 Matrix 계산과 같은 많은 양의 수치 계산들을 포함 ③ 각 processor가 데이터 배열에 대하여 복잡한 부동·소수점 연산을 반복적 수행 ④ 고속 Vector 계산을 위해 파이프라인 구조의 ALU 포함 ⑤ 시스템은 적은 수의 크고 복잡한 processor들로 구성됨 (예, Super Computer) ⑥ 각 Unit은 입력 및 결과 Data들을 저장하는 Register 배열과 주소 Register 포함

3. Grain에 따른 병렬처리 비교

구분	Fine	Mid	Coarse
처리단위	Bit 연산	Task, process	program, job
처리숫자	수천-수만	수백개	수십개 (내부에 많음)
목적	연산의 병렬처리	특정 프로그램 내에서 병렬처리	유전자, DNA, 계통, 수학/과학계산
공유 방식	Host의 메모리	공유 메모리, 메시지 전달	메시지 전달

- Fine Grain : MPP (Massively Parallel processor System 등
- Mid Grain : Intel Skylake 등
- Coarse Grain : Super Computer 등

4. 병렬처리(Parallel Processing) 관련 동향

   가. <u>Multi-Core 활성화</u>: 한개의 다이당 최대 28개 Core
      /56개 Thread, Core당 1MB Level 2 Cache, MB
      공유 Level 3 캐쉬, PCIe 최신 버전 적용, DDR 메모리
      채널, AVX-512등 지원 (예 Skylake 사용)

   나. <u>병렬처리 요구 증대</u>: Cloud Computing, Edge
      Computing, BigData 실시간 처리, 인공지능(AI)
      모델의 실시간 비교, 가상화등 물리적 자원의 병렬처리
      요구증대 심화추세

                                           "끝"

문 61) 명령어 파이프라이닝(pipelining)에 대해 설명하시오.

답).

1. 'CPI < 1"을 달성, CPU 성능향상, 명령어 파이프라이닝개요

　가. 명령어 파이프라이닝(pipelining)의 정의

　- CPU의 처리속도를 높이기 위하여 CPU 내부 Hardware를
여러 단계로 나누어 동시에 처리하는 기술

　나. 2단계 (Fetch, Execute) 명령어 파이프라인의 문제점 & 해결책

　(문제점) - 두단계의 처리시간이 동일하지 않으면 두배의
속도 향상을 얻지 못함 (효율 저하)

　(해결책) - pipeline 단계의 수를 증가시켜 각 단계의
처리 시간을 같게함 (속도향상 효과 발생됨)

2. 4단계 명령어 pipeline의 개념도 및 주요단계 설명

　가. 4단계 명령어 파이프라인 (pipeline)의 개념도

명령어 → ① IF → ② ID → ③ OF → ④ EX → 실행결과

Clock주기 ├─1─.─2─.─3─.─4─.─5─.─6─.─7─.─8─.─9─.─10─.

명령어 1 ├①✕②✕③✕④┤

" 2 　├①✕②✕③✕④┤

" 3 　　├①✕②✕③✕④┤

" 4 　　　├①✕②✕③✕④┤

" 5 　　　　├①✕②✕③✕④┤

" 6 　　　　　├①✕②✕③✕④┤

　　　├─ A ─┤

④단계
에서는
하나의
Clock에
서 4개의
명 령어
가 동시에
처리됨

4.	4단계 pipeline의 주요단계	
	단 계	설 명
	IF 명령어 인출	다음 명령어를 기억장치로부터 인출
	ID 명령어 해독	해독기(Decoder)를 이용하여 명령어를 해석
	OF 오퍼랜드 인출	기억 장치로부터 Operand를 인출
	EX 실행	지정된 연산을 수행

3.	파이프 라인의 효율 저하 요인들	
	효율 저하 요인	설 명
	구조적(Structural) 해저드 발생	IF단계와 OF단계가 동시에 기억 장치를 Access하는 경우 충돌이 일어나면 지연이 발생
	제어(Control) 해저드 발생	조건 분기(Branch) 명령어가 실행되면 미리 인출하여 처리하던 명령어들이 무효화
	H/W 단순화될요	H/W 단순화위해 모든 명령어가 4단계들을 통과해야함
	시간 기준	처리시간이 가장 오래 걸리는 단계를 기준으로 결정

"끝"

문	67	Superscalar와 VLIW (Very Long Instruction Word)

답)

1. CPI<1을 위한 명령어수행, Superscalar와 VLIW 개요

가. Superscalar와 VLIW의 정의

슈퍼스칼라	복잡한 Hardware 구조를 이용한 병렬성 추구, 성능(performance) 향상기법
VLIW	동시에 수행 가능한 명령어를 컴파일 수준에서 추출하여 하나의 명령어로 수행하는기법

나. VLIW의 등장배경

- Superscalar 병렬 처리한계 극복 (H/W 구조)
- Compiler를 통한 병렬처리의 필요성 (S/W적 대응)

2. Superscalar와 VLIW의 특징비교

구분	Superscalar	VLIW

개념도	IF ID EX MEM WB
	인출 해독 실행 MEM 저장
	
	1 2 3 4 5
	1 2 3 4 5
	1 2 3 4 5
	  1 2 3 4 5
	  1 2 3 4 5
	명령어 1 2 3 4 5
	수행시간 →
		← 128 Bits →
		Load/저장 실수형 정수형 분기/제어
		32bit 32bit 32bit 32bit
		
		1 2 3 4 5 명령1
		    3
		    3
		1 2 3 4 5 명령2
		    3
		    3
		수행시간 →

		숫자의미	1:IF(인출), 2:ID(해독), 3:실행, 4:MEM, 5:저장	
		동작 설명	매 Cycle(clock)마다 한개이상의 명령동시수행	동시실행 가능한 연산들을 하나의 긴 명령어로 수행
		명령어 병렬성	Hardware 지원 (H/W 복잡)	S/W에서 지원, H/W 단순 Compiler 지원
		S/W 구현	-Software 구현쉬움 -Binary 지원	-S/W 구현 복잡 -Binary 지원불가
		장점	-Compiler의 부담이적음 -기존 Code와 호환가능	-H/W 의존성, S/W 대응 -Interrupt 처리 간단
		단점	복잡한 H/W 구성으로 인한 전력소모 큼	-Compiler 부담이큼 -호환성 문제(code level)

3. 최신 CPU 설계 기술의 동향

- Superscalar, VLIW, EPIC등 병렬기술의 한계인식
- i7(네할렘 Core)에서는 SMT(Simultaneous-Multi
  -threading) 사용 Multi-Core 적용

"끝"

문 63 EPIC (Explicitly Parallel Instruction Computing)

답)

1. CPI < 1을 구현하기 위한 EPIC의 개념

가. MIPS(초당 백만번 수행)수치 증가, EPIC 정의

- 동시 수행 가능한 명령어들을 Compiler수준에서 추출하여 하나의 명령어로 동시에 수행하는 기술

나. 명령어 수준 병렬 처리 (Instruction Level)의 발전

파이프라인	슈퍼파이프라인	VLIW	Superscalar	EPIC	발전
구조적 해저드	Hardware	Compiler	매 clock	명령어수준	
Jump,	회로의존	역할중요	Cycle마다	병렬성 추구	
Break			한개이상 처리	(ILP)	
	기존 문제점 & 속도향상			→속도증가	

다. EPIC의 등장배경 (Superscalar → EPIC 등장)

컴파일러 발달	Superscalar의 H/W복잡도 제거 → S/W 대응
VLIW호환성	VLIW 단점인 Binary Code 호환성문제해결

2. EPIC 명령어 번들구조 & pipeline 개념도

가. EPIC Instruction Bundle 구조

←————————————128 Bits————————————→			
Template	명령어1	명령어2	명령어3
5 Bit	41 Bit	41 Bit	41 Bit

- Template = 2^5 (32개)의 Template 이용

		- 명령어(Instruction) 호환성 향상			
		- Code 최소화 : NOP 명령어 수를 최소화			
4		EPIC Pipeline 개념도			

인출　해독　실행　Data 인출　저장

IF	ID	EX	MEM	WB	명령어 1
Fetch		EX	Memory	Write Back	
		EX	Execution		

IF	ID	EX	MEM	WB	명령어 2
	Decoding	EX			
		EX			

- 명령어 수준 병렬성 추구 (ILP : 명령어 레벨 Parallelism)

3		EPIC의 주요기술 & VLIW, Superscalar와의 비교

주요기술	EPIC 기술 내용
Branch prediction (분기 예측)	1 Bit 결이의 Prediction Register를 이용하여 분기(Branch)문 수행시 모든 분기들은 선행적으로 수행하고 조건이
True, False 사용	결정되면 조건에 맞는 부분만 True로 설정 맞지 않는 부분은 False로 설정하고 무시
제어 선행	Program이 Data를 필요로 하여 주기억 장치를 검색하기 전에 미리 기억장치에서 Load 하여 실행 시간 절약

		데이터 선행	기억장치의 내용을 변경할수있는 저장 (Store) 명령어보다 먼저 적재 (Load) 명령 (Instruction)수행, 미리기억장치에 적재후 실행시간 절약		

4. EPIC와 VLIW, Superscalar 비교

구분	EPIC	VLIW	슈퍼스칼라
명령어 Grouping	Compiler	Compiler	H/W
기능 Unit 할당	H/W	Compiler	H/W
실행 시점 할당	H/W	Compiler	H/W
명령어 Decoding	Easy	Easy	어려움
Binary 호환성	지원	지원못함	어려움
H/W 복잡성	중간	간단	복잡
Interrupt 처리	중간	간단	복잡
Code 밀도	중간	다소 떨어짐	우수
응용 분야	Intel IA-64	TI DSP	Pentium
기술 발전 내용 (단점 보완)	VLIW의 단점인 호환성 해결	Superscalar 의 H/W복잡도 해결	Hardware 적으로 병렬처리

4. EPIC의 기술동향및 전망

- VLIW의 H/W 단순성과 Superscalar의 Code

  호환성, 각각의 장점만을 추구하는것이 EPIC 구조

- 임베디드(Embedded) 프로세서의 경우 Code 호환성보다는 Hardware 구조의 단순화가 더 중요하므로 VLIW를 많이 사용

"끝"

명령어 수준 병렬성(ILP) 차원에서

문 64) 슈퍼 스칼라(Superscalar), VLIW(Very Long Instruction Word), 슈퍼 파이프라인(Superpipeline)의 개념과 특정에 대해 설명하시오.

답)

1. "CPI < 1"을 달성, 명령어 수준 병렬성 기법의 개요.

가. 명령어 수준 병렬성(ILP) 기법의 목적
- 명령어 실행시간을 한 사이클(CPU동작(Cycle)이하로 줄여(CPI < 1)서 processor(CPU)의 성능 향상을 추구

나. 명령어 수준 병렬성 기법의 종류

종류	설명
Superscalor	복잡한 H/W구조를 이용한 병렬성 추구 기법
VLIW	SW(컴파일러)의 도움을 받는 병렬성 추구 기법
Superpipeline	회로수준의 최적화를 이용한 병렬성 추구 기법

2. Superscalar의 개념도및 특정

가. 일반적인 파이프라인 개념도와 Superscalar의 개념도

분류	개념도
일반적인 파이프라인	① ② ③ ④ ⑤ ① ② ③ ④ ⑤ ① ② ③ ④ ⑤ ↓명령어 시간 → ① IF ② ID ③ EX ④ MEM ⑤ WB

① IF ② ID ③ EX ④ MEM ⑤ WB

1	2	3	4	5	
1	2	3	4	5	} 3-Way
1	2	3	4	5	

	1	2	3	4	5	
	1	2	3	4	5	} 3-Way
	1	2	3	4	5	

명령어 ↓

· · · · · → 시간

4. Superscalar의 특징 설명

분류	설 명
특징	-Processor내 파이프라인된 기능 유닛을 여러개포함 -매 Cycle 마다 한게 이상의 명령어들이 동시에 실행
데이터 의존성	성능 향상의 효율성을 위해서 동시에 실행하는 명령어들 간에 Data 의존성이 존재하지 않아야됨
주요기법	분기예측(Brand Prediction), 추측실행, 다중 명령 스케줄링(Out-of-order Scheduling)

3. VLIW의 개념도 및 특징

가 VLIW의 명령어 Bundle 구조

|← 128 Bits →|

Load/store	실수형 ALU	정수형 ALU	분기 / 제어
3 2bits	32bits	32bits	32bits

4. VLIW (Very Long Instruction Word) 개념도

IF	ID	EX	MEM	WB
		EX		
		EX		
		EX		

↓ 명령어

IF	ID	EX	MEM	WB
		EX		
		EX		} 4-way
		EX		

→ 시간

다. VLIW의 특징 설명

분류	설 명
특징	- 동시에 실행 가능한 연산들을 하나의 긴 명령어 (VLIW)로 묶어서 동시에 처리하는 기술 - SW(컴파일러)에서 컴파일 시점에 수행됨
Compiler 역할 중요	성능향상 위해 하나의 명령어 내에 포함시킬수 있는 (동시 실행가능한) 연산들을 어느정도 찾는 컴파일러의 역할이 중요
Super Scalar와의 차이	명령어 코드 (Instruction Code)가 길지만 하나로 취급되기 때문에, 인출과 해독 단계는 하나로 처리되고 각 연산의 실행 단계만 여러 개의 기능 유닛 (FU)들로 나누어져 동시에 처리됨

- VLIW로 묶어서 생성하는것은 S/W에서 Compile 시점에 수행됨

4. Super pipeline의 개념도및 특징

　가. Super pipeline의 개념도

명령어

1. IF, 2. ID, 3. EX, 4. MEM, 5. WB

) degree = 2

→ 시간

　나. Super pipeline의 특징 설명

분류	설명
특징	pipeline의 클럭 (Clock) 시간을 줄여서 처리하는 기술
Superpipelining 정도(degree)	·Degree of Superpipeline : 기능유닛(FU)의 Clock Cycle 시간을 n으로 나눔
슈퍼파이프라인 슈퍼스칼라구조	Super pipelining 과 Superscalar가 결합된 구조 (way * degree 구조)

5. pipelining 의 기술 발전과 고려사항

　가. 병렬 처리를 위한 pipeline 기술 발전

- Hardware 구조를 이용한 방법 : Superscalar.
- S/W (Compiler)의 최적화 방법 : VLIW

파이프라인(일반적) → 슈퍼 파이프 라인(회로수준최적화) → VLIW(Compiler) → Super Scalar(H/W Logic) → EPIC(ILP추가 속대타)

분류	설명
슈퍼 스칼라, VLIW	동시 실행 가능한 명령어수가 충분하지 않는 경우(명령어 수준 병렬성이 낮은경우, 레이저 의존성이 높은경우), HW(가능유싯)이용률이 낮아져 기대하는 정도의 성능얻기어려움 (ILP Wall (한계))
슈퍼파이프 라인	고속의 소자들로 구성되는 스위칭회로로 메커니즘을 구현 할수 있어야 함

"끝"

문65) 병렬컴퓨터의 파이프라이닝(pipelining)과
벡터프로세싱(Vector Processing)

답)

1. Computing 속도향상을 위한 병렬처리 개요

　가. 병렬처리의 정의 - Data를 동시에 다중 처리함에 따라 Computer의 실행속도를 증가시키는 방법

　나. 병렬 Computer의 분류및 기법 (Flynn의분류)

분류	의미 (I: 명령어, D: Data)	활용
SISD	단일 I / 단일 D 흐름	파이프라이닝, 슈퍼스칼라
SIMD	단일 I / 다중 D 흐름	벡터프로세싱, 어레이프로세싱
MISD	다중 I / 단일 D 흐름	실세계 존재 안함
MIMD	다중 I / 다중 D 흐름	밀결합, 소결합 system

2. 파이프라이닝과 Vector Processing 의 원리

구분	Pipelining	Vector Processing
원리	명령어를 단계별 동시 처리	반복적 배열연산 → 속도향상
숫자의미	1: 인출, 2: 해독, 3: 실행, 4: MEM, 5: 저장	

3.	Pipelining 과 Vector processing 비교		
	구분	Pipelining	Vector Processing
	파이프라인대상	명령어 중첩 처리	데이터 배열 반복 처리
	병렬컴퓨터모델	SISD	SIMD
	응용분야	RISC, Embedded	기상, 석유시추, 우주항공

"끝"

문66) Pipelining 과 Vector Processing 설명, 비교분석

답)

1. CPI < 1을 실현하기 위한 병렬 Computing 의 개요

　가. | Pipelining 정의 |- 명령어 인출, 해독, 실행, 기억 장치 Access를 단계화하여 다중처리하는 병렬기법

　나. | Vector Processing 정의 |- 다수의 Vectored Unit에 의해 데이터 연산을 병렬적으로 처리하는 병렬기법

　다. 병렬 Computing 분류및 기법

분류	내용 (I: 명령어, D: Data)	기법 (사용예)
SISD	단일 I / 단일 D 흐름	파이프라이닝, 슈퍼스칼라
SIMD	단일 I / 다중 D 흐름	벡터프로세싱, 어레이프로세싱
MISD	다중 I / 단일 D 흐름	실세계 미존재
MIMD	다중 I / 다중 D 흐름	밀결합/소결합 System

2. Pipelining 과 Vector Processing 의 명령어 수행과정 설명

　가. pipelining 명령어 수행과정

		인출	해독	실행	실행	기억	
개념도	명령1	IF	ID	EX	MEM	WB	
	명령어 2		IF	ID	EX	MEM	WB
	명령어3			IF	ID	EX	MEM	WB
		-단계별 명령어 중첩 실행					
설명	단계별 명령어 중첩 실행, 병렬성 증가, 속도향상						

		명령어 의존성	명령인출과 해독 과정에서 이전 명령 결과가 메모리에 반영되지 않는 의존성이 발생
		Hazard 존재	데이터와 제어 Hazard 발생으로 CPI<1을 저해하는 요소 발생
		SISD	하나의 명령어(Instruction)와 하나의 DATA 흐름으로 병렬성 극대화
나	Vector Processing 명령어의 수행과정		
		개념도	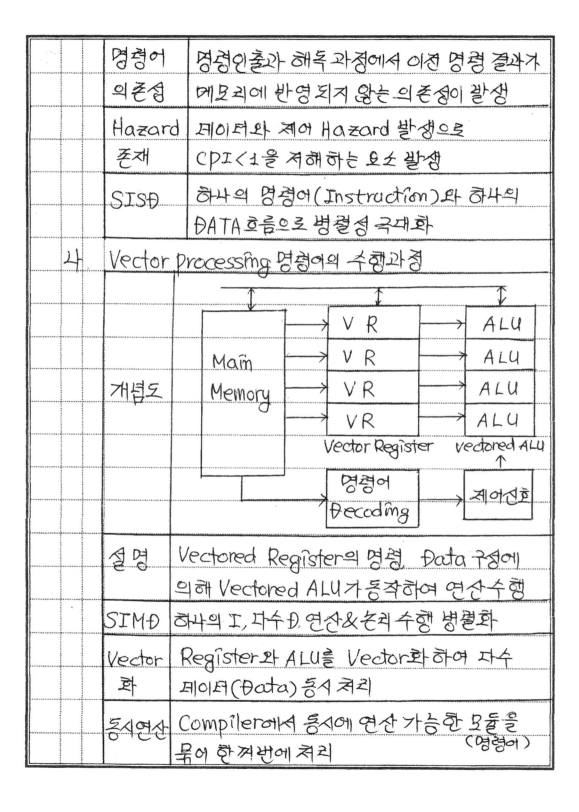
		설명	Vectored Register의 명령, Data 구성에 의해 Vectored ALU가 동작하여 연산수행
		SIMD	하나의 I, 다수 D 연산&논리 수행 병렬화
		Vector 화	Register와 ALU를 Vector화하여 다수 데이터(Data) 동시 처리
		동시연산	Compiler에서 동시에 연산 가능한 모듈을 묶어 한꺼번에 처리 (명령어)

		SSE, MMX	Intel CPU에서 MMX, SSE에 Vector Processing을 적용, 효율성 극대화

3. 명령어 병렬 처리 발전과정 & 비교

가. 명령어 병렬처리 방법의 발전과정

발전과정	세부 병렬 처리 내용
순차적 실행	최초 명령 실행은 순차적 실행, 병렬성 없음
Pipeline	명령어를 동시에 다중처리, 실행 속도 증가
멀티 Programming	하나의 Processor에서 다중 Program 실행
멀티 processing	두개 이상의 Processor가 한 program 실행
Vector processing	하나의 명령어를 Vectored 연산 처리 방식
SMP(UMA)	여러 Processor가 하나의 OS, 메모리, I/O 공유
MPP(NORMA)	Processor + 메모리 + OS로 구성된 노드가 상호연결망
NUMA	SMP와 MPP 장점 취하고 단점을 해결한 구조

나. Pipelining과 Vector processing의 비교분석

구분	Pipelining	Vector Processing
병렬성	시간의 병렬성 (Data 처리 시간 흐름)	공간의 병렬성 (Vector화된 레지스터)
H/W 구성	pipeline 1개 단독구성	Vectored Register Vectored ALU
Flynn 형태(공유)	SISD (단일 I, 단일 Data)	SIMD (단일 I, 다중 Data)

레지스터 구조	Opcode와 Data로 구성	소스/목적지주소, 벡터길이
Data Hazard	Hazard 검출어려움	Compile시 검출 가능
Control Hazard	많음	적음(한 명령으로 자수 분기 가능)

4. 과학기술용 Computer의 발전동향

- Vector Processing과 pipelining 결합하여
  시간적/공간적 병렬성 적용   적용

- MMX, SSE : 3D/4D 게임의 고사양으로 Vector로써서

- MIMD (다중명령, 다중 Data) 확산 추세

- 다중 Core CPU 기술들의 발전으로 시장확대 추세

"끝"

문7)	명령어 파이프 라인의 해저드 (Hazard) 발생유형
	3가지의 원인, 설명 그리고 해결책
답)	
1.	명령어 파이프 라인 (Instruction pipeline)의 개요
가.	명령어 중첩수행. Instruction pipeline의 정의
	- Cpu 성능향상 (CPI < 1) 기법으로 명령어를 단계
	(stage) 별로 분할하여 수행단계가 겹치지 않은
	명령을 중첩하여 수행
나.	Pipeline Hazard (해저드)의 3가지 종류 & 정의

종류	설 명
구조적 해저드 (Structural)	Hardware가 여러 명령들을 수행하는 것을 지원하지 않기 때문에 발생, 자원 충돌
데이터 해저드 (Data Hazard)	명령의 값이 현재 파이프라인에서 수행중인 이전 명령의 값에 종속 (RAW, WAR, WAW 해저드, RAR는 해저드 아님)
제어 해저드 (Control Hazard)	분기 (Jump, Branch 등) 명령어에 의해서 발생 (분기 결정된 시점에 잘못된 명령이 파이프라인에 존재 하기 때문에 발생)

	- pipeline Hazard 에는 구조, 데이터, 제어로 분류
2.	Hazard의 2가지 종류에 대한 원인, 설명, 해결책
가.	구조적 Hazard 발생원인, 설명, 해결방안

	발생 원인	 ← CPU clock — MEM 1| 1 2 3 ④ 5 2| 1 2 3 4 5 3| 1 2 3 4 5 4| ① 2 3 4 5 IF 명령어 1: IF 2: ID 3: EX 4: MEM 5: WB	
	설명	IF(명령어)와 MEM(데이터)가 하나의 메모리에 존재하는 폰노이만 구조의 경우 구조 Hazard 발생	
	해결 방안	명령어용 메모리와 Data용 메모리를 분리하는 하바드(Harvard) 구조 채택으로 해결가능	

4	Data Hazard의 발생원인, 설명, 해결방안		
	발생 원인	예시) ADD (R1), R2, R3 // R1 ← (R2 + R3) SUB R4, R5, (R1) // R4 ← (R5 - R1) 1'| IF ID EX MEM (WB) → R1 쓰기 2'| IF (ID) EX MEM WB 명령어　　　R1 읽기	
	설명	-이전에 수행한 R1값이 쓰기전에 후속 명령이 그 값을 Read (R1 원자성 문제 발생) -RAW: Read After Write -WAR: Write After Read -WAW: Write After Write	

			Forwarding	R1 재선 ALU 사용
	해결 방안		Interlock	위의 경우 H/W Stall (시간벌기) 시킴
			명령어 스케줄링	Compiler가 Stall 제거 → NOP 명령 삽입
			레지스터 Renaming	Register 명을 다른 레지스터로 사용

3. 제어 (Control) Hazard 발생원인, 설명, 해결방안

발생 원인	명령1 (Branch) → Branch 발생	

IF	ID	EX	(MEM)	WB				
	IF	ID	EX	MEM	WB			
					ID	EX	MEM	WB

3 clock
사이클 중지

설명	- 분기 (Branch) 명령이 결정되는 시점에 이미 파이프라인 (pipeline) 후속 명령이 실행된 상태 - 분기가 False이면 문제없으나 True (분기수행) 면 수행되지 않아야 함

해결 방안	분기예측 기법	명령어는 ID에서 분기 예측하고 예측이 잘못되었으면 다음단계를 Idle로 변환
	지연분기 (Delayed Branch)	분기와 무관한 명령은 분기 명령 이전에 실행 (분기와 상관없이 실행되는 명령삽입)

"끝"

문 68 4단계 명령어 파이프라이닝 (Pipelining)

답)

1. CPU성능향상 방법, 명령어 pipelining의 개요

　가. 명령어 파이프라이닝(pipelining)의 정의

　- CPU의 처리속도를 높이기 위하여 CPU 내부 Hard-ware를 여러 단계로 나누어 동시에 처리하는 기술

　나. Pipelining (병렬처리 위함)의 기술발전

파이프라인 → 슈퍼파이프라인 → VLIW → Super Scalar → EPIC

일반적　　　　　　　　　　　Compiler　　　　　　　ILP추구

2. 4단계 명령어 파이프라인의 개념도 및 주요단계

　가. 4단계 명령어 pipelining 개념도

명령어 ── ① IF ── ② ID ── ③ OF ── ④ EX ──→ 실행결과

←CPU Clock

Clock주기 0 1 2 3 4 5 6 7 8 9 10

명령어1 ① ② ③ ④

" 2 　① ② ③ ④

" 3 　　① ② ③ ④

" 4 　　　① ② ③ ④

" 5 　　　　① ② ③ ④

" 6 　　　　　① ② ③ ④

1 clock에 동시 4개 명령수행

- 최대 4개의 명령어 단계가 동시에 처리
- 1 clock 내에서 4개의 명령어가 처리됨

4. 4 단계 파이프라인의 주요단계

단계		설 명
IF	명령어 인출	다음 명령어를 기억장치로부터 인출
ID	명령어 해독	해독기를 이용, 명령어 해석
OF	오퍼랜드인출	기억장치로부터 Operand 인출
EX	실행	지정된 연산을 수행

3. 6 단계 파이프라이닝 단계

→(FI)→(DI)→(CO)→(FO)→(EI)→(WO)→

FI	Fetch (명령어)	DI	Decode (명령어)
CO	Operand 계산(분석)	FO	Operand Fetch
EI	Execute Instruction	WO	Write operand

- 최대 6개의 명령어 단계가 동시에 처리

"끝"

문 69) 2/4/6 단계 명령어 파이프라인에 재해 설명하고 Data 해저드의 발생원인과 해결 방안에 재해 설명하시오.

답)

1. 명령어 파이프라인 (Instruction Pipeline)의 개요

　가. CPI(Clock per Instruction)<1를위한명령어 파이프라인정의
　- CPU 성능 향상(cpI< 1) 기법으로 명령어를 단계 (Stage)별로 분할하여 수행단계가 겹치지 않게 명령어 수행을 중첩하여 실행하는 과정

　나. 명령어 파이프라인의 종류

종류	설명
2단계 명령어	-인출(Fetch), 실행(Execute Stage) 두개의 독립적 파이프라인 모듈로 분리 실행.
4단계 명령어	-인출, 해독, 오퍼랜드 인출, 실행 단계로 명령어실행 -2단계 명령어 파이프라인에 비해 속도가 향상됨.
6단계 명령어	-인출, 해독, 오퍼랜드 연산, 오퍼랜드인출, 실행, 기록단계 -최대 6개의 명령어 단계가 동시에 병렬로 처리

　다. 명령어 파이프라인 수행시의 Hazard 종류

종류	설명
구조적 해저드 (Structural)	H/W가 여러 명령 수행을 동시에 지원 하지 않기 때문에 발생 (Resource Conflict)
데이터 해저드	명령의 값이 현재 파이프라인에서 ~~수행중인이전명령의~~ 값에 종속(RAW, WAR, WAW 해저드). RAR은 해저드아님

제어 해저드	분기(Jump, Branch 등) 명령어에 의해 발생, 즉 분기결정 편시점에 잘못된 명령이 파이프라인에 존재함으로써 발생

- RAW(Read After Write). WAR(Write After Read), WAW(Write After Write)

2. 2/4단계 명령어 파이프라인의 구조 및 설명

가.
2단계
명령어
파이프
라인의
구조

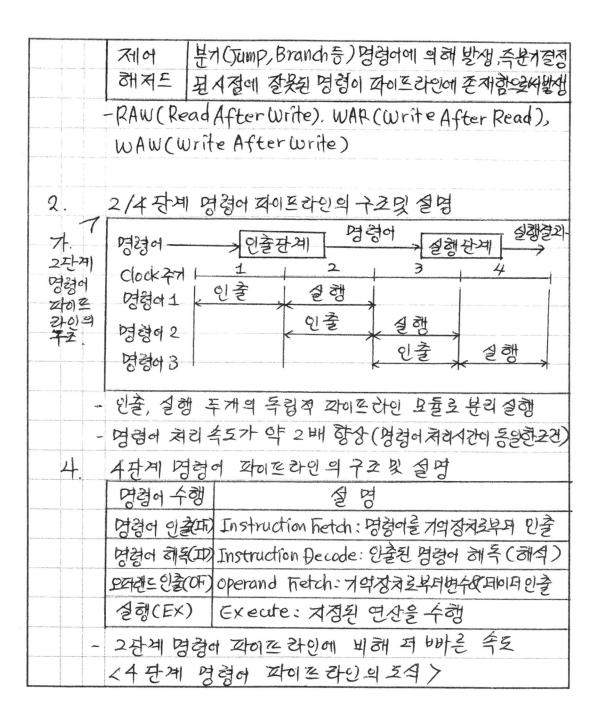

- 인출, 실행 두개의 독립적 파이프라인 모듈로 분리 실행
- 명령어 처리 속도가 약 2배 향상(명령어 처리시간이 동일한 조건)

4. 4단계 명령어 파이프라인의 구조 및 설명

명령어 수행	설 명
명령어 인출(IF)	Instruction Fetch : 명령어를 기억장치로부터 인출
명령어 해독(ID)	Instruction Decode : 인출된 명령어 해독 (해석)
오퍼랜드 인출(OF)	operand Fetch : 기억장치로부터 변수 & 데이터 인출
실행(EX)	Execute : 지정된 연산을 수행

- 2단계 명령어 파이프라인에 비해 더 빠른 속도
  < 4단계 명령어 파이프라인의 도식 >

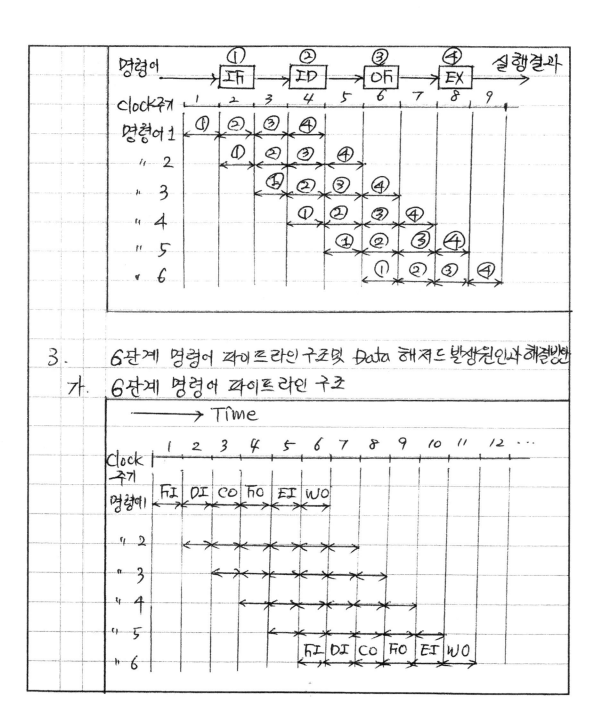

3. 6단계 명령어 파이프라인 구조및 Data 해저드 발생원인과 해결방안

가. 6단계 명령어 파이프라인 구조

- FI(Fetch Instruction), DI (Decode Instruction),
 CO (Calculation operand), FO (Fetch operand),
 EI (Execute Instruction), WO (Write operand)
- 4단계 대비 operand 연산 (CO)와 WO(거축) 연산이 추가됨.
- 최대 6개의 명령어 단계가 동시에 처리됨.

4. Data 해저드 발생원인과 해결 방안

분류	
발생 원인	-명령어 예제 ADD R1, R2, R3 (의미는 레지스터 R2와 R3을 Add 후 R1 쓰기) SUB R4, R5, R1 (R5에서 R1을 뺀 값을 R4에 거축) 명령어1 <table><tr><td>FI</td><td>DI</td><td>CO</td><td>FO</td><td>EI</td><td>WO</td></tr></table> R1에 쓰기 FI DI CO FO EI WO R1 읽기 위의 명령어에서 R1이 수행되기전에 R1이 먼저 읽어짐
설명	이전에 수행한 R1 값이 쓰기 전에 후속 명령어 그 값을 읽음, 즉 R1 레지스터 값의 원자성 문제가 발생
해결 방안	Forwarding — R1 대신 ALU을 임시로 사용
	InterLock — 위의 경우는 H/W Stall(시간 벌기)시킴
	명령어 스케줄링 — Compiler가 Stall 제거 → NOP 명령 삽입
	레지스터 Renaming — R1 레지스터 대신 다른 레지스터 사용

NOP : No operation의 의미로 명령어를 수행하지 않고 Delay

4. 구조적 Hazard 및 제어 Hazard의 해결방안, 실무적고려사항

가. 구조적 해저드의 해결방안

- 명령어와 Data가 하나의 메모리에 존재하는 폰노이만
구조에서 발생 → 하바드 구조 채용

나. 제어 해저드의 해결방안

- 분기예측기법 : 명령어는 DI 단계에서 분기예측 하고 예측의
오류 발생시 Idle로 변환

- 지연 분기(Delayed Brancd) : 분기와 무관한 명령은
분기 명령이전에 실행, 즉 분기와 상관없이 실행되는 명령삽입

자. pipeline Hazard의 방지 위한 실무적 고려사항

- Compiler의 최적화 활용 : H/W를 이용한기법 사용시 제조
단가 증가 오인이 됨으로 Compiler를 통해서 S/W적으로 활용
하는 기법(예 명령어 스케줄링)을 활용하고 있음.

"끝"

Interrupt 및
I/O Interface

DMA(Direct Memory Access)와 Interrupt의 동작 원리, Locality, CPU와 I/O 장치
간의 인터페이스를 학습하는 Part입니다. 입출력장치의 인터페이스 개념과 필요성
및 발전 방향, IO 주소(IO Addressing) 지정 방식과 Contents Switching을 발생시
키는 Interrupt 동작 과정은 매우 중요한 토픽입니다.　　　　[관련 토픽 – 29개]

문 70) 인터럽트(Interrupt) I/O

답) 구동

1. Interrupt Driven I/O의 개요

   가. 인터럽트 구동 I/O(Interrupt Driven I/O)의 정의
   - I/O 장치 제어를 위해 Interrupt 메커니즘을 이용, I/O 동작이 진행되는 동안 CPU는 다른 작업(Jobs)을 처리할 수 있도록 하는 방식

   나. Interrupt 구동의 처리방법 (I/O 처리시)

처리순서		주관	Interrupt 처리동작 내용
1	INT 발행요청	I/O 제어기	CPU에 Interrupt 요청
2	Context 스위칭	CPU, OS	Context 스위칭, 상태는 Stack에
3	ISR 실행	CPU	해당 인터럽트 번지 Jump, Code 수행
4	상태복구, 종료	I/O, CPU, OS	I/O 종료, 중단된 프로그램 상태복구

2. Interrupt 구동 I/O의 동작 & 비교

   가. Interrupt 구동 I/O의 동작 설명

Interrupt 구동 I/O 구조도	동작 설명
	① I/O Interrupt 요청
	② I/O 제어기 → CPU
	③ INT 서비스 루틴 Jump
	④ I/O 제어기 수행
	⑤ I/O 제어 완료
	⑥ 동작 복귀

- I/O Device 에서 Interrupt를 요청하고 CPU는 I/O 동작이 완료될때 까지 다른 Job 수행

4. Interrupt 구동 I/O의 비교

구분＼종류	다중 Interrupt	데이지 Chain	Polling
CPU Overhead	없음 (Hardware 처리)	발생 (요구장치검사동안)	발생 (요구장치검사동안)
H/W	H/W복잡(I/O 장치수 만큼 INT 신호필요)	간단 (S/W적 처리)	간단 (S/W적 처리)
기아현상	없음	발생 (우선순위 낮은장치)	없음
장점	CPU는 INT요구 장치 즉시 발견가능	H/W 간단 (S/W적 대응)	우선순위 변경용이 (S/W적 대응)
단점	H/W복잡, 확장성 부족	기아현상 발생 (우선순위 낮은 장치에서)	처리 시간이 오래 걸림(탐색 필요)

3. 실무자 관점에서의 I/O 제어 방식

- CPU Overhead (부하)를 감소 하기 위해 USB, SATA Interface 에서는 AN(Asyncronous Notifi- cation) 신호사용 (비동기식 통신신호) 하여 CPU Overhead & 기아현상 (Starvation) 해결함

"끝"

(Nesting)에 대해 기술하시오.

문	7/)	Interrupt의 처리과정과 종류, Interrupt 중첩
답	)	
1.		Computer 상태 변화 대응, 인터럽트의 개요
	가.	ISR (Interrupt Service루틴)에서 동작, 인터럽트의 정의
	-	주 program 수행중에 주프로그램을 일시적으로 중지 시
		키는 조건이나 event 발생, 인터럽트발생시 주프로그램은
		일시 수행정지하고 ISR(루틴) 처리되는 과정
	나	Interrupt 수행 과정의 도식

Time

| A 수행 | B 수행 | C수행 | ----> Main program |

↓ 수행결과

인터럽트발생 Ret i (Interrupt 수행완료)

//ISR/수행//

| A | B | //ISR/수행// | B | C | --> |

주프로그램 수행중에 Interrupt 서비스수행

2.		Interrupt 처리과정의 개념및 동작 설명
	가	Interrupt 처리과정의 개념도

주프로그램수행   Interrupt vector table

인터럽트발생① CPU ② 0 번지   ISR ③ 1 번지 수행할 명령 Decoding 또는 Code수행 2 번지 3 번지

완료 ⑤

⑥   Interrupt handler ④

번지

주프로그램수행   Interrupt 수행완료   Interrupt dispatcher

IVT: Interrupt vector table.

4.	Interrupt 처리 과정의 설명		
	순서	의미	내용
	①	인터럽트 발생	주프로그램 수행 중에 Interrupt 발생 (프로그램 기준 외부/내부 인터럽트가 있음)
	②	Cpu 제어 IVT주소로 분기	-CPU내 Interrupt Handler에서 수행 -해당 IVT에서 인터럽트 번호를 탐색하고 해당 처리할 ISR으로 분기수행 (Jump)
	③	ISR로 Jump	-수행할 Interrupt Service Routine으로 Jump (이동) -인터럽트 동작 수행 (Code 수행)
	④	인터럽트 처리 완료	-Interrupt Dispatcher에 의해 해당 Interrupt 수행및 완료
	⑤	복귀	CPU는 Interrupt 처리 수행 완료
	⑥	주프로그램수행	Interrupt 수행후 프로그램 수행지속

3.	Interrupt 의 종류및 설명		
가.	Hardware Interrupt의 종류및 설명		
	종류	설명	복귀및 처리
	Power 제어	전원이나 정전기 이상동작	H/w Reset
	System 제어 (H/w 제어)	System 이상동작 (Spurious) -H/W 오동작이나 인터럽트 pin 의 전기적 간섭	H/w Reset → 재 Booting System 초기화

INT: interrupt

		외부 (External) Interrupt	Operator에 의한 H/W 조작 (화면조작, Mouse, K/B 조작)	CPU 인터럽트 처리
		입/출력 (I/O) Interupt	I/O Device Interrupt제어 (HDD, SSD, ODD등)	CPU 인터럽트 처리

4. Software (program) Interrupt의 종류 및 설명

종류	설 명	복귀 및 처리
System call	process, Thread 제어시 발생	프로그램써 INT처리
Divide ∅	∅으로 나누는 연산 수행시 발생	Main()으로 복귀
연산	over/under flow 발생	Main()으로 복귀
불법명령어	지원하지 않는 명령어 사용	Main()으로 복귀
불법자원 접근	접근 권한이 없는 Code Access	Error 화면으로처리
Trap (트랩)	특정조건 발생시 해당주소로이동	특정위치로 복귀
Watchdog 타이머	Supervisor Call : OS 감시 프로그램이 의도적으로 발생	해당 주소로 Jump.
SVC	System 자원 관리용	해당주소로 Jump

다. Interrupt 제어 방법

Maskable Interrupt	IMR (Interrupt mask register)의 마스킹 (Masking)에 의해 무시될수 있는 Interrupt. (pending후 추후 처리)	
Non-Maskable Interrupt	Masking에 의해 무시될수없는 Interrupt (예. Watchdog Timer Interrupt)	

4. Interrupt 중첩(Nesting)의 처리 과정 및 설명(제어)

ISR: Interrupt Service Routine

	가.	Interrupt Nesting (중첩)의 처리과정
		주프로그램 ISR X ISR Y 실행중 주프로그램실행완료 ×실행완료 Y 실행완료
		- ISR X를 실행하는 도중에 우선순위가 더 높은 Y로부터 인터럽트 요구가 들어와서 처리되는 경우에 대한 제어 흐름
	나	Interrupt Nesting 제어 방법 설명
		Nesting의 enable과 disable 방법	- Cpu가 Interrupt 처리중 새로운 인터럽트가 발생하더라도 인터럽트 플래그(Flag)를 통해 Interrupt enable 및 Disable 할수 있음
		우선순위고려 인터럽트 처리	각 Interrupt의 우선 순위를 지정 하고 작은 우선순위 동작중에 우선순위 높은 인터럽트 처리
			"끝"

Interrupt Nesting enable의 경우: 도중에 중단할수 없는 I/O Data 전송의 경우임

문 72) Interrupt를 처리하고 있는 프로세서에 또 다른 인터럽트가 발생하였을 때 조건에 따른 그 처리 방법에 대해 설명하시오.

답)

1. Interrupt의 효율적인 처리를 위한 인터럽트 중첩의 개요

가. Interrupt 중첩(Nested Interrupt)의 의미
- 인터럽트 처리루틴을 실행하는 중에 새로운 인터럽트가 발생하는 경우에 처리 방법

나. Nested Interrupt 처리의 필요성
  (긴 인터럽트 처리) - 수행시간이 긴 인터럽트의 경우에, 중첩처리필요
  (치명적인 인터럽트) - 시스템 수행에 치명적인 경우에는 무조건 수행 필요 (System 동작의 안정성 필요)

2. Interrupt 중첩 처리 과정 및 처리시 조건

가. Interrupt 중첩 처리과정

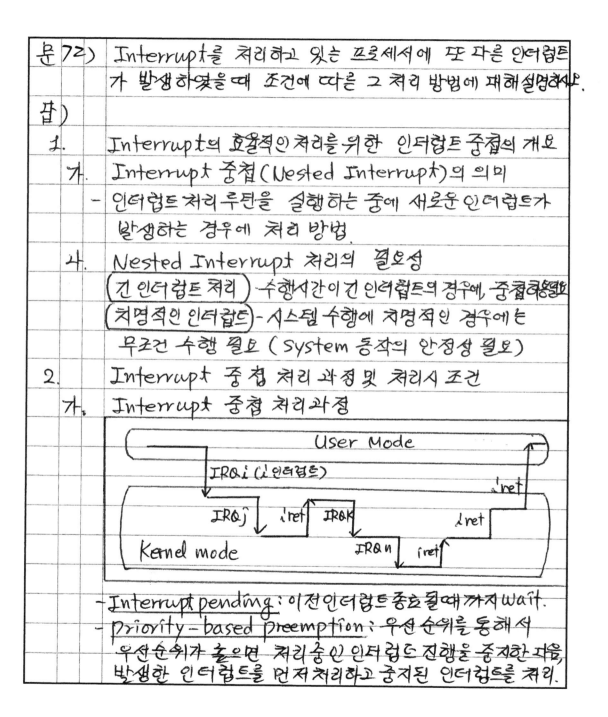

- Interrupt pending : 이전 인터럽트 종료될때 까지 wait.
- Priority-based preemption : 우선 순위를 통해서 우선순위가 높으면 처리중인 인터럽트 진행을 중지한 다음, 발생한 인터럽트를 먼저 처리하고 중지된 인터럽트를 처리.

ISR : Interrupt Service Routine

4.		Interrupt 중첩 처리시 조건	
		조건	내용
		우선순위	- 처리중인 인터럽트와 발생한 인터럽트간의 우선순위 비교. - 관련 비트를 마스킹(Masking)하여 낮은 우선 순위의 Interrupt 발생은 무시함(Pending처리)
		ISR 스택	- 인터럽트의 중첩된 처리를위한 ISR 전용 stack. (User stack과는 구분됨). - ISR stack 에 따라 인터럽트 중첩 처리가 불가능 할수 있음.
		허용 플래그	Cpu 내에서 Interrupt를 허용(Enable)또는 불허(Disable)하는 플래그설정.(예, Context 저장및 복원 과정에서는 다른인터럽트 처리불가)

"끝"

문 73) DMA (Direct Memory Access)

답)

1. 입출력 Data 전송의 효율성 향상 DMA의 개요

   가. DMA(Direct Memory Access)의 정의

DMA	· 주기억메모리와 I/O 장치간에 CPU 미 경유 · CPU 사이클 스틸링(Cycle Stealing)을 이용
DMAC	DMA Controller, CPU와 I/O Device 제어기

   나. DMA Interface 등장배경

PIO 전송보완	Programmed I/O (PIO)방식 전송속도 개선
CPU Usage	CPU 이용률 줄임, I/O 제어에 CPU사용도 줄임
DMA 기능	Direct로 Memory 접근 방식의 필요성

2. DMA 구성도 & 동작 Flow의 설명

   가. DMA의 구성도 (CPU, DMAC, Memory, I/O 장치)

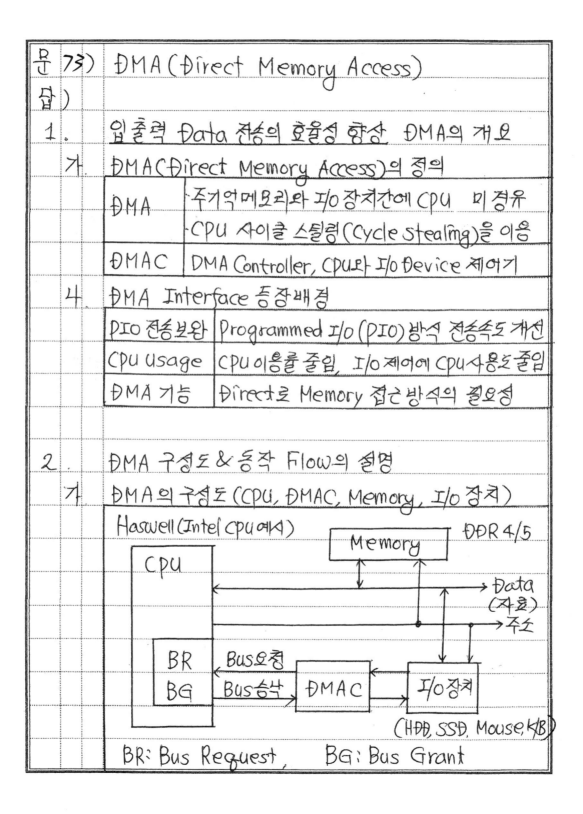

   BR: Bus Request, BG: Bus Grant

나. DMA 동작 Flow

CPU	DMAC	I/O장치	Memory
① DMAC초기화 →			
(메모리 시작주소,크기, I/O			
장치번호, In/Output 선택)			
	②← I/O 장치의 DMA 요청		
③ Bus 요청(CPU←DMAC)			
④ Bus 승낙(CPU→DMAC)			
	⑤ DMA승낙(DMAC→I/O장치)		
		⑥ Data전송 (I/O장치↔메모리)	
⑦ (CPU←DMAC) DMA완료			

- 위의 ① ~ ⑦ 과정이 I/O 장치와 Memory 간의

 Data 전송과정

3 DMA 구성방식의 종류& 설명

가. 단일 Bus 분리 DMA 방식

System Bus

| Processor | DMAC | I/O | I/O | Memory |

- 각 Device가 공통된 System Bus를 공유

- 비용은 저렴, 병목현상발생, 비효율적(Data 전송)

4. 단일 Bus 통합 DMA 방식

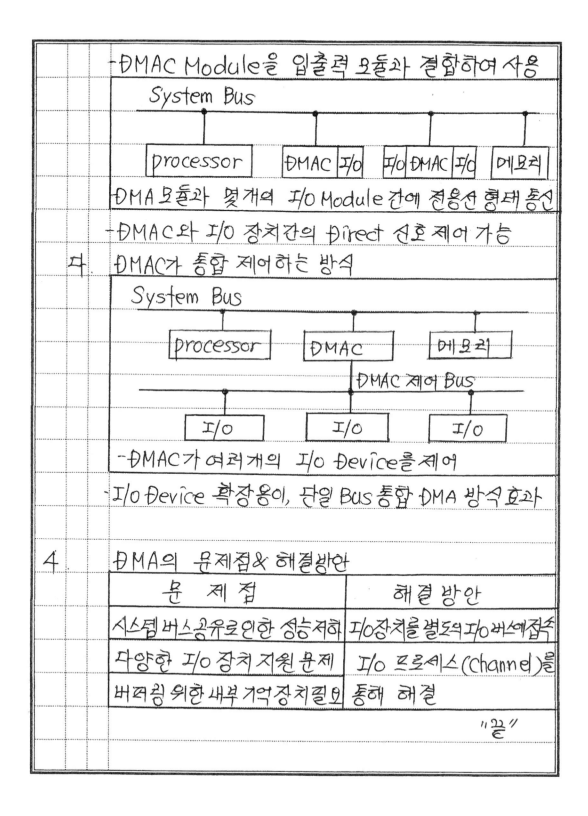

-DMAC Module을 입출력 모듈과 결합하여 사용

System Bus

| processor | | DMAC | I/O | I/O | DMAC | I/O | | 메모리 |

-DMA 모듈과 몇 개의 I/O Module 간에 전용선 형태 통신

-DMAC와 I/O 장치간의 Direct 신호 제어 가능

다. DMAC가 통합 제어하는 방식

System Bus

| processor | | DMAC | | 메모리 |

DMAC 제어 Bus

| I/O | | I/O | | I/O |

-DMAC가 여러개의 I/O Device를 제어

-I/O Device 확장용이, 단일 Bus 통합 DMA 방식 효과

4. DMA의 문제점 & 해결방안

문 제 점	해 결 방 안
시스템 버스 공유로 인한 성능저하	I/O장치를 별도의 I/O 버스에 접속
다양한 I/O 장치 지원 문제	I/O 프로세스 (Channel)을
버퍼링 위한 내부 기억장치필요	통해 해결

"끝"

문 74) 지역성의 원리 (Principle of Locality) 및 활용사례

답)

1. Memory 계층구조의 효율성 근거, 지역성의 원리

　가. 지역성(Locality) 원리의 정의

　- 기억 장치의 Access가 몇몇 특정 영역에 집중되는 현상

　나. Memory 구조에서 지역성 원리의 중요성

| ① Cache | Cache hit ratio를 높이는데 사용 |
| ② 가상메모리 | · Page & TLB Entry 교체시 후보 결정 (Next Address)에 이용 |

　- TLB (Translation Look aside Buffer)

2. Locality (지역성)의 구분과 주요동작

　가. Locality 의 분류 (시간, 공간, 순차)

구분	사례	설명
시간적 지역성 (Temporal)	Loop, Sub-Routine	- 최근 사용된 Data가 재이용률 높음 - 최근 Access된 Code나 Data가 다시 Access될 가능성이 높은 현상
공간적 지역성 (Spatial)	Table, Array, 순차코드	- 최근 사용된 Data의 인접 Data 사용률 높음 - 기억장치내 서로 인접 Data들이 연속적으로 Access될 가능성이 높은 현상
순차적 지역성 (Sequential)	Branch의 확률 = 20%	- 분기(Branch)가 발생하지 않는 한, 명령어들은 기억 장치에 저장된 순서 대로 인출되어 실행되는 현상

4.	Locality의 주요동작	
	주요동작	Locality 동작 설명
	선 인출 (pre-fetching)	Cache에서 곧 Hit 될 것으로 예상되는 Code를 미리 가져와서 Miss 방지
	예상 paging	가상 메모리에서 사용이 예상되는 Page를 미리 가져옴 (선 인출 개념)
	워킹셋 (Working Set)	스래싱(Thrashing)을 방지하기 위한 Page 집합을 구성하여 사용하는 기법
	LRU, LFU 교체정책	Page, Cache 블럭 교체시 지역성을 고려한 교체 정책에 활용

3.	Cache와 가상 메모리에서 Locality 활용사례		
가.	Cache Memory 에서의 지역성 원리 활용 사례		
	방법	지역성	내용
	FIFO	시간적	캐시메모리내 가장오래 있었던 블럭 교체
	LFU (사용빈도)	시간적 / 지역성	Least Frequently Used / 사용빈도가 가장 낮은 Block 교체
	LRU (사용빈도)	시간적 / 지역성	Least Recently Used / 가장 오랫동안 사용되지 않은 블럭 교체
	Pre-fetch	공간적	필요 정보와 예상 정보 미리 인출 배치
	Random	시간/공간적	후보들 중 임의로 선택하여 교체
	Optimal	순차적	향후 참조되지 않을 블럭 교체 (비현실적)

4. Virtual Memory에서의 Locality 활용사례

기법	분류		내용
Thrash-ing 기법	순차적	Working Set	지역성 원리 이용, Working set로 인한 Page교체 최소화
	공간적	Page Fault Frequency	Page 부재 발생시에 Frame수를 조정하는방법
Replace-ment (교체)	공간/ 순차적 지역성	분할기법	Paging, Segmentation, Hybrid
		Mapping 기법	-직접사상(Direct 매핑) -완전연관사상 -Set 연관사상

4. N/W System에서 Locality 활용사례
- CDN (Content Delivery N/W): 지역성원리를 이용하여 Content의 신속한 전달 (Forward Cache)

4. 실무자 차원, 지역성 활용시 검토사항

Cache Miss 최소화	Cache Miss 발생을 최소화하여 성능 향상에 기여 할수 있게 설계
스래싱 (Thrashing)	Page 교체시 Overhead로 인해 오히려 성능이 저하되는 현상방지

			Locality 고려 Coding	Coding Level 역서 지역성(Locality) 을 고려하여 Code 설계 & Refactoring
				"끝"

문 75) 입출력 장치 인터페이스(Interface)의 개념과 필요성, 발전 방향

답)

1. CPU와 외부장치의 정보전송, 입출력 장치 I/F 개요

| 정의 | 컴퓨터 내부장치(CPU, DRAM)와 외부 입출력장치간 정상적으로 정보 전송을 위한 방법을 제공위한 프로토콜 |

구성

주요 특징	- 입출력 장치 (I/O 장치)의 제어와 Timing 조정
	- CPU와 주기억장치 (MEM)와의 통신 & I/O장치와 통신
	- Data Buffering 통한 속도 조절, 오류 검출

- 입출력 장치 Interface는 Computer 내부 장치와 입출력 장치간 여러 차이점 해결을 위해 필요함. (장치간 속도차, Data format 차이, Noise, 오류해결등)

2. I/O장치 Interface 필요성

구분	필요성	설 명
데이터 형식 (Format)	주기억 장치(CPU) Data 처리 단위와 I/O 장치 데이터 처리 차이점 해결 위해 필요	- 직렬 전송 : Bit 별로 한 Bit씩 직렬전송 (K/B, Monitor등) - 병렬 전송 : 한 Byte 전송 최소 8개 Data Line 필요 병렬 Read/Write 제어신호, 동기신호

	동작	I/O장치와 중앙 처리장치(CPU)간		
	속도	Data 전송속도의 차이 해결위해 필요	두장치 사이에 입출력 Data 버퍼를 두고 버퍼상태(B,D) 고려, 전송	
	오류 발생율	장치간 거리차이로 신호 감쇄, 잡음등 발생 오류해결필요	-패리티 Bit이용(홀/짝수) -오류검사/수정코드 -입출력 반복(오류로 Retry 수행)	

3. I/O장치 Interface의 발전 방향

AS-IS	TO-BE	효과
병렬 전송	직렬 전송	신호간 간섭제거, 저전력화
Master/Slave	Point to Point	3 Tier에서 2 Tier로 구성
동기식 (Clock사용)	비동기식 통신	Clock 미사용, EMI 개선
송신측 오류복구	수신측 오류복구	전송속도 개선
Blocked I/O	비동기식 I/O	필요시만 Event 처리

"끝"

문 76)		I/O (Input/Output) 전송방식의 필요성와 종류에
		대해 설명하시오.
답)		
1		I/O (Input/Output) 전송방식 개요 & 필요성
	가	CPU와 I/O Device 간 통신, I/O 전송방식의 정의
		CPU에 명령 및 Data의 입/출력을 지원 하기 위한
		I/O장치와 CPU간 전송 매커니즘 (전송 protocol)

I/O 장치(예) → I/O 처리 문제점 → I/O 전송방식 종류

- HDD (입출력)
- SSD (입출력)
- 프린터 (출력)
- 키보드 (입력)

- I/O 처리 속도가 CPU에 비해 느려 대기로 인한 처리 성능 저하
- I/O 장치의 다양성 대응

I/O 전송방식 필요

- Programmed I/O
- Interrupt I/O
- DMA I/O
- channel I/O

	나	I/O 전송방식의 필요성		
		측면	필요성	설 명
		CPU	CPU대기로인한 처리성능 방지 (CPU대기 Zero)	I/O 입출력을 기다리는 동안 CPU는 다른 작업처리를 할수 있도록 I/O 전송을 분리하여 처리 필요
			CPU의 I/O 장치 관리 부담 감소 필요	I/O Device의 오류(동작 stop, 서비스 불안정 등), 우선순위에 대한 관리를 위한 별도의 매커니즘 필요

			I/O 장치의	I/O 장치가 송수신하는 다양한
			데이터 형식과	Data Format 및 오류 형식(유형)
	I/O	양성 처리요구	에 대해 CPU와 통신 필요
	장치	I/O장치와 CPU	CPU와 송수신 중 오류 발생시(Read
		간 처리 오류시	Write, Format등) 일관적인 오류처리
		일관적 대응필요	로 인지 및 해결 용이

- I/O 전송방식은 CPU의 관여유무, 단일/다중 회선

사용방식 등으로 분류 가능함

2. I/O 전송방식의 종류와 CPU 개입 전송방식

(Programmed I/O, Interrupt I/O)

가. I/O 전송방식의 종류

- Programmed I/O는 CPU와 연동하는 가장 기본적인

방식이며, Channel I/O로 갈수록 CPU의 미개입으로

CPU성능 향상 (I/O처리와 CPU처리는 별도수행가능)

나. CPU 개입, Programmed I/O 전송방식

- CPU가 관여, I/O 명령 발행후 대기로 효율성 저하

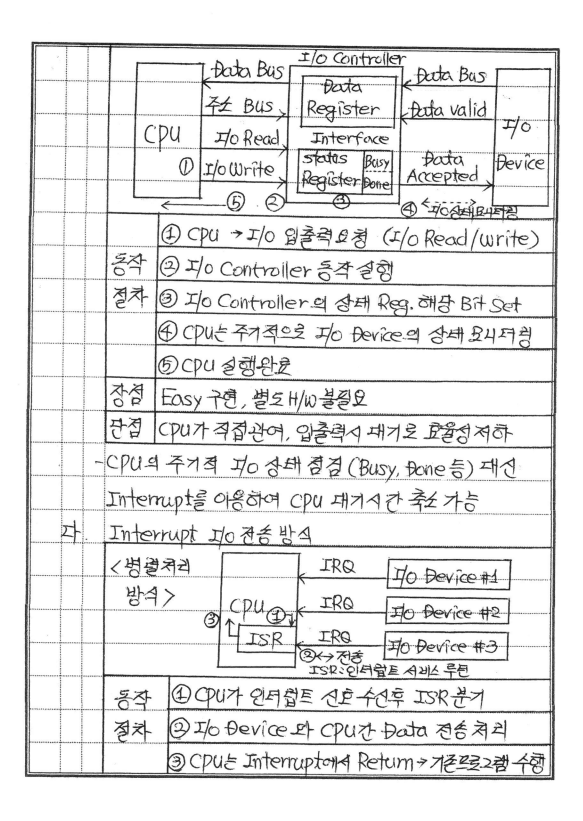

동작 절차	① CPU → I/O 입출력요청 (I/O Read/Write)
	② I/O Controller 동작 실행
	③ I/O Controller의 상태 Reg. 해당 Bit Set
	④ CPU는 주기적으로 I/O Device의 상태 요시처링
	⑤ CPU 실행완료
장점	Easy 구현, 별도 H/W 불필요
단점	CPU가 직접관여, 입출력시 대기로 효율성 저하

-CPU의 주기적 I/O 상태 점검 (Busy, Done 등) 대신

Interrupt를 이용하여 CPU 대기시간 축소 가능

다. Interrupt I/O 전송 방식

〈병렬처리
방식〉

ISR:인터럽트 서비스 루틴

동작 절차	① CPU가 인터럽트 신호 수신후 ISR 분기
	② I/O Device와 CPU간 Data 전송 처리
	③ CPU는 Interrupt에서 Return → 기존프로그램 수행

			병렬처리	모든 장치가 개별적으로 인터럽트 요청 수행
		구현 방식	폴링 방식	Software 방식, 우선순위가 높은 장치를 선택하여 요청(CPU사용) 여부확인
			데이지체인 방식	Hareware 방식, 모든 장치를 단일화선 사슬형태로 직렬(Serial) 연결

여전히 CPU 상비가 발생하므로 CPU가 입출력 동작에 관여하지 않도록 DMA 기법 사용가능

3. CPU 미개입 전송방식 (DMA I/O, Channel I/O)

가. DMA I/O 전송방식

동작 절차	①	CPU가 DMA 제어기에 입출력 정보 & 명령전송
	②	DMA 제어기가 CPU에 버스 제어권 요청
	③	CPU가 DMA 제어기에 버스 제어권 허용
	④	I/O 입출력 (Read/Write 동작수행)
	⑤	종료시 Interrupt 신호 발생

			Burst 전송	DMA 제어기(Controller)가 Block 전송
	동작	모드		완료될때까지 Bus 독점
	모드	Cycle Stealing		DMA 제어기가 한 워드(word)씩
		Mode		Data 전송후 Bus 제어권 반환

- DMA 제어기 대신 I/O를 수행하는 I/O 전용프로세서
(IOP)을 통해 입출력 수행가능

4 Channel I/O 전송방식

	①	CPU가 채널(IOP)에 I/O 명령어 전송
동작	②	IOP가 I/O 장치를 선택하고 제어신호를 전달
절차	③	IOP가 주기억장치와 I/O 장치간 I/O 수행
	④	I/O완료시 CPU Interrupt 전송

	Select 채널	한번에 하나의 I/O동작처리, 고속장치
종류	멀티플렉서	동시에 여러 I/O장치를 시분할로
	Channel	처리, 저속장치에 사용

- Channel을 I/O 전송방식에 적용시 성능은 향상되지
만 별도의 Hardware 사용으로 비용 증가

"끝"

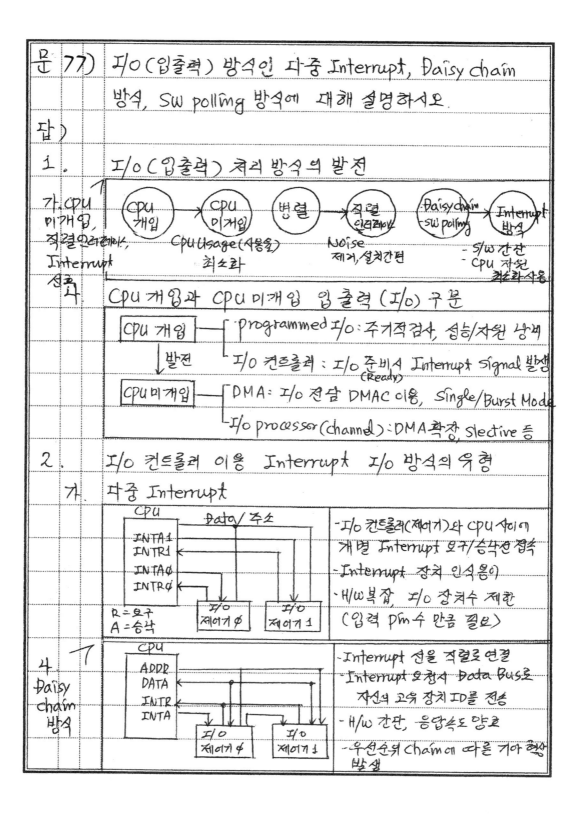

문 77) I/O(입출력) 방식인 다중 Interrupt, Daisy chain 방식, SW polling 방식에 대해 설명하시오.

답)

1. I/O(입출력) 처리 방식의 발전

가. CPU 미개입, 직렬 오러레이스, Interrupt 선측

CPU 개입 → CPU 미개입 → 병렬 → 직렬 오러레이스 → Daisy chain SW polling → Interrupt 방식

CPU Usage(사용율) 최소화 / Noise 제거/설치간편 / S/W 간단, CPU 자원 관리 사용

CPU 개입과 CPU 미개입 입출력 (I/O) 구분

| CPU 개입 | Programmed I/O: 주기적검사, 성능/자원 낭비 |
| | I/O 컨트롤러: I/O 준비시 Interrupt Signal 발생 (Ready) |

발전 ↓

| CPU 미개입 | DMA: I/O 전담 DMAC 이용, Single/Burst Mode |
| | I/O processor(channel): DMA확장, Slective 등 |

2. I/O 컨트롤러 이용 Interrupt I/O 방식의 유형

가. 다중 Interrupt

- I/O 컨트롤러(제어기)와 CPU 사이에 개별 Interrupt 요구/승락선 접속
- Interrupt 장치 인식용이
- H/W복잡, I/O 장치수 제한 (입력 Pin수 만큼 필요)

R = 요구
A = 승락

나. Daisy chain 방식

- Interrupt 선을 직렬로 연결
- Interrupt 요청시 Data Bus로 자신의 고유 장치 ID를 전송
- H/W 간단, 응답속도 양호
- 우선순위 chain에 따른 기아 현상 발생

라. SW polling 방식

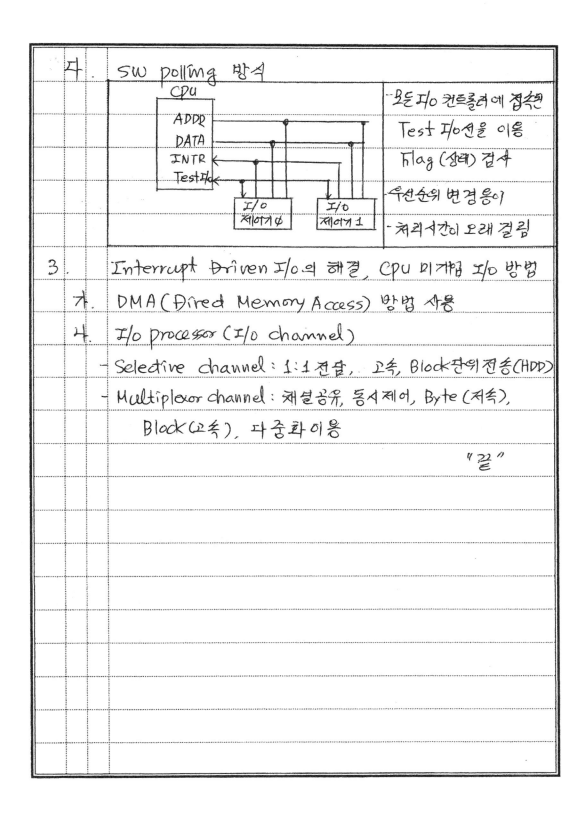

- 모든 I/O 컨트롤러에 접속된 Test I/O선을 이용 Flag (상태) 검사
- 우선순위 변경용이
- 처리시간이 오래 걸림

3. Interrupt Driven I/O의 해결, CPU 미개입 I/O 방법

가. DMA (Dired Memory Access) 방법 사용

나. I/O processor (I/O channel)

- Selective channel : 1:1 전달, 고속, Block 단위 전송 (HDD)

- Multiplexor channel : 채널공유, 동시제어, Byte (저속),
   Block (고속), 다중화 이용

"끝"

문 78) RS-232C

답)

1. RS(Recommanded Standard)-232C의 개요

가. Embedded System Debugging 시 사용. RS-232C 정의
9핀, 25핀 구성. 데이터 터미널 장비(DTE)와 데이터
통신 장비(DCE)간의 직렬(Serial) Data교환

나. RS-232C의 주요특징

비동기 전송	Clock 미존재, Start/stop Bit 이용
패리티 Bit	1 byte 단위로 Parity check, 에러 감지
양방향 전송	각각의 전송선인 Tx(송신), Rx(수신) 존재
Point to Point	공유버스구조가 아닌 장치간의 직접연결

2. RS-232C 신호 구성 설명 & I²C Interface와 비교

가. RS-232C 신호구성 & 설명

Pin 배치	No.	명칭	영문	역할
	1	DCD	Data Carrier Detect	선로상 Busy 확인
	2	RD	Receive Data	수신 Data 선로
01 10 06 20 07 30 08 40 09 50 ↑ H/W 핀 배치	3	TD	Transmit Data	송신 Data 선로
	4	DTR	Data Terminal Ready	송수신 가능상태
	5	GND	Ground	Ground shielding
	6	DSR	Data Set Ready	송수신 가능상태 알림
	7	RTS	Ready To Send	상태 준비 완료
	8	CTS	Clear To Send	상태 준비 완료

| | | 9 | RI | Ring Indicator | 링신호사용권승 |

4. RS-232C와 I^2C 의 비교

구분	RS-232C	I^2C
통신방식	비동기통신(Clock없음)	동기통신(Clock-SCL신호)
표준	미국 EIA	필립스에서 개발
연결방식	Point-to-Point	Master-slave, 데이지체인
전송속도	2400~115,200 bps	3.4Mbps(High-Speed)
신호	Start/stop/parity/ Data신호	Start/stop/Ack/ Data신호/Clock존재
이용/활용 분야비교	Embedded System 개발과정 디저빙, 모니터링도	CPU온도/FAN등모니터링 저속의 ADC, DAC적용

-EIA : Electric Industries Association

3. RS-232C의 산업적용

- PC가 아닌 산업분야에 RS-422(Multi-Drop),

RS-485(Half-Duplex) 방식이 적용되어 사용중

- Embedded System 개발시 Rx, Tx 신호를 사용하여

PC에서 Control (제어) 하면서 Firmware 동작

모니터링하면서 오류발생시 원인분석→개선

"끝"

문 79)	JTAG (Joint Test Action Group)
답)	
1.	Hardware Debugging 표준, JTAG 개요
가.	IEEE 1149.1표준, JTAG의 정의

- 디지털회로에서 특정 노드(특정 port, 접점)의 디지털 신호 입출력을 위해 직렬통신 방식으로 출력 Data를 전송하거나 입력 데이터를 수신하는 방식

나.	JTAG의 특징	
	구조간단	직렬통신 방식, Easy 제어, Noise 강함
	CPU 무관	CPU 상태와 무관, 외부 Device에 정보 Read/기록

2.	JTAG의 신호구성과 설명
가.	Joint Test Action Group의 신호구성

JTAG은 Chip 내부에 Boundary Cell을 만들어 외부의 Pin과 일 대 일(1:1)로 연결됨

나.	JTAG 신호설명	
	TDI(Test Data In)	시험 명령어, 데이터 직렬 입력
	TDO(Test Data Out)	Test나 정보를 외부로 출력 (버퍼링)

TCK (Test clock)	Test Logic 동기화, 시험 Clock Input
TMS (Test Mode Select)	Test 모드로 전환하기 위한 Control 신호
TRST (Test Reset)	Device Register의 초기화 위한 비동기 Reset 기능 (optional)

3. JTAG 의 활용

- Embedded System내 Process 정보나 특정 Register 값을 Read/write 통한 debugging
- 특정 메모리 dump, Flash에 Firmware download
- 특정기능 Test, 외부송신신호 모니터링 등
- J-Link는 JTAG와 Serial wire debug 인터페이스 지원

"끝"

문 80) 직렬(Serial) 인터페이스인 RS-232C, SPI(Serial Peripheral Interface), I²C(Inter Integrated Circuit), IrDA(Infrared Data Association)에 대해 설명하시오

답)

1. 각 직렬(Serial) 인터페이스의 정의

가. UART(RS-232C)의 정의

컴퓨터의 직렬 인터페이스와 시리얼통신을 지원하는 주변장치 간의 인터페이스를 제공하는 비동기식 직렬 인터페이스 규격

나. SPI(직렬 peripheral(주변) Interface)의 정의

4개의 신호를 이용하여 컴퓨터와 주변 장치 간에 통신을 지원하는 Serial 주변기기 인터페이스

다. I²C(Inter Integrated Circuit)의 정의

다중 분기형 버스에서 여러개의 장치들을 2개 신호로 연결하여 통신을 지원하는 Serial 인터페이스

라. IrDA(Infrared Data Association)의 정의

컴퓨터와 주변기기간의 적외선 통신을 지원하는 시리얼 인터페이스

2. Serial Interface의 동작원리 및 특성

가. UART(RS-232C)

A단말		B단말

Tx 송신 ── Rx

Rx 수신 ── Tx

RS-232C 특징

- 비동기식 (Clock 미사용) 통신지원 (핸드쉐이킹 기법사용)

- 장비와 장비간의 1:1 대응통신

- Data의 정합성을 위해 홀수캐릭터와 짝수 parity 지원

- 표준 연결로 9핀과 25pin 지원

4. SPI (Serial Peripheral Interface) 동작원리 및 특징

마스터 출력	MOSI →	슬레이브 입력
마스터 입력	← MISO	슬레이브 출력
슬레이브 셀렉트	SS →	Chip Select
시리얼 Clock	Sck ЛЛЛ →	Clock
<Master>		<Slave>

- MOSI (Master Output Slave Input)

- MISO (Master Input Slave Output)

- SS (Slave Select), Sck (Serial Clock)

SPI 특징

- 동기식 (Clock 사용) 통신 방식 지원

- 마스터 출력 / Slave 입력, Slave 출력 / Master 입력,
  clock, Chip Select 신호 4개의 신호(선)을 지원

- Master / Slave 방식 사용

- Data 전송은 Shift Register를 이용

과. I²C (Inter Integrated Circuit) 동작원리 및 특징

〈마스터〉 〈슬레이브〉 〈슬레이브〉 〈마스터〉

| I^2C 특징 | -동기식 (Clock 사용)통신 방식 지원 |

-2개의 신호(선)을 이용하며 모두 양방향 통신 지원

-표준 (100kbps), 고속(400kbps), 초고속모드(3.4Mbps) 지원

-모든 장치는 Master 또는 slave가 가능하며 멀티마스터 버스를 지원

-7 Bit, 10 Bit 주소 체계 모드를 지원

-서로 다른 전압에서 동작하는 장비 지원

라. IrDA (Infrared Data Association)

IrDA송신기 ─30°─ 1m ─15°─ IrDA 수신기

-단거리용 비동기 시리얼 전송을 지원

-장비다 장비간의 1:1 대응

-IrDA 송신기는 조준선을 기준으로 15°~30° 각도로 전파를

보내면 IrDA 수신기는 조준선을 기준으로 15°각도를 가지고 수신

-Protocol이 단순하며 구현 비용이 저렴함

"끝"

문 81)	I²C 인터페이스 (Interface)의 특징과 동작 순서에 대해 설명하시오
답)	
1.	Embedded system 등 저속주변기기연결, I²C개요
가.	SCL(직렬 clock), SDA(직렬 Data) 사용 I²C의 정의
-	저속 주변기기 연결위해 SDA, SCL 두개의 신호선 이용, 양방향, 직렬, 동기식 통신 기술
나.	I²C (Inter Integrated Circuit)의 특징

특징	설명
신호선	2개(SCL, SDA) 신호, SDA는 Data와 제어신호
마스터/슬레이브	SCL은 마스터, SDA는 마스터/슬레이브가 구동
제어신호	주소(slave 지정), ACK, start, stop signal
구조,전압	Master - Slave 구조, +3.3V (최대 5V)
전송속도	저속 10kbps, 표준 100kbps

2.	I²C (Master - Slave)의 동작순서

순서	동작	설명
BUS Release Status		- 전원 ON - 초기화상태 - 명령대기
Master가 Start신호 발생		- Broadcast방식 - Dev1은 Master가 자기에게 신호를 보냈는지판단

	Slave가 ACK신호 응답		Slave에서 Master로 ACK 신호전송
	Data 전송		Master에서 Slave로 Data 전송
	Stop		Data전송완료후 Bus Release Status로 전환

끝

문 82)		SPI (Serial peripheral Interface)의 신호구성과 동작예, 그리고 장단점에 대해 기술하시오.
답)		
1.		CPU와 주변장치간의 Serial 통신규약, SPI의 개요.
	가.	동기식 통신, Master/slave 연결, SPI의 정의
	-	4개의 신호선 (clock, 입력, 출력, 선택)을 사용하여 Computer 와 주변장치간의 동기식통신을 지원하는 Serial 통신 규약
	나.	IoT, Wearable 기기에 적용, SPI의 특징

특징	설명
구성형태	Master-slave 구조, Master(입출력) ↔ Slave(입출력)
신호	Clock, 입력, 출력, Select (선택) - 4개신호선
통신방식	Full Duplex, Clock 사용 동기식 통신 방식 사용
전송방식	Shift Register를 사용하여 Data 전송, Master에서 Data 전송주관 및 Baud Rate 제어

2.		SPI의 신호구성및 설명
	가.	SPI(Serial peripheral Interface)의 신호구성

		-MISO, MOSI, SCK, Slave Select 4개 신호로 구성됨	
4.		SPI에 사용되는 신호선의 설명	

신호선	설 명
MOSI	-Master output slave Input
	Master 설정 · Output (출력)을 위해 output 신호
	Slave 설정 · 수신을 위한 Input pin으로 사용됨
	-Device의 현재 설정 mode에 따라 In/output 제어
MISO	-Master Input slave Output
	Master 설정 · 수신을 위해 Input pin으로 사용
	Slave 설정 · 출력을 위해 Output pin으로 사용
	-Device의 현재 설정 mode에 따라 In/output 자름
SS	Slave Select, SPI는 여러 Device 간 통신이 가능. 현재 통신하고 있는 Device를 구분하기 위한 신호
SCK	동기식 통신 제어용 Serial clock 신호 -외부 Device 간의 Serial Data의 동기화를 위한 clock

3.		SPI 구성 방식과 동작예 (Data 전송 방법)
	가.	SPI 구성 방식과 설명

종류	구성	설 명
4-wire 방식	Master SPI — SCK → MOSI → MISO ← SS → Slave SPI	Master에서 Slave로 Data 전송. Slave는 MISO 신호로 응답.

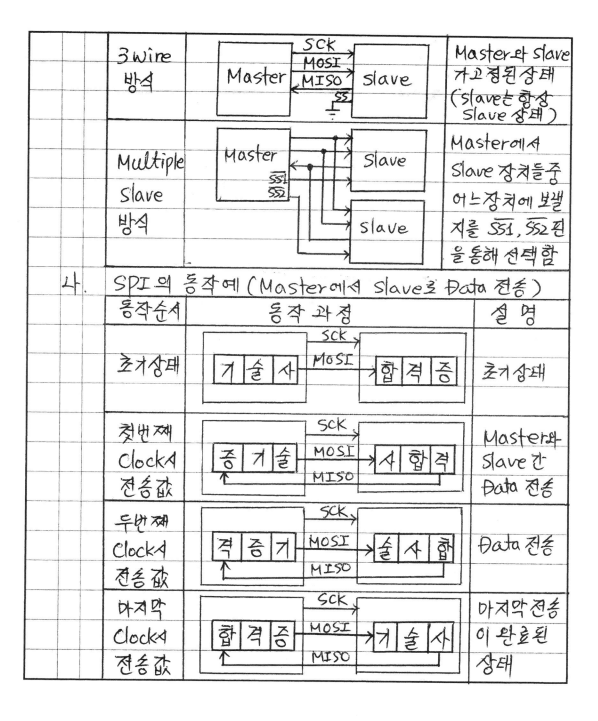

		3wire 방식		Master와 Slave 가 고정된 상태 (Slave는 항상 Slave 상태)
		Multiple Slave 방식		Master에서 Slave 장치들 중 어느 장치에 보낼 지를 SS1, SS2 핀 을 통해 선택함

나. SPI의 동작 예 (Master에서 Slave로 Data 전송)

동작순서	동작 과정	설명
초기상태		초기상태
첫번째 Clock시 전송값		Master와 Slave 간 Data 전송
두번째 Clock시 전송값		Data 전송
마지막 Clock시 전송값		마지막 전송 이 완료된 상태

4.	SPI 통신의 장단점	
	장점	단점
	- 전이중 (Full Duplex) 통신	- Master 주관의 전송
	- 최대 16bit까지 가변 전송	- Slave에 의한 H/W 흐름제어 없음
	- 전송기 (트랜시버) 불필요	- 오류검사 protocol 미비
	- 단순한 Hardware 구성	- Noise나 스파이크에 영향
	- IC 패키지에 4핀만 사용	- Chip간 통신에만 국한된 I/F
	- Sensor나 메모리에서 많이사용	- 하나의 Master 장치만 지원

"끝"

문 83) IEEE 1394와 USB Interface에 대해 설명하시오.

답)

1. IEEE 1394와 USB Interface의 정의

(IEEE 1394) - Apple의 Firewire에 근간을 두고 디지털 AV 장치 연결등에 사용되는 초고속 직렬 인터페이스 버스

(USB (Universal Serial Bus)) - PC와 주변기기 연결을 위해 Plug&play와 Hot swapping을 지원하는 직렬인터페이스

2. USB와 IEEE 1394의 주요 기술 비교

구분	USB	IEEE 1394
신호구성	8 pin Tx+ / Tx- D+ / D- RX+ / RX- GND / VCC	6 pin 1 VCC 전원 2 GND 접지 3 TPA- RX Data- 4 TPA+ RX Data+ 5 TPB- Tx Data- 6 TPB+ Tx Data+
용도	주로 PC 주변장치연결 (CD-ROM, HDD, 프린터등)	주로 AV기기 장치 연결 (디지털 A/V, N/W 장비)
전송 방식	-Control (확인/설정용) -Bulk (프린터, 스캐너) -Interrupt(키보드,마우스) -Isochronous (비디오, 오디오 Data 실시간 전송	-Asynchronous (PC와 주변기기의 연결) -Isochronous (오디오/ 비디오 Data등 Real time(실시간) 전송
구조	(HUB 구조)	-Peer to Peer 구조
토폴로지	tiered, star형태 토폴로지	-Tree Topology

		전송속도	USB1.1 : 최대 12Mbps USB2.0 : 최대 480Mbps USB3.0 : 최대 4.8Gbps	-1394a : 최대 400Mbps (100Mbps / 200Mbps) -1394b 3200Mbps	
		연결수	최대 127개	브릿지탕 63개	
		컨트롤러	-별도의 Host Master 필요 (USB3.0은 Host Master지원)	-Host Master내 장 (Slave장치 자동인식)	
		가격	상대적 저렴	상대적 고가	
		케이블	4개의 구리선(전원2개) -최대 5m 지원	-6개의 구리선(전원 2개) -최대 4.5m 지원	
		plug&play	지원(자동설정)	지원(자동설정)	
		Hot plugging	지원(동작중 탈부착가능)	지원	
		전원	-자체 전원 포함 (+5V 전원, 최대 5A)	자체 전원 포함 (+8V/+46V, 최대 1.5A)	
		기타	낮은 전력 소모, 높은CPU점유	-별도의 라이선스 필요함	
				"끝"	

문 84)	DVI와 HDMI 비교		
답)			
1.	DVI와 HDMI Interface의 개요		
가	DVI(Digital Video Interface) : LCD, HDTV & Projector 등 고급 Display 기기의 Digital video 표준기술		
나	HDMI(High Definition Multimedia 표/F) : 비 압축 방식의 디지털 Video/Audio 표/F 규격으로 Settop Box, DVD 재생 /Recoder 등의 Data를 AV기기, TV, 모니터에 출력		
다.	DVI와 HDMI의 주요기술		

TMDS 신호	변화 최소화 차분 신호(TMDS) 사용	
신호 암호화	HDCP 암호화, 영상/음성 비 암축 (Decoder s/w 불필요)	
Authentication	기기간 인증 EDID, 제어채 접속은 CEC	
AACS	암호화된 디지털 신호만을 전송가능	

2.	HDMI 표/F 구성도 & HDMI와 DVI 비교표		
가.	HDMI I/F 구성도		

HDMI I/F구성	신호(19pin)	신호설명
STB : Set Top Box	TDMS 0/1/2±	1.2V p-p, 5Vp-p (DDC용)
	TDMS shield	TDMS Data shielding
	Data clock±	pixel clock 165 MHz (최대)
	CEC	하나의 리모콘 제어용 신호
	DDC/Data	Display Data Channel & Data
	Hot plug Detect	Hot plug 기능 지원

4. HDMI와 DVI 비교표

분류	DVI(Single Link)	HDMI(TypeA)
최대 Data 전송속도	1.65Gbps	1.65Gbps
Pixel Clock	1.65MHz (최재)	1.65MHz
전송가능 영상신호	RGB(비압축)	RGB&Data(비압축)
전송가능 화소수	640×80~1600×1200	640×80~1920~1080p
전송가능 음성신호	없음	48~192KHz/8ch. 192KHz/2ch.
Copy Protection	HDCP	HDCP
전송방향/길이	단방향/~10cm	단방향/~15cm

3. 실무자 관점, HDMI I/F 고려사항

- AACS LA에서 채택한 암호화된 지적털 신호만을

HDMI Interface에 적용하는 방법고려, 해킹방지

"끝"

문85)	MHL 3.0 (Mobile High Definition Link 3.0)
답)	
1.	모바일기기와 가전기기의 유선연결, MHL의 개요
가.	MHL(Mobile High Definition Link)의 정의
	-Smart phone이나 Tablet 등을 TV나 projector에
	연결, 대형화면으로 공유능한 Interface 기술
나.	MHL의 구성과 MHL 3.0의 주요기능

〈구성〉	〈MHL 3.0의 주요기능〉
Smart TV, projector, 대형모니터등	-4K(Ultra HD)이상 초고화질 지원
	-동시고속 Data채널, 최대 10w까지충전
	-터치스크린, K/B. Mouse등 주변장치
HDMI (MHL지원) 단자연결	지원하도록 향상된 RCP (Remote Control Protocol) 지원
	-하위 버전 호환(MHL 1.0 ~ 2.0)
Smart폰	-동시 다중 Display 지원, Dolby® TrueHD
Mirco USB 단자 연결	DTS-HD사용 7.1CH Sound

2.	MHL과 HDMI 비교

구분	MHL	HDMI
지원	모바일기기 전용	TV, 프로젝터, 음향기기, 모바일등
사용	HDMI중 MHL 지원단자	HDMI단자
버전	MHL 1.0 ~ 3.0	HDMI 1.4
방식	비압축 디지털 전송	

		기능	TV, Projector, 영상기기와 화면공유
3.		MHL의 장점과 단점	
		장점	Smart phone을 리모콘 처럼 사용 가능 화면공유와 동시에 휴대폰 충전가능
		단점	휴대폰 발열, 충전속도와 방전등 고려 필요

"끝"

문 86)	SATA (Serial Advanced Technology Attachment)
답)	
1.	Storage (스토리지) Interface. SATA의 개요
가.	Serial Advanced Technology Attachment (SATA)의 정의
	- Parallel ATA의 신호지연, Noise, 신호왜곡, Cable 길이 제한을 극복하기 위한 직렬(Serial) 전송방식의 Interface
나.	SATA의 특징 (Features)

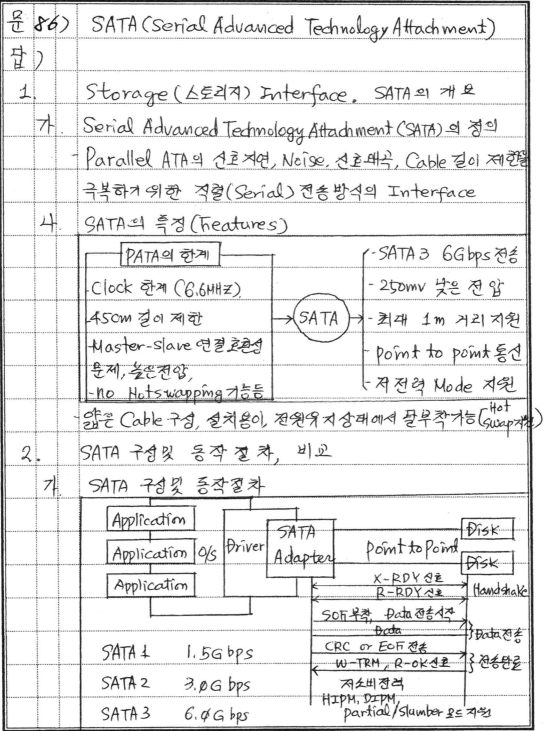

```
┌─ PATA의 한계 ─┐                        ┌─ SATA 3  6Gbps 전송
│ Clock 한계 (6.6MHz)                     - 250mv 낮은 전압
│ 450cm 길이 제한         → (SATA) →     - 최대 1m 거리 지원
│ Master-slave 연결호환성                  - Point to Point 통신
│ 문제, 높은전압,                          └─ 저전력 Mode 지원
│ no Hotswapping 가능 등
```

- 얇은 Cable 구성, 설치용이, 전원유지 상태에서 탈부착가능(Hot Swap지원)

2.	SATA 구성및 동작절차, 비교
가.	SATA 구성및 동작절차

```
Application ┐
Application ├ O/S  Driver  SATA      Point to Point      Disk
Application ┘              Adapter                        Disk

                                    X-RDY 신호        } Handshake
                                    R-RDY 신호

                                    SOF 부착, Data 전송시작
                                    Data                } Data 전송
                                    CRC or EOF 전송
                                    W-TRM, R-OK신호     } 전송완료

SATA 1   1.5Gbps           저소비전력
SATA 2   3.0Gbps           HIPM, DIPM
SATA 3   6.0Gbps           partial/Slumber 모드 지원
```

HIPM : Host Initiated Interface Power Management
DIPM : Device Initiating   "   "   "

4. SATA, SAS, SCSI 비교

- 병렬방식	PATA	데스크탑 환경
- 1채널에 2대 연결		(설치불편)
- Maste/slave Jumper설정필요		

고성능, 고확장성, 병렬 인터페이스 | SCSI | Simple Computer System Interface

- 직접연결방식,(직렬) | SATA | SATA 3.0 6Gbps

SAS3.0 12Gbps 고속I/O | SAS | SCSI직렬 연결 Serial Attached SCSI

3. SATA의 향후 발전 방향

- USB 4.0 (40Gbps), Thunderbot 3.0 (40Gbps)

등 주변 기기 I/O 처리위한 성능 (전송속도) 향상필요.
Data

" 끝 "

문 87)	IEEE 1394 vs USB에 대해 설명하시오		
답)			
1.	USB와 IEEE 1394의 개요		
가.	USB(Universal Serial Bus)의 정의 : PC 주변기기 연결을 위해 Plug & play와 Hot plugging 지원		
나.	IEEE1394의 정의 : 기존 SCSI나 IDE의 사용(설치) 불편 사항을 개선, 가정내 Audio, video 장치, Network, 일반 PC 버스 연결		
2.	USB와 IEEE 1394의 비교및 USB의 특징설명		
가.	USB와 IEEE1394 비교		

비교항목	USB 2.0 기준	IEEE 1394
전원	+5V, GND	+5V ~ 40V, GND
Cable	4개의 구리선 (전원2개)	6개의 구리선 (전원 4개)
연결수	최대 127개	브릿지당 63개
Controller (Master 기능)	Host Controller 필요 (USB 3.0에서는 불필요)	Host Controller 불필요 Host Master 기능 내장
Plug & play	지원, Hot-Plugging 지원	p&p 지원, Hot-plugging 지원
전송속도 (Version 별 속도)	USB1.0 1.5Mbps USB2.0 480Mbps USB3.0 4.8Gbps	1394 : 400Mbps 1394.b : 800/1600/ 3.2Gbps 지원
케이블 길이	최대 5m	최대 4.5m
내부보조장치	Master/Slave	지원 가능 (Master)

		소비 전력	2.0(0.5A), 3.0(0.9A)	USB대비 상대적 높음
		용도(I/O 주변기기)	고속 주변 장치용 HDD, SSD, 그래픽카드등	저속 주변 장치 A/V기기, 프린터등

4. USB의 특징 (가격및 사용측면에서 IEEE1394 보다 우위)

	편리성	다양한 Device 지원, 자동으로 Driver 설치
	Cable	→ USB2.0기준 4선(D+, D-, +5V, GND), Master/Slave Hub추가
	자체전원포함	+5V 전원포함, 최대 0.5A (USB2.0) 전력 기본제공
	전송방식	Control (port설정/확인), Bulk (Scanner/printer)
		Interrupt (Mouse/KIB), Isochronous Mode

3. USB의 발전및 향후전망

- Thunderboit 3.0은 40Gbps 가능, USB도 속도증대필요.
- USB 3.1은 5A 소비 전력으로 초고속 충전 가능
- SSD/HDD등 대용량 고속 I/O 장치 사용 증가에 따른
  USB Speed up의 증대 필요성

"끝"

문 88) USB(Universal Serial Bus) Interface의 각 Layer 별 기능에 대해 설명하고 USB 3.0의 핵심기술 및 USB2.0과 비교 설명 하시오.

답)

1. I/O Device의 제어, USB (Universal Serial Bus) I/F 개요
   가. I/O 제어 위한 컴퓨터 및 OS 제작사들의 통합 spec. USB의 정의
   - PC 주변기기 연결을 위해 plug & play와 Hot plugging (동작 도중 H/W 착탈가능)을 지원하는 비동기식 Interface.
   나. USB (Universal Serial Bus)의 발전과정

   USB 1.X → version up → USB 2.X → version up → USB 3.X

   - Low/Full speed (1.5/12Mbps) - High speed: 480Mbps   super speed 4.8G bps

   다. USB의 특징

특 징	설 명
사용편리성	- 다양한 디바이스 지원, 자동설정 (드라이버 자동설치) - plug & play와 Hot Plugging 기능 지원
I/O Device에 직접 전원공급	+5V 전원 제공, 최대 0.9A (USB3.0) 전류 제공
Full duplex 통신	USB1.0과 2.0은 Half duplex 방식의 통신
가상화	USB Over IP 제공, USB Device를 Network 통신을 통해 share 가능
다양한 전송방식 (Stream pipe)	Control (제어용), Bulk (프린터/스캐너) Interrupt (마우스, K/B), Isochronous (오디오/비디오)

2.		USB 인터페이스의 Layer 구성및 설명
	가.	USB 인터페이스의 Layer 구성 (3개의 Layer로구성)

Host (PC)　　　　　　USB Device

	Function Layer	USB Device Layer	USB Bus Interface Layer
Host (PC)	Client SW ←---Data---→ Function pipes	USB System SW ←---Control---→ USB Logical pipe　　Device	USB Host Controller ←Cable→ USB Bus Interface

⟷ 실제 Communication flow (물리적통신)

⟵- - - -⟶ Logical 통신 flow

- Function, USB Device, USB Bus Interface Layer로 구성됨

	나.	USB 인터페이스의 각 Layer의 설명

분류	구성요소	설 명
Function Layer	physical Device	USB Cable 종단에 연결된 디바이스 (USB HDD)
	Client SW	USB 디바이스 구동위한 Application 프로그램
USB Device Layer	USB Logical Device	장착된 USB 디바이스들을 논리적으로연결(OS인식)
	USB System S/W	Host에 연결해주는 S/W (Device Driver)
USB Bus Interface Layer	USB Controller Host	USB Device를 Host (PC)에 결합 할수 있게 해주는 Controller (Chipset)

	USB Bus 인터레이스	USB제어 chipset(H/W)과 물리적 인터페이스

3. USB 3.0의 핵심기술및 USB 2.0과의 비교

　가. Computer에 USB Device 통합, USB 3.0의 핵심기술

특 징	요소기술	기대효과
전송속도	4.8Gbps	기존 USB 2.0 대비 10배
H/W Cable	차폐(shield)된 고속전용신호선 추가	고속 Data 전송
Full duplex	송,수신 신호의 분리	양방향 동시 Data 전송
전력효율	0.9A (PC에 USB I/O 통합)	별도 전원 어댑터 불필요
저전력모드제어	Idle, sleep mode 사용가능	Green IT 대응
Hardware Connector	동일한 외형 유지 (USB 3.0 자원 pin을 내부내장)	USB 하위 Version 호환성 유지
가상화	USB디바이스를 N/W 공유가능	USB over IP 사용가능
Bus 스케줄링	-송/수신의 Flow 분리 -마스터 폴링없이 자체타이밍제공	-고속 Data 전송, Host 부담 경감, 전력사용량 절감

　나. USB 3.0과 USB 2.0 과의 비교

항목	USB 3.0 (8신호)	USB 2.0 (4개선
신호	VBus D+/D- SSTX+/SSTX- ---- SSRX+/SSRX- SSRX+/SSRX- ---- SSTX-/SSTX- 송신 GND (ground) 수신	VBus D+ D+ D- D- Ground 송신 수신
명칭	Super-Speed USB	High-Speed USB

			USB 3.0	USB 2.0
		최대 전송속도	4.8 G bps	480 M bps
		커넥터	하위 호환성 유지	A, B 커넥터
		버스스케줄링	polling 불필요	마스터에 의한 polling
		사용 연선추가	송신 2개, 수신 2개 추가	-
		연결 가능장치수	127	127
		지원 전력	0.9A (900mA)	0.5A (500mA)

4. USB 3.0의 활용방안, USB 상호호환성 검증 방안

- Network를 통한 USB 공유 기능을 활용하여, Network가 연결된 PC의 화면을 비디오 출력 기기에 공유

- USB Compliance Test를 통한 USB 기기간의 호환성 유지 검토가 필수 항목임. (검증후 USB Logo 획득)

- USB Compliance 검증은 USB Forum 에서 주장함

"끝"

문 89) USB (Universal Serial Bus) 3.0의 핵심기술과 USB2.0

답)

1. USB (Universal Serial Bus) 인터페이스의 정의
   - PC 주변기기나 Embedded System에 연결을 위해 plug & play와 Hot plugging을 지원하는 Serial Interface 국제표준

2. USB protocol stack과 USB 3.0의 핵심기술

가. USB protocol stack.

Host ②	**Device ①**	① USB Device
Function Layer: Client SW ←Data→ Function		② USB Device를 제어/실행하는 S/W
USB Device Layer: USB 시스템SW ←Control-- USB Logical Device		③ USB Device 구동 Device Drivers/w
USB Bus 인터페이스: USB Host Controller ④ Cable USB Bus interface		④ USB 제어기

   - USB는 Function, USB Device, USB Bus 인터페이스 레이어로 구성

4. USB 3.0의 핵심기술

핵심기술	기술 내용	기대 효과
케이블	- 송/수신 신호분리 (Full Duplex) - Shield된 고속 전용신호추가 (SSTX/RX)	고속 Data 전송
커넥터	동일한 외형유지, 3.0전용핀은 내부에추가	하위 Ver. 호환성유지
전력	0.5A → 0.9A로증가 (기기대응확대)	별도 전원 불필요
버스 스케줄링	송신/수신 Flow를 분리 - 마스터 폴링없이 자체 타이밍 조정	- 고속전송, Host부담경감 - 전력사용량 절감

3. <u>USB 3.0과 USB 2.0의 비교</u>

핵심 기술	USB3.0	USB 2.0
신호	USB2.0 + SSRX(2), SSTX(2)	4핀(VCC, GND, D+, D-)
명칭	Super-Speed USB	High-Speed USB
최대 전송속도	4.8Gbps	480Mbps
커넥터	하위 호환성 유지 (존재)	A, B 커넥터
버스스케줄링	polling 불필요(Master기능	Master에 의한 polling
사용연선	송신/수신 2개 추가	—
지원 전력	0.9A	0.5A
연결 가능장치수	127	127
전송 방식	Control (확인/설정용), Interrupt(마우스, K/B)	Bulk(프린터/스캐너), Isochronous (Audio/비디오)

"끝"

문 90) USB 3.1 (Universal Serial Bus 3.1)

답)

1. Superspeed plus, USB 3.1의 개요

  가. USB (Universal Serial Bus) 3.1의 정의

    Dual Bus (Tx, Rx 각각 2개) 아키텍쳐로 하위버전 호환,

    기존 USB 3.0 대비 2배 이상의 속도, 범용직렬 Interface

  나. I/O (입출력) Interface 의 발전

USB 1.0 → 2.0 → 3.0 → 3.1 → 3.2 → 4.0

High speed Superspeed superspeed plus 40Gbps

480Mbps 4.8Gbps 9.8Gbps 20Gbps

SATA 1.0 — 2.0 — 3.0

1.5Gbps 3Gbps 6Gbps

Thunderbolt 1.0 → 2.0 → 3.0

10Gbps 20Gbps 40Gbps

USB4.0과 Thunderbolt 3.0 전송속도 가 동일

2. USB 3.1 과 USB 3.0의 차이점 (물리계층전송속도차이)

Layer

Device/ Host

Protocol   Superspeed (USB 3.0)   Superspeed plus (USB 3.1)

Link

Physical   Gen 1   Gen 2

↑ 4개 Layer로 구성

물리계층전송 속도차이

- Physical Layer에서 실제 데이터 전송 방식이 변경됨

→ 2Bit 컨트롤 정보추가

물리 계층	USB3.0	8Bit Data를 10Bit 심볼로변환후전송 (80% 효율)
Data 전송	USB3.1	128Bit Data를 132Bit 분량으로 전송 (97% 효율)

(4Bit 컨트롤 정보추가)

3. USB 3.1과 USB 3.0의 차이점

구분	USB 3.1	USB 3.0
물리계층 Data 전송	132 Bit	10 Bit
전송속도	9.8G bps (1.2GB/s)	4.8Gbps
지원전력	5A (5000mA)	0.9A (900mA)
Type-C 지원	지원 (양면인식)	미지원
기타기능	동일	

" 끝 "

문 91)	ThunderBolt (선더볼트) Interface에 대해 설명하시오	
답)		
1.	차세대 I/O 전송기술, ThunderBolt의 개요	
가.	10Gbps 전송, ThunderBolt의 정의	
	- Intel과 Apple 주관, 10Gbps 전송속도의 PCI-Express 전송과 Display port Graphic 기술 내장 Interface.	
나.	ThunderBolt의 특징	
	초고속 전송속도	USB 3.0보다 두배속도인 10Gbps 전송속도
	Dual-protocol	한 Cable에 Data(PCI-E)와 Graphic(Display port)지원
	System 성능향상	Time에 인감한 video, Audio Data 처리 향상
2.	ThunderBolt의 구성도 및 USB 3.0과의 비교	
가.	ThunderBolt의 구성도와 protocol stack	

구성도 / Protocol Stack

-I/O, Graphic, PCH 간의 통신 제어 / PCI-Express와 Displayport 동시지원

나.	USB 3.0과 특징 비교	
구분	ThunderBolt	USB 3.0
전송속도	10G bps	4.8G bps

연결 방식	데이지 체인 (7port)	point-to-point (12개 port)
최대 연결수	7 port	128 port
plug & play	지원	지원 (COMINIT 신호)
Hot swapping	지원	지원 (자동 전압 조정)
구동 전압	7~10V	5V/900mA
길이	3m 광 케이블	3m 케이블
용도	초고속 전송장치, 동영상 player	Data 저장용 (HDD)등

3. ThunderBolt의 향후 발전 전망
- SCSI, SATA, USB, IEEE1394, PCI-E등 다양한 자5대체가능
- ThunderBolt 지원 HDD, SSD 제품 출하중
- Apple iMAC pc와 SONY 일부 pc에서 탑재.

" 끝 "

문 92)	Thunderbolt Interface에 대해 설명하시오
답)	
1.	I/O Data 전송 10Gbps Thunderbolt의 개요
가.	차세대 전송속도 구현을 위한 Thunderbolt의 정의
-	하나의 Cable로 PCI-Express와 Graphic Data를 10Gbps로 전송가능한 통신 기술
나.	Thunderbolt의 등장배경

전송속도증가 CPU 성능향상	기존 USB 3.0 대비 두배에 해당하는 전송속도 (USB 3.0 - 4.8Gbps)
Dual channel 가능 (전송시)	한 Cable에 PCI-Express와 Display port (그래픽) 신호 동시 사용
I/O 속도 증가	Time에 민감한 Video/Audio Data고속처리

다.	Thunderbolt의 특징

10Gbps 전송	Thunderbolt Controller 제어에 의해 가능
dual 신호처리	두개의 신호를 Mux, DeMux 이용분리가능
고속 전송	System 성능향상효과, I/O 고속처리

2.	Thunderbolt Data 처리과정 및 protocol stack
가	Thunderbolt Data 처리과정
-	하나의 Cable 내에서 Mux와 DeMux를 사용하여 PCI-Express Data와 Display port Data를 분리하여 전송 및 복조하여 구별함.

- 하나의 Cable에서 PCI-E와 Display Data 전송 가능

4. Thunderbolt의 Protocol stack

구성	내용
① Application Layer / PCI-E | Display port ↕ Thunderbolt Layer / ② -전송제어, Thunder bolt 제어 Driver -Cable/Connector	① 응용 Layer → PCI-E와 Display port Data 제어 ② Thunderbolt 레어 → Transport와 제어용 Driver 및 H/W Spec이 포함된 Layer

3. Thunderbolt의 H/W 구성 및 신호처리, USB 3.0과 비교

가. Thunderbolt의 H/W 구성 및 구성요소

H/W 구성	구성 요소
② → CPU / Graphic 제어 ↔ PIC ① ↑←PCI-Express Thunder bolt 제어기 ③ ↑←광 Cable I/O Device ④	① PCI : Thunder Bolt와 PCI-Express 전송 제어 ② Graphic : Display port 통신가능 ③ PIC와 Grapic 제어기 간의 dual 통신 가능 ④ 광 Cable을 사용 제어기간 통신

- Thunderbolt 제어기는 Graphic과 PCI 제어기와 I/O Device 간의 10Gbps 전송속도로 통신 가능

4. Thunderbolt와 USB 3.0간의 Spec. 비교

구분	Thunderbolt	USB 3.0
전송속도	10Gbps	4.8Gbps
Host Master기능	Host Master기능없음 (Display 위한 Daisy Chain 방식의 통신)	USB 2.0 - 없음 USB 3.0 - 기능 지원 point-to-point통신
통신방법	Master - Slave의 데이지 체인 방식	point-to-point, peer-to-peer 방식
지원 port	7 port 가능	128 port 가능
사용전압	7~10 V	5V (하위 호환유지)
소비 전류	최대 600 LmA (1A)	V2.0 : ~500mA (0.5A) V3.0 : ~900mA (0.9A)
-plug & play 기능 -Hot swapping 기능	-plug & play 지원 -Hot swapping 지원 (사용중 착탈 가능)	-plug & play 지원 -Hot swapping 지원 (편리성 추구)
Dual 통신 가능	-양 방향 통신 가능 -PCI-E와 그래픽동시전송	-full duplex -TX, RX 신호두개
사용편리성	편리/유지보수 간단	편리/유지보수 간단
사용	-Sony, Apple PC 일부	IT기기 범용적 사용

4. Thunderbolt의 향후 발전 전망

	가.	Imac (Apple사)에 최초 장착하여 상품화됨
		Sony Vaio PC에서도 장착 → I/O속도 차별화
	나.	Thunderbolt 지원 SSD, HDD출시됨
	다.	EMI / ESD 대책필요: 고속 Data 전송에 따른
		사용자 요구사항에 정전기대책 필수 검증및 인증필요
		"끝"

문 93) PCI-Express Interface에 대해 설명하시오

답)

1. 고속 직렬(Serial) 버스, PCI-Express의 개요

가. (PCI-Express의 정의) - 기존 방식 PCI의 대역폭 및 확장성을 개선한 point to point 방식의 고속 직렬 버스 통신

나. (PCI-Express의 등장배경) - PCI의 병렬신호전송으로 인한 시스템 병목현상과 회선간 신호왜곡 개선, 빠른 I/O속도 필요

2. PCI-E의 아키텍처 및 특징

가. PCI-Express의 Architecture (Layer별)

Layer	Protocol Stack	설명
Application	PCI PnP model PCI S/W & Driver	- PCI와 호환성 유지 - Device Driver로 재구성
Transaction	Packet Base 프로토콜	- Packet 단위의 전송 protocol 적용
Data Link	Data Integrity	- CRC Code 삽입(신뢰성) - Data QoS 실현
Physical	P2P, Serial, LVDS, 1.2V	- 8b/10b Encoding (Data 변형 최소화_노이즈 경감)

나. PCI와 PCI-Express 간의 특징 비교

구분	PCI	PCI-Express
연결구성 방식	Multi-Drop	Point-to-Point
전송특징	Parallel (병렬)	Serial (직렬)

Clock speed	33MHZ / 66MHZ	최선당 2.5GHZ
전송유형	Half-duplex(반이중)	직렬 full-duplex
대역폭 (Bandwidth)	133MB/S	6.4GB/S (X1, X2..X32) 의 다양한 대역폭
응용분야	주변기기, 저속 장치	고속 graphic 장치

3. PCI-Express의 향후 전망

- 향후 Graphic Interface는 PCI-Express가 AGP 재흥

- PCI-Express version 3.0 에서는 한 Lane 당 1GB/s 지원, 128/130 bit Encoding skim등 성능향상

"끝"

문 94) PCI (Peripheral Component Interface) - Express
의 등장 배경, protocol Stack, PCI와 비교, 복수 링크
전송 방법에 대해 기술하시오.

답)

1. CPU와 주변장치(Graphic, I/O) I/F, PCI-E의 개요.

　가. Device와 Device간의 고속 직렬(Serial)전송 PCI-e정의
　　- PCI 방식에서 대역폭 개선및 p2p 전송 방식의 고속직렬 통신

　나. PCI - Express의 등장배경 (PCI-e로 공식 명명)

등장 배경	설 명
기존 PCI 방식의 속도 한계 극복	기존 PCI 방식은 Parallel 전송으로 Data Skew 및 속도 향상의 한계점에 도달
기존 PCI 방식의 Device간 Bus 공유	다수의 Device가 Bus(제어, 주소, Data) 공유로 병목 현상 발생, 고속직렬 전송요구됨
CPU Clock 상승	CPU Clock 상승으로 고속 Serial 통신 가능

2. PCI-e 의 Device간 통신 구성과 protocol stack.

　가. PCI-e 의 Device간 통신 구성도

Full-duplex (양방향통신)

- 기존 PCI 병렬 신호 전송으로 인한 병목현상을 제거

4. PCI-e의 Protocol Stack (OSI-7 Layer 형태 통신)

Layer	Protocol stack	설명
Application	PCI PnP model PCI S/W & Driver 사용	-기존 PCI와 호환성유지 -Device Driver 그대로 사용
Transaction	Packet-Base protocol	-Packet 단위의 전송 protocol 적용
Data Link	Data Integrity (무결성)	-CRC Code (신뢰성) -Data QoS 실현
Physical	P2P, Serial전송, LVDS,1.2V	-8b/10b Encoding (Data 변형최소화 노이즈 절감)

- 응용계층, Transaction, Data Link, physical Layer로 구성

3. PCI-e의 복수링크 동작 및 PCI와의 비교

가. 복수링크(x1/x2/x4/x8/x16/x32) 지원 예. (x4예)

X1(Lane 0)	PCI-e X4 (Lane 0 ~ Lane 3)

Byte3 / Byte2 / Byte1 / Byte 0

Byte 1 / Byte 0

Byte4 / 5 / 6 / 7
Byte0 / 1 / 2 / 3

8b/10b ↓Lane 0   8b/10b ↓Lane 0 ↓Lane 1 ↓Lane 2 ↓Lane 3

- X1 (Lane∅) 경우 Byte∅부터 8b/10b로 Encoding 되어 Lane∅을 통해 Data가 순차적으로 전송됨
- PCIe x4 경우는 Byte∅부터 3까지 각기 Lane∅~3까지 순차적으로 할당, 각 Lane을 통해 동시에 Data가 전송됨

4 PCI와 PCI-e 간의 특징 비교

구분	PCI	PCI-Express
토폴로지	Multi-Drop	Point to Point
인터페이스	Parallel (병렬)	Serial (직렬)
신호전압	1.2V	LVDS (500mV)
Clock	33MHz/66MHz	회선당 2.5GHz
전송유형	Half-Duplex(반이중)	직렬 Full-Duplex
Bandwidth	133MB/s	64GB/s (X1…X32)
대역폭	고정	가변 (다양한 대역폭)
전송속도	65MB/s	회선당 500MB/s (버전별차이)
복수링크	불 가능	가능
회선 간섭	회선간 간섭 있음	회선간 간섭 없음
전송 Bit	32bit, 64bit	Serial (1bit)
응용 분야	주변기기, 저속장치	고속 Graphic, SSD

4. PCI-Express의 전송속도 및 전망 (SSD에 적용)

가. PCI-Express의 Version 별 전송속도

Version	전송 속도

PCIe 1.0	2Gbps, 250MB/s
PCIe 2.0	4Gbps, 500MB/s
PCIe 3.0	7.8Gbps, 980MB/s
PCIe 4.0	15.7Gbps, 1970MB/s

- PC의 성능향상 (Cpu)에 따라 PCIe도 동시에 성능개선

4. PCI-Express의 향후전망

- SATA 3 방식의 SSD → PCIe가 채용된 SSD적용
- 한 Lane당 1GB/s 이상 지원하여 전송속도 개선(높임)
- 128/130 Bit Ecoding 기술 적용

"끝"

문 95) I/O 주소 지정(I/O addressing) 방식에 대해 설명

답)

1. I/O 장치를 접근하는 방식, I/O 주소 지정의 개요

　가. I/O 주소 지정(I/O Addressing) 방식의 정의

Memory-mapped I/O (기억장치-사상 I/O)	기억장치 주소 영역의 일부분을 I/O 제어기 내의 Register들의 주소로 할당하는 방식
Isolated - I/O (분리형 I/O)	I/O 장치 주소 공간을 기억 장치 주소 공간 과는 별도로 할당하는 방식

　나. I/O 주소 지정의 대상 주소

- I/O 제어기 내의 Data/제어/state 레지스터 값을 CPU가 Direct로 제어 가능, 이를 위해서는 초기설계시 I/O 주소와 I/O제 어기 주소가 동일하게 설계되어 CPU가 직접 제어가능상태

2. Memory-mapped I/O와 Isolated I/O 방식의 비교

구분	Memory-mapped I/O	Isolated I/O
CPU제어 신호	기억장치 읽기/쓰기, 제어, 주소신호를 I/O 장치제어 신호로 그대로 사용 가능	기억장치 주소, 제어, Data 신호와 I/O 제어기 신호는 별도로 구성
명령어	LOAD, STORE 명령어	IN, OUT 명령어

구분	Memory-mapped I/O	isolated I/O
장점	프로그래밍이 용이	I/O주소공간과 기억장치공간 분리
잔점	기억장치 주소공간 감소	I/O제어는 I/O제어 명령으로만 가능. Coding 불편

- Address bit가 10bit 일때 Memory-맵/isolated I/O 구성

Memory-mapped I/O	isolated I/O	

3. I/O 방식 선정시 고려사항 (실무자 입장)

- Memory-mapped I/O 방식이 대세 : 편리성/호환성 확보

- <u>Cacheable 설정영역</u> : 캐싱이 수행되는 메모리 영역에, I/O 장치가 할당되지 않도록 고려.

- Volatile 변수 활용 : C언어에서 I/O 장치에 대한 메모리 접근은 Compiler 최적화시 사라질 수 있음, 따라서, I/O장치 에 대한 pointer 변수는 volatile로 선언하는 것이 필요함

"끝"

문 96) 아래는 프린트 I/O 제어기 내부 구조의 일부이다.

데이터레지스터 (Printer_Data_Register)와 상태 제어
레지스터 (Printer_Status_Register)가 있고 각각 8 Bit
레지스터이며 상태제어레지스터의 제어 정보는 아래와 같다.
사용자 프로그램에서 'ABCDEF'라는 6개 문자열을 프린트
하고자 한다. └ 사용된 Programmed I/O 방식에 대한 설명과 아래
"Programmed I/O 방식으로 프린터에 문자열 쓰기 program
예제"에 대한 구체적인 동작과정을 기술하시오.

프린트 I/O 제어기 내부 구조 (예시)

상태 레지스터의 제어 정보

MSB (최상위 Bit)

1	-	-	-	-	-	-	1

Bit7   Bit0

Bit7이 1 일때 프린트 시작.
Bit0이 1일때 Print 할수 있는 Ready 상태이며
Bit0이 0이면 다른 작업 수행중으로 Busy 상태로서

Programmed I/O 방식으로 프린터에 문자열 쓰기 program에서

```
#define Printer_Data_Register   PDR
#define Printer_Status_Register PSR
#define Ready 0x01    #define start 0x80
// Code 생략
Copy_from_user(buffer, p, 6); /* p is the kernel Buffer*/
for(i=0; i<count; i++){    /* loop on every character*/
    while(*PSR != Ready);  /* loop until ready */
    *PDR = p[i];           /* Output one character */
    *PSR = start;
}
return_to_user();
```

답)

1. Programmed I/O 방식의 정의와 장/단점

정의	CPU가 반복적으로 I/O장치의 상태를 검사 하면서 Ready 상태가 되었을 때만 I/O동작을 처리하는 방식
장점	간단하며, 별도의 Hardware가 필요 하지 않음
단점	CPU가 I/O동작에 관여, 그동안 다른일을 하지 못함

- 한 문자 출력후에도 CPU가 장치에게 다음문자를 받을 준비(Ready)가 되어 있는지를 계속해서 Polling 또는 바쁜 대기(Busy waiting)를 해야 됨

2. CPU가 프린터로 데이터를 출력하는과정

No	단계	설 명
1	프린터 상태	CPU가 프린터 제어기에게 프린터 상태검사요청

			2	상태통보	제어기는 프린트상태 (Ready & BUSY)를 검사하여 CPU에게 통보
			3	Data 전송	Ready 상태면 CPU는 제어기에게 출력 명령과 Data를 제어기 데이터 레지스터에 전송
			4	프린터 실행	제어기는 프린터 동작을 위한 제어신호와 함께 데이터를 프린터로 전송

3. 주어진 Program의 구체적인 동작과정 설명

가 주어진 program의 동작순서

process "ABCD EF"	←사용자 프로그램		process			process		
Kernel 영역	프린터	→	↓이동 "ABCD EF"		→			↑"AB"
						"CDEF" ↗		

초기단계   Copy from -USER 함수 수행   Kernel 영역 으로 COPY   프린터 수행 (Programmed I/O 수행중)

- Process → Kernel → programmed I/O → 프린터 수행

나 주어진 program의 상세 동작과정 설명

(시 작)

↓

Kernel 영역으로 "ABCDEF" 이동	/* Copy_from_user (buffer, P, 6) 수행, 커널버퍼 P에 "ABCDEF" 이동 (MOVE) 이때 6문자 MOVE (count 6)*/

↓

③①| I/O제어기 상태 레지스터 Read | /* I/O제어기 상태 레지스터 읽기 |

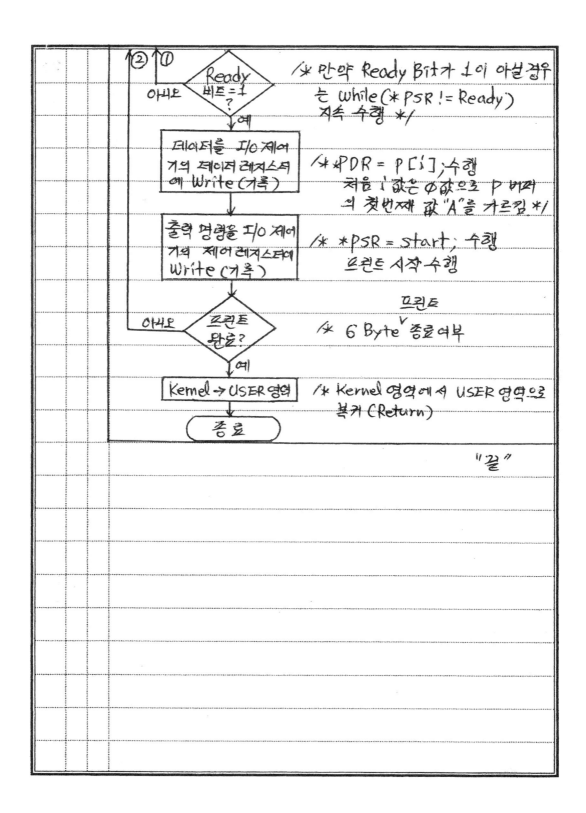

② ① Ready 비트=1 ?

아니오

예

/* 만약 Ready Bit가 1이 아닐경우 는 while (* PSR != Ready) 지속 수행 */

데이터를 I/O 제어기의 데이터 레지스터에 Write(기록)

/* *PDR = P[i]; 수행 처음 i 값은 0값으로 P 버퍼의 첫번째 값 "A"를 가르킴 */

출력 명령을 I/O 제어기의 제어 레지스터에 Write(기록)

/* *PSR = start; 수행 프린트 시작 수행

프린트 완료?

아니오

예

/* 6 Byte 프린트 종료여부

Kernel → USER 영역

/* Kernel 영역에서 USER 영역으로 복귀(Return)

종료

"끝"

문 97)	아래 조건에서　기억장치 - 사상 I/O (Memory Mapped I/O) 방식으로　프린터에 출력하는 프로그램을 작성하시오

조건	① Data Register 주소 : 412번지
	② 상태/제어 Register 주소 : 413번지
	③ 상태 Register 최하위 Bit (b_0) : Ready 비트로사용
	④ 제어 Register 최상위 Bit (b_7) : 프린트 시작 비트로사용

답)

1. I/O 장치를 접근하는 방법, Memory Mapped I/O 개요

　가. 기억장치 - 사상 I/O 방식의 정의

　기억장치 주소 영역의 일부분을 I/O 제어기 내의 레지스터 들의 주소로 할당하는 방식

　나. Memory Mapped I/O 방식의 특징

　① 프로그래밍에서 기억장치 관련 명령어들을 I/O 장치 제어에도 사용가능. 예) LOAD 명령어, STORE 명령어등

　② 기억장치 읽기/쓰기 신호를 I/O 읽기/쓰기 신호로 사용

2. 기억장치 - 사상 I/O의 주소공간 할당예 (주소 Bit = 10Bit)

주소 0 　　전체주소공간
　:
511
512
1023

기억장치 주소공간 ①

I/O 주소공간 ②

- 주소 Bit 10Bit = 2^{10} ⇒ 1024 번지 개수가능

① 상위 512개 주소 (기억장치에 할당)

② 하위 512개 주소 (I/O 장치들에 할당)

3. Memory Mapped I/O 방식에서 프린터에 출력하는 프로그램 (예시)

```
TEST   LOAD 413    /* 상태 레지스터 Read
       CMP(b0)  01   /* Ready Bit가 1인가?
       JZ  TEST    /* Ready Bit가 0이면 TEST로 Jump
       LOAD  M    /* 프린트할 데이터를 기억장치로부터 Read
       STORE 412   /* 데이터 레지스터에 Write
       LOAD  80h   /* Hex 값 0x80을 제어 Reg.
       STORE 413      에 Write (프린트 시작)
```

4. Memory Mapped I/O의 장단점

장점	프로그래밍이 용이 (사용가능한 명령어들이 다양)
단점	기억장치 주소 공간이 감소 (절반)

"끝"

문 98)	아래 조건에서 분리형 I/O (Isolated-I/O) 방식으로 프린터에 출력하는 프로그램을 작성하시오.	

조건	① Data Register 주소 : 412 번지
	② 상태/제어 Register 주소 : 413번지
	③ 상태 Register 최하위 Bit (b∅) : Ready 비트로 사용
	④ 제어 Register 최상위 Bit (b7) : 프린트시작 비트로사용

답)

1. I/O장치를 접근하는 방법, Isolated-I/O 방식의 개요

　가. 분리형 I/O 방식의 정의

　　I/O 장치 주소공간을 기억장치 주소 공간과는 별도로 할당하는방식

　나. Isolated-I/O 방식의 특징

　　① I/O 제어를 위해서 별도의 I/O 명령어 사용

　　　(예 : IN, OUT 명령어)

　　② 별도의 I/O 읽기/쓰기 신호필요

2. 분리형 I/O의 주소공간 할당의 예 (주소 Bit = 10 Bit)

　- 주소 Bit가 10개 일때 기억장치주소와 I/O 주소를

　각각 아래와 같이 1024개씩 할당가능

주소 ∅
```
┌─────────────┐
│             │
│   기억장치   │
│   주소공간   │
│             │
└─────────────┘
```
1023

주소 ∅
```
┌─────────────┐
│             │
│    I/O      │
│   주소공간   │
│             │
└─────────────┘
```
1023

3.		분리형 I/O방식에서 프린터에 출력하는 프로그램(예시)

```
TEST  IN 413    /* 상태레지스터 Read
      CMP(b0) 01   /* Ready Bit가 1인가?
      JZ TEST      /* Ready Bit가 0이면 TEST로  ┌Jump
      LOAD M       /* 프린트할 데이터를 기억장치로부터 └Read
      OUT 412      /* 데이터 Register에 Write
      LOAD 80h     /* Hex값 0x80  (Start Bit)적재
      OUT 413      /* 프린트시작 (0x80→413번지에
                      Write시 프린트시작)
```

4.		분리형 I/O의 장단점	
	장점	I/O 주소공간으로 인하여 기억장치 주소공간이 줄어 들지는 않음	
	단점	I/O제어를 위해 I/O 명령어들만 이용할수 있으므로 프로그래밍(Programming)이 불편	

"끝"

PART 5

신기술

하이퍼바이저(Hypervisor), 가상화, 마이크로 아키텍처, Scale-Up/Out, MR(Mixed Reality), UI/UX 등 최신 기술을 답안으로 작성해 봄으로써 최신 기술 분야의 출제 경향을 파악할 수 있습니다.

[관련 토픽 – 48개]

문 99) 하이퍼 바이저 (Hypervisor)

답)

1. 가상머신 관리 platform. Hypervisor 개념

| 정의 | - 호스트(Host) 컴퓨터에서 다수의 운영 체제 (operating system)를 동시에 실행하기 위한 논리적 platform (= Virtual Machine Manager. VMM)

2. Hypervisor 구성도 & 유형

가. 하이퍼바이저 구성도

| Guest OS (VM) | ... | Guest OS (VM) |
| Hypervisor (빗금) |
| H/W 제어 |
| Host OS |
| Hardware (CPU, 메모리, 스토리지..) |

Host OS 별
① Type1 bare-metal(native) : Host OS 불필요
② Type2 Hosted : Host OS 필요

가상화 방식
① 전가상화 : H/W 완전가상화 Host OS 이용
② 반가상화 : Guest OS 수정필요 속도 빠름

· Host OS 필요 여부와 가상화방식에 따른 H/W 제어 방식에 따라서 Hypervisor 분류

4. Hypervisor 유형

유형		구성도		설명
Host OS 별	Bare- Metal (native)	Guest OS ... Guest OS	(O/S역할) Hypervisor Hardware	- Guest OS 제약, Host O.S 불필요, 자원활용 우수 - 별도관리 Console 필요 - 기업 데이터센터분야 활용

		Host OS 별	Hosted	Guest OS (VM) ---- Guest OS (VM)	- Host os 통한 OS 관리
				Hypervisor	- Guest OS 종류 제약 적고
				Host OS	도입용이
				Hardware	- Client 가상화로 활용
가상화 방식		전 가상화		일반명령어	- H/W 완전 가상화
				Apps Apps	- Guest OS 수정불필요
				Guest OS Guest OS	- 다양한 OS 지원
				Hypervisor(VMM)	- 명령어 전달 Overhead
				Host OS ↓ Hardware	로 성능저하
		반 가상화		일반명령어	- Guest OS 커널
				Apps APPS	수정필요
				Modified Guest OS Modified Guest OS	- 성능 우수
				Hypervisor(VMM)	→ HyperCalls
				Host OS ↓ Hardware	

- 최근 Hypervisor의 Overhead와 실행속도를 개선한
Docker 활용한 컨테이너 가상화 기술부각

- 가상화를 지원하는 CPU 기술 : Intel-VT, AMD-V

- CPU 가상화기능의 직접 사용여부에 따라   [분류]
전가상화(Full Virtualization)과 반가상화(Para #)

- Hosted Hypervisor에는 VMware Workstation(Win용),
Virtual Box(Mac OS용), Linux OS용으로 Centos가 존재

3. Docker 활용 컨테이너 가상화 기술과 비교

구분	Hypervisor	Docker
개념도	App A · App B → 가상 Bins/Libs · Bins/Libs 머신 Guest OS · Guest OS 으로 Hypervisor 관리 Host OS Server	AppA · AppB → 도커로 관리 Bins/Libs · Bins/Libs Docker Engine Host OS Server
추상화	전체 H/w Device를 추상화	OS 커널
OS	여러 OS를 동시 사용	단일OS상의 다양한 에디션
호환성	여러 Platform 지원	Linux유리, 타플랫폼 미비
성능	-Guest/Host OS Layer 로인해 성능저하, over head 있음.	-직접 OS Access 우수 - Hypervisor 대비 오버헤드 적음

"끝"

문100)	가상화(Virtualization), 전가상화, 반가상화
답)	
1.	IT 자원의 효율적 관리&운영, 가상화 개요
가.	비용절감 등, 가상화(Virtualization)의 정의

- 물리적으로 한개&다수의 자원을 논리적으로 통합
혹은 분할하여 효율적으로 자원을 사용하는 기술

나. 가상화의 종류

서버가상화	논리적인 관점에서 (중앙서버) 서버관리
스토리지 〃	저장장치를 통합&분할 관리&운영
Host OS 〃	하나의 OS환경을 복수의 OS로 분할
Hypervisor 〃	여러 OS가 한 H/W 상에서 운영
기타	Desktop 가상화, N/W 가상화 등

2. 전(Full)가상화와 반(Para)가상화 비교

구분	전 가상화	반 가상화
개념	Hardware 전체 가상화 (BIOS, CPU, 메모리, I/O 등)	Hardware 일부만 가상화
구성도	App App ... Guest OS Hypervisor ① Host OS ③② H/W ④ CPU Intel-VT, AMD-V	App App ... Guest OS ⑤ Hypervisor Host OS ⑥ H/W

		Guest OS 수정	Guest (리눅스, 윈도우등)를 수정할 필요 없어 OS의 선택 폭 넓고 유지보수 용이	하이퍼바이저의 API를 이용 할려면 Guest OS 수정필요 Guest OS는 리눅스와 같은 open source OS로 한정
		성능	H/W 전체를 가상화하는 CPU 가상화 (Intel-VT, AMD-V) 사용하므로 오버헤드에 의한 성능 저하	Hyervisor가 제공하는 API 를 통해 OS 제어, 전 가상화 비해 성능↑
		가상화 영역	Host OS & Hardware 전부를 가상화	일부만 가상화, Guest OS에서 Host OS 존재 파악
		CPU지원	필요 (Intel-VT, AMD-V)	불 필요
		OS수정	불필요	필요

①	Guest OS (리눅스, 우분투, 윈도우등) → H/W 제어요구 전달
②	CPU 가상화인 Intel-VT, AMD-V에서 하이퍼바이저로 H/W 제어 요구
③	Hypervisor에서 Host OS로 H/W 제어 명령
④	Hardware controller에 제한 H/W 제어
⑤	Linux (open 소스 OS) 하드웨어 제어 요구
⑥	Hypervisor에 의해 Hardware 제어 명령

- Host OS : 현재 PC나 서버에 Main으로 사용중인 OS

- Guest OS : 현재 Main으로 Windows OS가 Host OS로 사용중일때 Linux, Unix, 우분투등을 설치 가능한데 이런 OS를 Guest OS라고 함

3		가상화의 주요기술과 고려사항	
	가	가상화의 주요기술	

항목	설명
Hypervisor	Guest OS와 Host OS간의 가상화 program
Partitioning	물리장치를 논리적으로 분할하는 방식(기술)
Provisioning	논리적 구성장치의 접근권한관리
Grouping	물리적 장치를 논리적으로 통합

	나	가상화시 고려사항	

항목	고려사항
장애 point	장애요인시 Log 저장/분석, 다수 H/W관계 (연계정의서 등) 정리, Monitoring도구 필수
Security	Hypervisor및 통합&분할시 보안고려
Lock-in	Vendor간 비호환성으로 가상화 제한여부, 사전 Spec. 확인 및 설치시 고려 필요
복잡성, Cost	Backup, 가용성/성능복잡요인 해소, 가상화 장비 도입 내역 관리등

"끝"

문 101) 가상화(Virtualization)에 대한 다음 설명

가. 일반적인 OS의 프로그램 동작방식

나. 응용 프로그램 가상화 동작방식

다. 원격 Desktop 프로토콜의 종류

답)

1. 추상화 통한 Computing 자원 효율 극대화, 가상화 개요

가. 비용절감, 보안강화, 효율적 관리, 가상화의 정의

하나의 물리적인 Resource (예: 서버, 스토리지, N/W 등)

를 여러개의 가상적인 (논리적) 리소스로 분할 사용 기술

나. Virtualization의 발전

전통적인 방식	가상화 방식	콘테이너 방식
APP APP	APP APP ... Bin/Library Guest OS (Linux, Win등) Virtual Machine	APP APP ... Bin/Library Container
OS	Hypervisor OS	Container Runtime OS
Hardware	Hardware	Hardware

전통적(No. 가상화)인 방식에서 Hypervisor 기반 가상화

된 Hardware 상에서 자체 OS를 포함하던 가상화

방식을 거쳐 운영체제(OS)를 공유하는 Container

방식의 가상화로 발전

2. 일반적인 OS의 프로그램 동작 방식

가. 일반적인 OS의 프로그램 동작방식 구성도

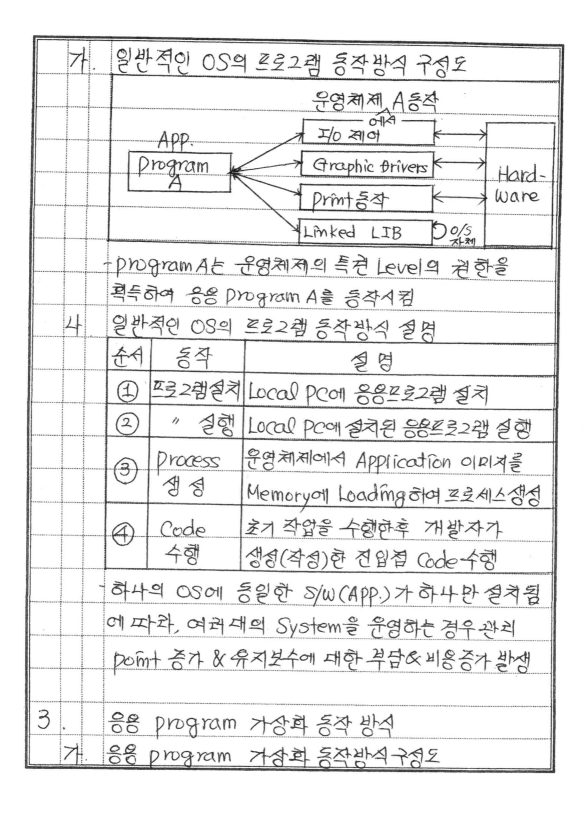

운영체제 A동작

- Program A는 운영체제의 특권 Level의 권한을 획득하여 응용 Program A를 동작시킴

나. 일반적인 OS의 프로그램 동작방식 설명

순서	동작	설명
①	프로그램설치	Local PC에 응용프로그램 설치
②	" 실행	Local PC에 설치된 응용프로그램 실행
③	Process 생성	운영체제에서 Application 이미지를 Memory에 Loading하여 프로세스 생성
④	Code 수행	초기 작업을 수행한후 개발자가 생성(작성)한 진입점 Code 수행

- 하나의 OS에 동일한 S/W(APP.)가 하나만 설치됨에 따라, 여러 대의 System을 운영하는 경우 관리 point 증가 & 유지보수에 대한 부담& 비용증가 발생

3. 응용 program 가상화 동작 방식

가. 응용 program 가상화 동작방식 구성도

```
Program          Emulated              OS B(Linux,Wins)
   A             I/o System              I/o System
  동작
                 Emulated              Graphic s/w
                 Graphic s/w
                 Emulated              H/w Interface
                 H/w Interface
Emulator&
Just in time     Interface             LIB
Recompiler
                    ←Monitoring        Server
```

- 가상화 System Monitoring을 통해서 안정적으로
관리 (Management)와 운영 (Operating)이 가능

4. 응용 Program 가상화 동작방식 설명

순서	Application 동작	설 명
1	저장	중앙서버에 가상화된 응용프로그램 저장
2	다운	Thin client와 같은 PC에서 가상화된 Application download
3	실행	가상화된 응용 program 실행 (Local 에서실행)

- 사용자는 원격 Best top Protocol을 이용하여 가상화
서버에 설치된 응용 program을 Local PC에서 실행

4. 원격 데스크톱 Protocol의 종류

가. Remote Desktop 동작방식

| 개념 | -먼 거리의 Server에서 마치 바로 앞에서 실행 |

하는 것 처럼 구등할수 있게 도와주는 원격 접속 protocol

사용자 / 서버 / Display / Client / TCP/IP / protocol : RDP, PCoIP, ICA, ARD, RFB, ALP, rlogin등 / Server

- 재택 근무와 원격 점검등으로 원격 desktop 프로토콜을 많이 사용, 여러 protocol 존재

4. Remote Desktop Protocol의 종류 & 설명

종류	기반	설명
RDP	TCP3389	윈도우 Remote Desktop Protocol
PCoIP	VMware	-RDP와 같은 화면 전송 프로토콜 -3D Data & 동영상 Data 최적화
ICA	Citrix	Client-server간 Data 전달
rlogin	TCP513	유닉스계열 System간 원격 접속
X윈도우	유닉스OS	Client/Server 방식
ARD		Apple Remote Desktop protocol
RFB		Remote Frame Buffer Protocol
ALP		Appliance(기기) Link Protocol
VNC		Virtual Network Computing

"끝"

문/02) 마이크로서비스 아키텍처(Micro-Service Architecture)

답)

1. Micro-Service 단위, 마이크로서비스 아키텍처의 개요

가. 분할과 정복, Micro-Service Architecture의 정의
- 하나의 큰 Application을 여러개의 작은 마이크로 [아키텍처] 서비스 단위로 나누어 변경과 조합이 가능하도록 구성된 아키

나. MSA의 특징

특징	핵심요소	설명
서비스 컴포넌트화	Loosely Coupled	독립적 배포가능서비스로 분리
분산 거버넌스	Polyglot Persistence	멀티언어, 멀티플랫폼시스템구현
분산 데이터	DB per Service	여러 종류의 DB사용가능
Biz 연계 조직	Cross Functional Team	서비스별 최적 팀 구성 가능
제품 지향	You build, you Run it	제품중심의 Life cycle 전담

2. Micro-Service구조의 구성도 & 구성요소

가. 마이크로서비스 아키텍처 구성도

- Fine Grained Service를 제공하기 위한 Loosely Coupled Architecture로 빠른 서비스 배포의 유연성을 확보가능

4. MSA의 구성요소

Tier	구성요소	설명
Front-end	- UI/UX	- Web, Desktop, Mobile등 Client Application
	- Protocol	- HTTP Rest API등 경량 Protocol
Middle	- API Gateway	- API 서비스 로드밸런싱, 인증등 공통기능
	- API 서버	- 상호 독립 배포/관리 가능한 단위 서비스
	- 오케스트레이션	- 여러개 서비스 → 하나의 서비스로 묶음
Back-end	- NoSQL DB	- Doc graph, key/value 기반 수평확장가능
	- RDB	- ACID 보장, 관계형 Data Model DB

- 쿠버네티스, kafka, Docker, AWS Lambda, Google Cloud 등 기반 기술로 구성함

3. Micro-service 구조의 구현 패턴

패턴	설명
Circuit-Breaker	서비스 문제를 Circuit-Breaker 가 감지하면 연결을 강제로 끊어 장애가 전파되는 것을 방지
Service-Discovery	서비스 인스턴스들이 생성될 때 Service-Discovery 에 등록, 타켓서비스의 IP를 알게 해주는 패턴

- MSA pattern을 통하여 보다 안정적인 서비스 영속성을 지원하여 Service 품질 향상.

"끝"

문103) Scale-up / Scale-out

답)

1. 가상 인프라 자원확장, Scale-up/out의 개요

가. Scale-up/out의 정의

Scale-up (용량 증가)	대상 서버(VM)에서 CPU, 메모리 등 자원증설, VM의 수직확장개념 → 사양을 확장하는 기법
Scale-out (Node 증가)	주어진 서버(VM) 자체 증설위한 VM의 수평 확장개념으로 분산처리, 병렬처리 성능 구현기법

나. Scale-up/out의 도식화 (Graph)

Cloud에서는 관리 Infra의 Scale-up/out을 통하여 서버증설 & 확장이 가능함. Scale 정책통한 확장성 확보

2. Scale-up과 Scale-out의 비교

구분	Scale-up	Scale-out
대상	기능 용량증설(고사양화)	서버수량증설(서버확장)
목적	처리속도, 데이터 양 개선	처리속도, 데이터 양 개선
장점	관리&운영용이, 고성능	비용절감(N/W), 유연성, HA
단점	비용 발생, 확장성 제한	병렬 컴퓨팅 구현, 재역목록별

적용	Biz Processing (OLTP)	WEB 인프라
비용 대 성능		
반대		

- Scale up/out을 조합하여 균형있는 고사양, 고확장성 제공

3. Scale-up/out 적용시 고려사항

Scale-up	장기 처리용량 예측 통한 충분한 기간 설정
Scale-out	N/W 대역폭, 비용, 분산처리 고려 & 실무 경험기반 확인

- 예측통한 선 적용보다 발생시 즉시 대처 가능 준비 필요

"끝"

문104) MR(Mixed Reality)

답)

1. 가상현실(VR) ⊕ 증강현실(AR) 융합, MR의 개요

　가. VR의 몰입감 ⊕ AR의 현실감 융합, MR의 정의
　- 가상세계가 가지는 물리적 현실을 극복하기위해
　　가상세계와 통합킨 기술, 혼합기술(MR)의 등장
　　즉, 실시간으로 가상정보를 혼합해 사용자와의 상호작용
　　을 극대화한 차세대 정보처리 기술

　나. MR(Mixed Reality)의 Scope (범위)

	Mixed Reality		
	증강현실		
현실 환경	증강현실 (AR) Augmented Reality	증강가상 (AV) Augmented Virtuality	가상 환경

2. MR의 특징과 기술요소

특징		융합현실	현실, 증강현실, 가상현실의 혼합상태 구현
		전화된 UI	홀로그래픽 UI, 모션/시선인식, 음성인식
		오감정보	멀티모달 I/F, 사용자 움직임 파악 Sensing
기술요소		디스플레이	CPU, GPU, GPGPU가 탑재된 HMD, UI 제어
		인터렉션	멀티 Motal Interface, 오감 Sensor등
		콘텐츠제작	시각, 청각, 촉각, 후각, 미각 제시 H/W, S/W
		MR시스템	동작인식 Sensor, 광시야각 projector등
		MR요션	눈의 피로감 해소등 MR 요션 platform

			Network	사용자 동작인식 & 상호작용, 5G/6G등
3.		MR 활성화위한 고려사항		
		콘텐츠 다양화		유료 콘텐츠(Killer콘텐츠) 개발, 다양화
		몰입감 강화		가상이미지고도화, 해상도 & 반응속도 개선등
		보급형 Device개발		비용부담 해소, 사용자 UI/UX 적용-편리성
		활용분야 확장		가정/사회생활에 MR 결합(융합) 활용

"끝"

문105)	MR(Mixed Reality)에 대해 설명하시오
답)	
1.	VR(가상현실)과 AR(증강현실)의 융합, MR의 개요
가.	MR(Mixed Reality)의 정의

혼합현실 현실 → AR · · · · AR · VR 세계 (증강) (증강)(가상)	VR의 몰입감과 AR의 현실감이 융합, 현실감있는 가상세계를 만드는 융합기술

- 실시간으로 가상정보를 혼합해 사용자와 상호작용을 극대화

나.	Mixed Reality (혼합현실)의 특징	
	융복합현실	현실, 증강현실, 가상현실의 혼합된 상태 구현
	진화된 UI/UX	홀로그래픽 UI, 시선인식, 모션인식, 음성인식등
	오감정보 활용	멀티모달 Interface, 사용자 움직임 선정기반 정보활용

2.	MR (혼합현실)의 주요 기술요소		

분야	설명	구현기술
디스플레이 (Display)	사용자 현실 세계 + 3D 사물 (증강) ⇒ 새로운 가상공간 구현하는 기술	GPU. CPU 탑재된 HMD, -UI/UX 제어
인터렉션 (Interaction)	오감(시각, 청각, 촉각, 후각, 미각) 대응 H/W + S/W ⇒ VR콘텐츠 실시간 반응	-오감센서 -멀티모달 인터페이스
콘텐츠 제작	Graphic 엔진 활용, 360도 촬영 파노라마 카메라로 실제 환경 촬영	-합성영상기술 -실사영상기술
MR 시스템	-사용자는 MR, AR등 다양한 상호작용 -방벽/천정에 CG 투영하여 가상공간생	-동작인식센서 -광시야각 projector

(CG (Computer Graphics)

		MR 모션 Platform	몸 전체적으로 모션 느낄수 잇는 효과제공	MR 모션 플랫폼
		N/W	- MR 콘텐츠와 사용자 Data 송/수신	- 5G N/W
		기술	- 오감 & 사용자 동작인식, 상호작용 Data^{처리}	- 동적 Overlay N/W 기술

3. MR 기술 적용사례와 고려사항

구분	설명	
적용	Magic Leap : Head 마운티드 가상 망막 Display	
사례	Holoportation : M/S社 3D스캔후 홀로그램으로 등장후 재현	
고려 사항	콘텐츠 다양화	부가가치 창출위한 콘텐츠 공급 활성화
	몰입감 강화	가상이미지 고도화, 반응속도 개선등
	보급형 장치	비용부담 축소, 콘텐츠 체험 효과 증대
	활용분야	사용자 사회생활에 MR 결합

" 끝 "

문106) 지능형 CCTV 스마트관제

답)

1. Deep Learning 기반 상황예측, 지능형 CCTV관제 개요

| 정의 | ·일반적인 CCTV에 딥러닝 기반의 자동화된 영상인식 & 분석기능을 추가하여 Real time으로 Event를 탐지하고 관리자에게 경보를 전송하는 스마트 관제 |

2. 지능형 CCTV Smart 관제 메커니즘 & 세부 기술요소

가. 지능형 CCTV 스마트관제 메커니즘

CCTV에서 수집된 영상 데이터의 감지, 검색, 분석, 예측등 실시간 자동화분석을 통해 범죄예방, 재해대응등 가능

나. 지능형 CCTV 스마트관제 세부 기술요소

구분	기술요소	설명
영상 수집	지능형 CCTV	실시간(Real time) 모니터링, 패턴감지
	드론	사각지대 촬영, 다중관제 지원 가능
자동화 분석	영상정보	이상(abnormal) 상태 감지 AI모델
	감지/검색	객체 기반 지능형 영상검색

		자동화	영상정보	자동추적, 집러셍기반 지능형 영상분석
		분석	분석/예측	향후 발생가능한 현상예측 & 방어
		현장	대시보드	통합 DB연동, CCTV현장 상황중계
		대응	상황전각	현장상황연계, 예상 & 대응 방안수립

- AI분석 & 예측, 골든 타임 확보, 예방등에 활용

3. 지능형 CCTV와 단순형 CCTV 비교

구분	지능형 CCTV	단순형 CCTV
동작	AI모델통한 영상인식 자동화	단순 감시 기능
특징	사물 & 사물 특징 & 행위인식	24시간 수동 감시
장단점	정확한 식별 가관리 용이성 영상분석통한 선속 상황전개	유지보수 용이, 24시간 모니터링, 모니터 요원필요
활용	객체 인식 지능형 안전 & 보안	단순 감시

"끝"

문107) 멀티모달 인터페이스(Multimodal Interface) 구성요소

답)

1. 인간 중심의 Interface 제공, 멀티모달 I/F 정의

인간과 기계의 통신을 위해 다수의 입력을 활용하여
기계와 통신하는 인간 중심형 Interface 기술

2. Multimodel Interface 구성도

입력된 데이터에 대한 해석 및 그에 적합한 출력이 중요

3. Multimodal의 구성요소

구분	구성요소	상세 설명
① 입력	인식 처리	입력 (Speech, 제스쳐, 터치 등) → text로 변환
	해석 처리	text 데이터 기반 → 사용자 의도 의미 해석
	동기화 처리	해석 정보 통합, 정보 결합 역할 수행
② 관리	인터렉션 관리	입력 정보 이용, 응용서비스 수행 → 결과 출력
	세션 지원	Device 간 상태 정보 교환, 프로세스 모니터링

② 관리	환경요소	유연한 사용위한 기기 자체에 정보제공
	DB정보	사용자정보(적성, 선호도) DB저장 관리
③ 출력	생성	어떻게 출력할 것인지 결정
	스타일링	어떤 방식 적용 배치 결정
	랜더링	사용자에게 정보를 전달 역할; CSS, XTML
아키텍처	MVC	Model, View, Controller 분리 아키텍처
	Event-Driven	Async 방식(비동기) 처리 효율성 확보
표현언어	EMMA	입력요소-인터렉션 관리기 연결 마크업언어
	마크업언어	필기체 인식 결과 표현해 주는 언어

- CSS: Cascading style Sheets
- XHTML: Extensible Hyper Text Markup Language
- EMMA: Extensible Multimodal Annotation

"끝"

문(08)	정보 기술 측면의 UI(User Interface)와 UI의
	시대적 요구 변화 내용에 대해 설명하시오
답)	
1.	User Interface (사물과 System 통화)의 개요 과의
가.	상호 작용을 위한 User Interface의 정의
-	사람과 System (시스템)간의 접점, 또는 사용자와
	각각의 System 사이의 정보 채널 (channel)
나.	User Interface의 필요성

User Interface

- 사용자 : 개발자 중심에서 사용자 중심으로 변화
- 상호작용 : 고성능 Mobile 거기엇 인터넷 확산
- 생산성 : 개발 생산성 향상과 비용 절감 노력
- Design : 사용자 사용 편리성, Design 강화

다.	정보 기술 측면의 User Interface의 발전과정

Command Line Interface <MS-DOS>	→	Menu Driven Interface (로터스문서)	→	Graphic User Interface (window)	→	UX, RIA, Haptic HMD, MMI (증강현실)

- text → Graphic → UX → 증강현실 → 가상현실 순

2.	정보 기술 측면의 UI의 개발절차와 관련 분야
가.	UI의 개발 process

구분			구분	설명	세부절차
			분석	- 기존 제품의 UI와 Benchmarking	- 제작자 요구사항
				- 사용 예정인 잠재고객의 Needs	- 사용자 니즈분석
				- 요구사항에 대한 사용자 시나리오	- 전문가의 분석
			문서 제작	- 각각의 checklist, 시나리오, Task	- checklist
				에 따른 절차와 사례를 문서화	- 시나리오, Task
			사용자 환경 검증	- checklist 기준 사용자 평가	- test Room
				- 진행자(UI 개발자)와 사용자	- 시나리오 검증
				의견 수렴, - Field test	- 예외 상황고려
			결과 도출	- test 결과에 따른 문제점 도출	- test 결과
				- 전문가 의견 수렴 및 향후안	- 향후 시나리오
			보고서	- UI 선행 개발 완료 보고 결재	- 추가 UI 제작

4. UI의 관련(연계) 분야

구분			구분	설명	분야
			HCI	- Human - Computer Interaction	컴퓨터공학
				- 인간과 Computer 간의 상호 작용 연구	인지과학
				- 인공 지능을 통한 로보트 기술 혁신	인간공학
				- 컴퓨터 작동을 디자인 - 평가 - 완성하는 과정	사회심리학
			인지 과학	- 실험적 요소와 응용적 기술을 융합	- 인공지능
				하여 과학문야에 접목하는 기술	- 신경과학
				- 인지 심리학: 기억, 주의, 개념,	- 인지심리학
				범주, 문제 해결, 형태 기억, 지능, 창의성	- 실험심리학

3.		정보기술측면의 UI의 시대적 변화		
	가.	UI의 시대적 변화 요인		

변화	설 명	적용
정보 기술의 발달	-신기술 등장에 따른 UI 패러다임 변화	PC, Web서비스
	-입출력기기의 성능향상등 UI 다양화	Display기술
사용자 요구 증대	-다수 사용자 상호작용, 사용자 요구수용	Web 3.0
	-서비스 형태에 따른 UI의 변화요구	Mash up
효율적 UI 설계 필요성	-UI 접근의 효율적 설계의 필요성	동시 사용자
	-비용/설계측면의 고부가가치	기업환경
오감기술의 발달	-오감을 이용한 기술의 발달, 다양화	오감 활용
	-다양한 출력/입력 방식의 적용	증강현실
	-가상현실/증강현실의 접목기술	Display기술

	나.	UI의 시대적 변화 사례		

구분	설 명	사례
UX	-UX(User Experience): 사용자 경험 기반의 UI (경험위주사용)	-Window Vista의
	-실제 사용, 느낌, 등의 총체적 기술	Areo 인터
	-기능 위주 보다 품질서비스위주	페이스 적용
MMI	-인간과 Computer, 판타기기 사이의 I/F를 음성, 키보드, 펜, 그래픽등 다양한 수단 활용	-촉각 (Haptic) -터치스크린
가상	-실제 화면에 가상화면 첨가	-HUD

/증강현실	증강현실 Display를 UI에 접목	Headup Display

4. UI의 시대적 변화에 따른 응용분야

응용분야	설명
교육	U-Learing과 접목, 디지털교과서, 다양한 교육도구로서 UI의 활용(친근감, 편리성)
국방	가상현실이나 증강현실을 Simulation (시뮬레이션)환경에서의 훈련가능(저비용)
산업	산업로봇/기계에 다양한 UI의 적용증대
교통	텔레매틱스등의 Device에 터치스크린&HUD적용

"끝"

문109)	증강현실과 가상현실 비교, 모바일 증강현실 구현위한 H/W설명
답)	

1. 가상현실과 증강현실의 개요

가. 가상현실(VR: Virtual Reality)의 정의

- 가상의 세계를 현실과 같이 만들어 내도록 인간의 모든 감각기관을 통하여 인간과 컴퓨터 상호 작용기술

나. 증강현실(AR: Augmented Reality)의 정의

- 실제 환경에 가상사물을 합성하여 원래의 환경에 존재하는 사물 처럼 보이도록하는 컴퓨터 그래픽 기법

2. 증강현실(AR), 가상현실(VR), 혼합현실(MR) 로 발전

가. 증강현실, 가상현실의 기술 발전

AR 증강 → VR 가상 → MR 혼합 → XR 확장(Extended)

나. 가상현실과 증강현실의 개념 비교

실제환경 (현실세계) — 증강현실 (현실세계+실제+가상혼합) — 가상현실 (기술에 의한 가상의 환경)

← 실제정도   증강현실   가상화정도 →

- 가상현실 : 모든 환경을 3차원 이미지로 보여주는 그래픽기술
- 증강현실 : 현실세계에 가상 정보를 실시간 결합기술

다. 모바일 증강현실을 구현하기 위한 Hardware 기술

LBS (Location Based Service) 위치기반서비스

	H/W 구성도		
	GPS	GPS위성으로 현재위치 파악, 현실과 Mapping후 LBS서비스	
	카메라	멀티 터치 구현, 저항(압력)식, 정전용량, 초음파, 적외선등	
	무선통신장비	모바일 단말과 서버간 정보 송수신 위한 무선 N/W (5G)	
	가속도 센서	기울기, 움직임을 감지하여 UX 변경하거나 입력 도구로 사용. 동작원리: 출력신호처리를 통한 물체의 가속도, 진동, 충격등의 동적인 힘을 측정	
	센서	자이로스코프, 지구자기, 조도, 근접, 모바일 HMD	
	터치스크린	멀티 터치구현, 증강현실을 위한 프로그램 Easy제어	
3.		증강 현실의 개발사례 및 해결과제	
	가.	개발사례: HMD(Helment Mounted Display), 자동차 GPS Navigation, 세카이 카메라. 윈도우 에어로 가능	
	4.	수익 창출 가능과제 발굴, 체계적인 DB구축후 정교한 Data 처리 필요	

"끝"

문110) 가상현실(CVR)은 ICT및 인프라의 발달로 지속 확산되고 있다. 가상현실의 개념, 확산요인, 생태계 현황및 시사점에 대하여 설명하시오.

답)

1. 가상현실(Virtual Reality)의 개요

가. ICT& Infra 발달로 지속 확산, 가상현실의 정의

구성도	정의
현실세계 → 카메라, 센서, 음성인식, 모션 등등 │ 가상현실 HMD, Head Tracker, 3D Graphics, 랜더링, 오감, 모션, NUI등 │ 현실정보 100% : 가상정보	현실세계를 인공적인 기술을 활용하여 실제로 얻기 힘든 경험이나 환경을 오감을 통해 자극, 실제 같은 체험 가능 기술

나. 가상현실 확산요인

ICT기술발전 | 기반인프라확산

- Display
  - flexible
  - 고해상도
  - 센서 장착
- Computing
  - 인공지능화
  - 높은 처리속도
  - 그래픽성능up
- N/W 기술
  - 기가급 Wifi
  - 5G이상
  - SDN대응
- 모션& 위치정보
  - 6DOF
  - 정밀GPS
  - 센싱능력
- 콘텐츠 저작력
  - 1인 미디어
  - UCC
  - 360도 카메라
- 융합
  - 사물레이 션응용한 산업영 응합

2. 가상현실의 생태계 현황

가상현실의 생태계 현황 | 디바이스 시장에서의 치열한 경쟁에서 platform에서의 주도권 싸움으로 경쟁흐름이 이동하고 있으며 콘텐츠에 대한

SDN : S/W Define N/W
6 DOF : 6 (six) Degrees of freedom

중요성 또한 날로 증가하고 있음

시장 경쟁 흐름 →

| 디바이스 | → | 네트워크 | → | Platform | → | Contents |

- 프리미엄 HMD
- 보급형 HMD
- 360도 카메라
- IoT 접목등

- Gaga급 WiFi
- 5G이상
- 고해상도 방송등

- S/W 플랫폼
- 인공지능화
- 클라우드
- 서비스(IaaS)등

- 게임, 스포츠
- 방송, 영화
- 교육
- 헬스케어등

4. 가상현실 생태계 현황 상세 설명

분야	세부유형	생태계 현황
Device (디바이스)	프리미엄 HMD	오큘러스 리프트, HTC의 바이브등 6DOF제공
	보급형 HMD	스마트폰 연동, 저가격, 3DOF지원, 360도 VR
	360도 카메라	다양한 콘텐츠 제작 가능
	디바이스 제어기	HMD 제품을 조정하기 위한 제어제품확산
네트워크	Gaga급 WiFi	기가급 무선망을 통신 단말간의 자유 통신
	Gaga급 인터넷	대용량 & 초고화질 콘텐츠 확산
	무선(5G)	고대역 주파수 통한 5G 무선 N/W고도화
플랫폼	S/W 플랫폼	가상현실 제품과 서비스 개발지원 플랫폼
	서비스 플랫폼	가상현실 서비스와 콘텐츠 유통 플랫폼
	인공지능화	AI, 빅데이터등 신기술 접목
콘텐츠	게임	가장활발, 캐릭터와 상호작용, 고차원 게임
	스포츠	e-스포츠등 다양한 콘텐츠 편집 가능
	엔터테인먼트	방송 영화, 스포츠등 UR 제작 확대중
	헬스케어	e-커머스, 원격 치료, 헬스케어 분야 응용

3. 가상현실 생태계로 살펴본 시사점

가. 가상현실 (Virtual Reality) 생태계로 본 시사점

디바이스
- Cost, 무게
- 표준화, 법·제도

플랫폼
- 개발 및 표준
- 글로벌 영향력 증대

가상현실

네트워크
- N/W 고도화
- 국제 표준 (서비스)
- 기간망 구축 (5G 이상)

콘텐츠
- 킬러 (Killer) 콘텐츠
- 융합 콘텐츠 개발
- 콘텐츠 Reuse

국내의 경우 Device 나 Network 분야는 글로벌 경쟁력 보유하고 있으나 플랫폼, Contents는 경쟁력 강화 필요.

나. 가상현실 생태계로 본 시사점 상세 내용

분야	시사점	설명
디바이스	높은 Cost	프리미엄 HMD의 높은 Cost 해결 필요
	기술 이슈	디바이스의 무게나 멀미등 해소 필요
	표준화	보급형 경우 낮은 해상도 개선 필요
네트워크	5G 이상의	스마트폰 기반의 이동통신의 빠른 몰입
	이동통신 전환	감을 위한 5G 이상의 이동통신 전환 시급
플랫폼	서비스	구글주도 시장 탈피, 글로벌 경쟁력 확보 필요
	S/W	글로벌 표준화 작업 참여 영향력 확대
콘텐츠	Killer	우수 콘텐츠 (Contents) 및 Killer 콘텐츠
	콘텐츠	개발을 통한 시장 재중화 실현
	융합	융합 컨텐츠 개발 통한 다양한 분야로 시장 확대

4. 생태계 확보를 위한 국내 정책 현황 (필요성)

```
          ┌─────────────────────────┐
          │ Global 가상현실 신시장  │
          │    및 platform 선점     │
          └─────────────────────────┘
```

| (VR 시장창출 & 확산) | (거점조성 & 글로벌 역량강화) | (생태계 기반조성) |

- 선도 Project
- UR 시장 창출
- 핵심기술 & 특허

- VR 거점조성
- 글로벌 진출확대
- 역량강화

- UR 전문펀드조성
- UR 기술세제 혜택
- 법·제도 개선

- 신시장 & platform 선점 통한 미래 성장동력 육성 필요
- 기술경쟁력 및 법/제도 개선, 프라이버시, 보안고려 필요.

"끝"

문 111) 스마트 더스트 (Smart dust)

답)

1. 무선 N/W로 정보감지 & 관리, Smart dust의 개념

가. MEMS 기술활용, Mote거기, 스마트 더스트의 정의

먼지처럼 작은 Sensor(Mote)들을 물리적공간에 뿌려

온도, 진동, 압력등 주위 정보를 무선 N/W로 감지, 관리하는 기술

나. Smart dust의 부각 이유 (사전 예측 가능한 상태 구현)

- 자율 Sensor N/W
- 해당 지역 정보사전 예측
- 사물 BigData (안전 강화)

Smart dust

- Ad-hoc방식 N/W 구성
- 사물 감사 & 인식 (자동)
- AI 기술도입
- 저전력, 극소형 chip등

- 무선 Sensor N/W 기술 발전에 따른 실시간 감지 & 관리

2. Smart dust의 개념도및 기술요소

가. 스마트 더스트의 개념도

| 수집대상 | 스마트더스트(SD) | 센서 N/W | 처리 | 분석/활용 |

- 정보 수집 대상으로 무뤄 수집한 정보의 교환 & 전송처리

나. 스마트 더스트 (Smart dust)의 기술요소

구분	기술	설명
전력	에너지하베스팅	사용시간증가를 위한 광, 진동, 압전 에너지소자

BS(Base station) 기지국

		전력	절전모드	에너지 절감위한 미사용시간 Sleep 모드
			짧음 배터리	전기 저장 가능한 극소형 배터리
		N/W 기술	UWB	센서 가용 전력에 따른 다양한 거리&속도 지원
			RFID	30m 내/외 양방향 격거리 주격수
			ZigBee	저전력 / 저비용 무선 센서 기술
			ad-hoc	BS 구성없이 빠르고 안정적인 N/W 구성
		미들웨어	CORBA	OMG 제안의 N/W 분산환경 지원 통합 System
		Sen-sing (센싱 기술)	MEMS	마이크로 단위의 초소형 반도체 기술
			ADC	N/W 위한 Digital to Analog 신호 변환
			마이크로센서	전통,속도,온도, 압력등 검출가능한 나노크기 T센서
			MTBF	사용 수명주기 최대, 고장없이 가용
		OS (운영체제)	TinyOS	Sensor N/W 를 위한 Task 단위 동작 OS
			iMote	Intel 에서 개발한 TinyOS 로란 시스템

· SIP 기술 발달로 인한 초격접 반도체 생산 비용 감소 → Smart dust 개능

3. 초소형 IoT와 Smart dust의 비교

N/W 구성도	구분	스마트 더스트	초소형 IoT
정보제어 System → Gate Way ← 라우저 Mote ○○○ → ← 무선 AP (sink mode) ← 정보수집	크기	수mm 이내	수 Cm 이내
	비용	저가	고가
	전원	에너지 하베스팅	패키징
	설치	1회성 활용	반 영구적
	센서	SoC	외장 센서

" 끝 "

SIP: System In package   나노=Nano
AP = Access point

문 112) UHDTV (Ultra High Definition TV)

답)

1. 초고화질 TV, UHDTV의 개요

   가. 자연 색상 이상의 화면 재현, UHDTV의 정의
   - 기존 HD급 대비 4~16배 해상도의 비디오와 10 채널 이상의 다채널 오디오로 극사실적인 초고품질 서비스 제공, 소비자의 품질 요구사항 만족시킬수 있는 방송규격

   나. UHDTV의 특징

Video	8K(7680×4320), 4K(3840×2160)
Audio	10 channel 이상의 Dolby Codec
Wide 화면	8K(수평 시야각 100°), 16:9 비율
실감미디어	실재감과 몰입감 제공

2. UHDTV의 사양(Spec.) & 기술요소

   가. UHDTV와 HDTV의 주요 특징 (Spec, 사양) 비교

구분	UHDTV 4K	8K	HDTV	비고
화면당 화소수	3840×2160,	7680×4320	1920×1080	4배, 16배
화면 주사율	60Hz		30Hz	2배
화소당 Bit수	24~36 Bits		24bits	1~1.5배
컬러 샘플링형식	4:4:4, 4:2:2		4:2:0	1~2배
가로 세로 화면	16:9		16:9	동일
오디오 채널수	10.1~22.2		5.1	2~4.4배
수평 시야각	55°	100°	30°	3.3배

4	UHDTV의 주요기술		
	구분	기술	세부기술
	컨텐츠 기술	획득	DC촬상소자, 실시간영상, 오지오/미디어
		부호화	디지털 오지오 부호화, 다중/역다중화
	전송	전송, 오류정정	채널 왜곡 보상, 대용량/고효율/자 차원/변복조, 고성능오류정정
	디스플레이	Display	시각인지메커니즘, UI/UX 적용
	STB	STB	디지털 복조, 미디어 Format기술
3	향후 기술 지속 적용방안		

- 차세대 고효율, 압축, 전송기술 고도화 / 표준화 위한
  MPEG과 ITU에 적극참여, 기술 leading 필요.
- 지속 UHDTV video/Audio 표준화 진행

"끝"

문 //3) Smart TV 기술에 대해 설명하시오

답)

1. IT 기술의 집합체, Smart TV의 개요

　가. Operating system 탑재, Smart TV의 정의
　　- CPU와 OS가 탑재된 platform으로 방송과 인터넷, Home Solution Service, H-Health, 게임/오락, 교육, 소비자 능동적 선택권이 가능한 디지털 매체.

　나. Smart TV의 등장배경

배경	설명
OTT 서비스사업 TV로확장	Internet 동영상서비스 사업의 TV로 확장
Smart 사업 모델이 TV로 전이 (확장)	방송 Contents외에 Internet, Web서핑, 전자우편, 게임, 사진, 음악가 TV에서제공
TV 매체 선호	PC/Mobile 대비 TV매체 선호(사용)

　다. Smart TV의 특징

Service 측면	Device 측면
-기존 방송 프로그램 시청/호환성유지 -Web Browser, Internet 서비스 -양방향 서비스 (검색, 위치정보) - 각종 Killer App. 이용 가능	- PC나 모바일기기, 타 단말과의 호환성 높음 (N-스크린)

2. TV 산업의 발전 과정과 Smart TV의 핵심기술

　가. TV 산업의 발전과정 (CDPTN 측면)

분류	Contents	platform	Terminal	Network
전통TV	방송사 → … →		TV →	방송망
IPTV	SP → 제한된플랫폼		셋톱박스(STB)	Internet망
Smart TV	CP, SP(ISP), 개	방형플랫폼	일체형TV, STB	방송망, 유무선인터넷

- CP: Content provider, SP: Service provider
- ISP: Internet Service provider.

eco system화 - H/W 중심에서 Contents와 plat-
form 비중 확대로 CPTN 형태로 System 발전중.

라. Smart TV의 H/W 기술 구성도

- Digital Audio → ┌─────────┐ ← Internet (VOD, App.
- Digital HDMI → │ Smart │ Store, SNS, SMS, 영화)
- USB 3.0 ─────→ │ TV │ ← Wifi (802.11ac 대응)
- PC연결 ─────→ │ │ ← Bluetooth, zigbee
- 외장 HDD/ODD → └─────────┘ ← Camera, Sensor

- IT 기술과 접목하여 System 성능, 편리성 증진

마. Smart TV의 핵심기술

분류	세부 설명
OS 탑재	Android kitkat (4.4), Down 가능
N-Screen	Cloud 기반 N-Screen 환경에서 CPTN 통합
동영상스트리밍	Download와 동시에 playback 가능
CPU	A7 (Apple), ATOM (Intel) → 저전력/고성능
저전력기술 (Green IT화)	Green IT 실현, ACPI (Advanced Configuration & Power Interface) 지원

			저전력 기술 (ACPI, DVFS Scheduling기술)	-DVFS (Dynamic Voltage & Frequency Scaling), Tickless Realtime, 저전력 스케줄링, 저전력 API 탑재, Sleep/Idle구현
			Network	IPv4, IPv6기반의 IP 연결성 확보
			platform	Android/크롬브라우저, iOS7 탑재
			H/W (주변)	Blu-ray player(Sony, Samsung), STB
			Interface (다양한 protocol과 인터페이스)	HDMI, DVI, WiFi, SATA 3.0, USB 3.0, 3D Graphic, 1080p Video. H.264, 동영상 Streaming (MP4포멧) 홈시어터 연동. S/PDIF, ethernet 10/100
			풀 브라우징 (편리성)	Web Browser을 통해 동영상. 게임, 음악 SNS, 상품구매/예약, 전자결재 서비스등
			TV App.개발	Eclipse와 연계 개발환경 open
			Sensor	동작 Monitoring 가속도센서등 센싱능력
3.			Smart TV의 표준화동향및 TV간의 기술비교	
	가.		SmartTV의 표준화동향 (차세대 Smart 표준화)	
			표준 업체	내 용
			HbbTV	유럽 컨소시엄, N-Screen 서비스표준 개발
			TTA	삼성, LG 지상파 방송사와 Open Hybrid TV 표준화
			ATSC	북미. ATSC2.0 (지상파 방송표준 연구) 브라우저 및 Download 방안 푸시기능 규격화

4. TV간의 비교

구분	Cable/IPTV	Internet TV	Smart TV
전달방식	Cable/Internet	Internet망	Internet망
Application	자체 제작한 소수의 APP.제공	STB 사업자가 제작공급 APP	3rd party개발 사의 APP. 다수제공
Contents	Cable/통신 사업자 Contents	On-line상역 대부분 Contents	On/Off Line상역 all Contents
사용	olleh TV	삼성/LG IPTV	삼성, LG, Apple

4 Smart TV의 향후 발전 방향

가. 산업측면: S/W platform 경쟁심화, 개발자 APP.공급

나. Service: Content를 Seamless 제공 기술인 Eco-System과 UI/UX환경 구축후 지속 발전

다. Web 기술: Web servie 기술통한 소비자 접근 Biz.

"끝"

문 114) Storage class Memory (SCM)

답)

1. Byte 단위 접근, 비휘발성 메모리, SCM 개요

　가. SCM(Storage class Memory)의 정의
　- Flash Memory의 비휘발성, SDRAM의 고속 Byte 연산을 지원하는 HDD, 메인 메모리(Main Memory) 모두 적용가능한 차세대 메모리 총칭

　나. SCM 등장 배경

2. SCM 기술특징 및 유형

　가. SCM 기술특징

구분	설명	비교
안정성	비휘발성, 전력 필요없음	SDRAM<SCM<Flash
가격	1G당 1$이하 전망	HDD보다 저렴
속도	200nS 이하	HDD는 1 Micro sec
소자연산	Flash 소자연산 불필요	쓰기속도 향상
소요전력	HDD의 1/10 수준	Flash 수준

　나. SCM 유형
　- PRAM, FeRAM, MRAM, PoRAM 등이 있음

유형	설명	특징

			PRAM	Phase RAM, 무정형, 결정 상태의 저항 변화응용	적접도(고용량) 높으나 속도 저속
			FeRAM	Ferro-Electrics RAM, 전하 중심이 분리되는 전류분극 특성	저전력, 중속도 소용량, 내구성취약
			MRAM	Magnetic RAM 전극 자화현상이용	고내구성, 고속, 고가, 소용량
			PoRAM	Polymer RAM. 폴리머의 가변 정류특성을 이용	정보유지기간 1년 이하

3. SCM의 기대 효과

- SDRAM, HDD, SSD의 복잡한 메모리 계층 단순화

- Booting 성능향상, PC & IT기기 저가화 보급에 기여

"끝"

문 115)	인 메모리(In Memory) Computing에 대해 설명하시오
답)	
1.	DDR5(Double Pumping)기술활용 인 메모리 컴퓨팅의 개요
가.	인 메모리 컴퓨팅(In Memory Computing)의 정의
-	CPU, Memory와 S/W 기술의 발달로 느린 HDD를 사용
	하지 않고 Main Memory에서 대용량 Data를 신속히
	처리하는 RTE(실시간 기업경영) 실현 기술
나.	In Memory Computing의 등장 배경

```
┌─반도체 기술혁신─┐              ┌ S/W 기술혁신 ┐
- Multi-Core 기술        ┌기업의┐      -메인메모리 DBMS
- 64Bit Addressing    →  OLTP와  ←   -MMDBMS 사용
- Mult-Thread            OLAP연계,     - 압축, 중복제거기술
- 가격, 성능비 개선        RTE구현       - 실시간 분석기술
                         욕구
```

-	운영계 Data가 분석계로 실시간 제공되는 기업욕구 충족
2.	In Memory Computing 요소기술및 인 메모리 DB

가. 인메모리 Computing 요소기술

요소 기술	설 명
MMDB	Main Memory에서 Data 저장, 검색
Column(컬럼)-Store DB	컬럼 기반 분할, 대용량 Data를 메모리에 탑재
Online 복제	Packet, Log를 실시간으로 분석계에 복제, 분석
Multi-Core아키텍	64-bit Addressing, Blade기술, Multi-쓰레드 처리
MPP	병렬 Data 처리 독립구조, 고확장 지원

나.	인 메모리 Computing을 위한 인 메모리 DB
-	컬럼 기반 Segmentation과 압축, 복원, 검색을 지원하고

MPP = Massively Parallel Processing : 대규모병렬 프로세싱/프로세서
OLTP = online Transaction Processor
OLAP → processing
       └ online Analytical processing

RDBMS 보다 적은 용량으로 실시간 OLTP + OLAP 작업 동시 처리 가능 DB (DataBase)

- 검색속도 향상을 위한 색인, 요약 Table이 필요치 않아 APP. Code 양 50% 감소, 비정형 Data 처리 지원

3. In Memory Computing 응용과 전망

가. 고객 과거 이력과 현재 상황에 맞는 실시간 분석 처리. 실시간 매장분석을 통해 고객 소비 형태 적시에 대응 가능

나. 컬럼 기반 메모리 DB 기술 상용화 연구, HW/SW 기술 혁신으로 Memory 가 HDD 대체 환경으로 전환 (SSD)

"끝"

문116)	PM-OLED vs AM-OLED
답)	
1.	CRT, LCD, LED 다음 기술인 OLED의 개요

가. OLED (Organic Light-Emitting Diode) 정의&등장배경

정의	유기물 이용 자체 발광 Display 기술 적용
등장배경	디지털화, 친환경적, 전자&화학산업의 발전

나. 기존 Display 재현화 한계 극복 OLED의 기술

주요기술	응답속도 LCD 대비 1000배 이상, ms→μs 응답속도
	Back-light 불필요, 경량/슬림화, 두께/무게 감소
	야외시인성 문제 해결(Optical Bonding), 시야각 우수

2. 친환경 차세대 유기 전자소자을 이용한 OLED 기술 설명

가. 전자, 정공, 여기자(Excition) 사용, OLED의 구조

전류투입		AI	Metal	AI		AI Wiring
	전자주입층					EIL : 전자주입(Injection)
	전자운송층					ETL : 전자전송(운송)
	여기자 (Excition)	⊕⊕ ⊕ ⊕	빛발산	⊕⊕ ⊕	빛발산	EML : Emitting
						HTL : Hole 전송
						HIL : Hole Injection
		ITO		ITO		ITO : Indium-Tin-oxide
발광층의 Energy 양을 이용	유리		기판		영상 & 문자 Display	유기화합물인 발광층에 전자와 정공 결합, Energy 차이 이용 빛을 발산

4. PM-OLED와 AM-OLED의 차이점

구분	PM-OLED	AM-OLED
형태	Passive-Matrix (수동형)	Active-Matrix (능동형)
구성 (S/W 제어 차이)	열과 행 한 라인 전체가 한꺼번에 발광. Switch 소자 없음	열과 행에 각각 발광소자가 전부 존재하고 스위칭소자가 장착되어 있어 S/W 제어
화면 구성	정교한 화면 구현 어려움	스위칭 소자 각각 제어 고 해상도 구현 가능
장/단점	구조간단, 생산비용절감, 소비 전력증(제어불)	복잡, 생산비용증대, 소비 전력감소(제어가능)

3. PM·OLED와 AM-OLED의 향후성장 방향

- Digital 기기 발전에 따른 AM-OLED가 활성화
- Flexible 기판 실용화로 군사/교육등 各 방면에 적용

"끝"

문 117) UHDTV(Ultra HDTV)의 방송시스템에서는 미디어 획득, 편집, 부호화, 전송, 판말, Display 등의 기술이 필요하다. 각각에 대해 설명하시오.

답)

1. 초고화질(8K, 7680x4320), UHDTV의 개요

- UHDTV 방송시스템에 필요한 기술들의 정의

Media 획득 & 편집 기술	4K/8K 해상도의 초고화질 영상, 10CH 이상의 Audio 획득 → 저장후 편집 기술
UHD 미디어 부호화 기술	대용량 UHD 미디어 압축부호화, 등가화& 다중화를 통해 전송Stream 생성 기술
미디어 전송	압축부호화된 UHD 미디어 전송기술
판말 & 표현	단말 수신, 소비자 활용 Display 기술
Interface	비압축 AV I/F, 광전송/전기신호 등

2. 방송System 개발과정의 각 단계별 기술

구분	기술	세부 기술
획득	비디오 획득	촬상소자, Lens, 실시간 영상처리
	오디오 획득	마이크 Array, 실시간 Audio 획득
편집	비압축 저장	대용량 처리/저장, 비압축AV 등가제어
	비선형 편집	영상 편집/재생, 오디오 편집/재생
부호화	비디오 압축	고압축알고리즘, 실시간 부호화
	오디오 압축	다채널/다 계층부호화
	다중화	다중화 Format, 실시간 다중화

전송	채널부호화	DCATV/DTV/위성/IPTV
	변조기술	DCATV/DTV/위성
	Protocol기술	MAC Protocol (미디어 접근 제어)
단말	수신기술	전달 매체별 복조/채널 등화&복호
	미디어 복조	실시간 역 다중화/비디오/오디오복호화
	압축저장	기록매체(광/자기), 초고속 R/W 기술
Display	비디오	LCD/OLED 채널구동, PDP/프로젝
	재현 기술	터 소자&구동, 화질 개선 엔진
	오디오 재현	오디오 신호처리, 10 CH 이상 Dolby

- R/W = Read/write

3 UHDTV의 지속 발전 방향

- 국제 표준 Leading, 지속 Working group의 견제시

- UHDTV Display 이용 디지털 시네마 같이 영화 콘텐츠

위주의 Packaged Media 소비 시장 지속 성장

"끝"

문 //8) BYOD (Bring Own Your Device)에 대해 설명하시오

답)

1. (개인소유모바일 장비를 격장업무용으로 사용가능위한 통제,관리) BYOD개요

 가 BYOD(Bring Own Your Device)의 정의
 - Content(일)가 중심이던 협업환경을 사람과 컨텐츠가 자연스럽게 연결되는 환경으로 전환시켜 기업과 조직내 생산성을 높이는 것

 나 BYOD의 장/단점

관점	장점	단점
기업	-생산성 향상 -장비 구매 비용 감소	-보안상의관리/통제의 문제점 -관리비용 발생요인 존재
개인	-익숙한 H/W, S/W환경 -업무 효율성 향상	-개인의 일상과 업무의 경계선상의 모호성

2. BYOD 도입시 고려사항 및 도입전략

 가 BYOD의 도입시 고려 사항

구분	특성	설명
개발	SW 다양성	OS(iOS, 윈도우8/8.1, Android, Linux, Unix등), Browser, platform 등
	HW 다양성	화면해상도, 메모리용량, GPS, 카메라 등
운영	관리 point 증가	다양한 Mobile 기기를 자원/관리하는 User관리 시스템의 도입 필요성 증가
	보안위협증가	-무료/공공 Wi-Fi망을 통해 회사 N/W에 접속

운영	보안 위협 증가	-장비를 타인에게 재여하는 상황 발생 -잠금설정(비번)되지 않은 장비에 대한 통제 방법 -비암호화된 민감데이터(문서&파일)의 외부 유출 가능성 -악성코드에 감염된 장비에 대한 통제 방법

4. BYOD 도입 전략 개념도

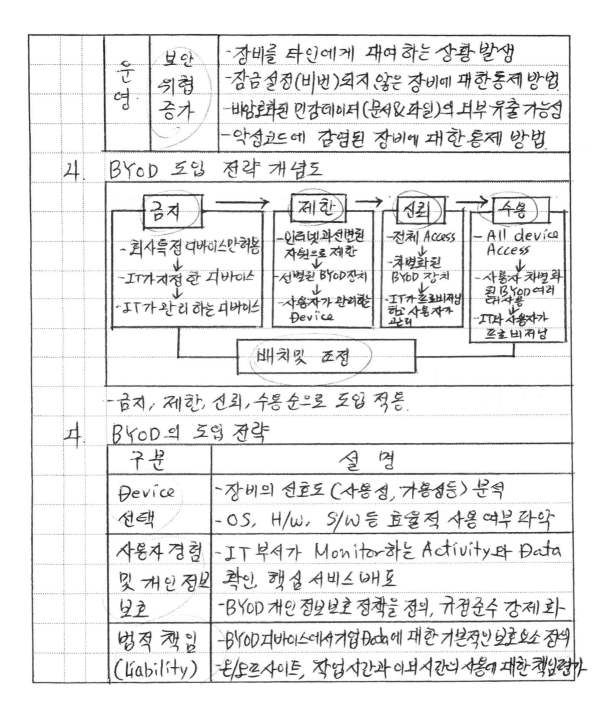

-금지, 제한, 신뢰, 수용 순으로 도입 적용.

4. BYOD의 도입 전략

구분	설명
Device 선택	-장비의 선호도 (사용성, 가용성 등) 분석 -OS, H/W, S/W 등 효율적 사용 여부 파악
사용자 경험 및 개인정보 보호	-IT 부서가 Monitor하는 Activity와 Data 확인, 핵심 서비스 배포 -BYOD 개인정보보호 정책을 정의, 규정준수 강제화
법적 책임 (Liability)	-BYOD 디바이스에서 기업 Data에 대한 기본적인 보호요소 정의 -온/오프사이트, 작업시간과 이외 시간대 사용에 대한 책임 정의

		-BYOD준수정책의 모니터링, 집행, 감사 비용을 수량화
앱 디자인 및 거버넌스		-개인디바이스의 신뢰수준에 맞게 모바일 앱 디자인
		-앱위반(알림, Access 제어, 격리, 선택제어)에 대한 정책 집행 Level을 정의

3. BYOD 시스템 구축유형

유형	내용	사례
장치종속적 시스템구축	디바이스 종속적 API 사용에 의한 직접적인 BYOD솔루션개발	RIM, 모바일 뷰전
장치독립적 시스템구축	멀티 플랫폼에 효과적으로 재응하기 위해 구축된 솔루션도입	Mobile Management Sweet
가상화기반 시스템구축	가상화 기술을 활용하여 과거시스템과 BYOD장비연계및통제	VDI(Virtual Device Interface) 활용

4. BYOD 최근경향및 당면과제

BYOD의 최근경향	-다양한 Mobile 장비수용: Hybrid App, HTML5를 통한 표준화된 Web App.	
	-기존 Solution(App)의 변경요인 최소화: VDI활용	
BYOD도입의 진입장벽/ 당면과제	-법적권한 문제: MDM 강제설치	
	-실질적인 비용절감 효과에 대한 객관적 분석/ PoC에그치는 경우가 많음(PoC: Proof of Concept)	

"끝"

문 119) 통합 스토리지 (Unified Storage)에 대해 설명하시오

답)

1. Cloud 환경을 위한 통합 storage의 개요

　가. 통합 스토리지 (Unified Storage)의 정의

　 - 서버 가상화, 스토리지 간의 통합을 위해 Block 단위 SAN 과 파일 단위 NAS를 단일 스토리지 시스템에서 동시 지원 가능기술

　나. Unified Storage의 등장 배경

Hybrid (통합) 스토리지	- 다수스토리지, 이기종 플랫폼의 관리, 비용절감 - SSD와 HDD를 Storage pool로 구성, 유연성 - Big Data에 대한 Infra 공유

2. 통합 스토리지 구성 및 핵심기술

　가. Unified Storage의 구성

- protocol, 성능, 용량확장성, 단일화된 관리를 지원함.

　나. 통합 스토리지의 요소기술

구분	요소기술	설 명
관리	Thin provisioning	On-Demand 스토리지용량증설, 초기도입비 감소
효율	Deduplication	중복검출 & 제거, storage 공간 절약

관리	Backup	Thin clouding & Replication 내장
확장	통합패브릭	NAS, IP SAN, FCoE 동시지원, 통합패브릭 가능
	계층통합	용량(HDD)계층, 성능(SSD)계층 범주화
유연성	통합운영	1차, 2차, 아카이브 계층의 통합
	리소스 제어	용량, 성능의 공유 & 재 할당

3. 통합 스토리지 활용 및 전망

가. 통합 Data, cloud 환경의 통합스토리지 구축에 활용

4. 극대화된 효율성과 확장성으로 각광, Storage 핵심기술
들이 최대한 구현할 수 있게 뒷받침 하는 것이 과제임.

//끝//

「요소에 대해 설명하시오

문120) VDI (Virtual Desktop Infrastructure)의 구성과 핵심기술

답)

1. 언제, 어디에서나 동일한 Desktop 환경지원, VDI의 개요

VDI 필요성		VDI 기대효과
-내부사용자 정보유출증가	VDI 도입	-보안성강화, 문서중앙화
-PC관리, Setup 복잡		-PC관리 효율화/간편
-이동성, 즉시성증가		-스마트워킹, BYOD지원

- 중앙의 Data Center Server의 자원을 이용하여 Desktop 업무 환경을 개별 사용자에게 제공하는 기술

2. VDI의 구성 (아키텍처) 및 핵심기술요소

가. VDI (Virtual Desktop Infrastructure)의 구성

```
┌──────────────┐  요청  ┌─────────┐        ┌──────┬──────┐
│ -BYOD        │◄────► │세션 Broker│        │  VM  │  VM  │
│ -Zero-client │        │  서버    │        ├──────┴──────┤
│ -Thin-client │        └─────────┘        │ 하이퍼 바이저 │
│ -PC,노트북,스마트폰 │    ▲ 인증            │ VM 운영 서버 │
└──────────────┘        ┌─────────┐  연결  ├─────────────┤
                        │ 인증서버 │◄────► │ 공유 스토리지 │
                        └─────────┘        └─────────────┘
   client              Session 관리       Data Center (cloud)
```

- 가상의 Desktop 환경을 다양한 Client(단말)을 통해 언제, 어디서나 업무환경을 실현하는 서비스 (Cloud 서비스 활용)

나. VDI의 핵심 기술 요소

구분	기술	설 명
세션 관리	Session Broker 서버	-사용자 인증정책/접근제어 적용 -할당된 가상머신(VM)정보 저장

		세션 관리	인증 서버	− 사용자 계정 통합적 관리 − 접속 사용자들의 인증 처리
		중앙 Data Center	하이퍼 바이저	− 가상머신(VM)이 실행되는 환경 − Desktop 가상화 성능 향상
			가상머신 운영서버	− 사용자별 가상화 환경 제공 − OS(운영체제), 하이퍼바이저, App설치
			공유 Storage	− 가상머신(VM)의 이미지 각설 저장 − OS, Application, 업무 자료 저장

− 서버 가상화, 원격 protocol 기술, 가상 디스크풀 스토리지 기술(SAN) 적용

3. UDI의 장단점 및 기술 전화 방향.

장점	표준환경 제공, 보안성, Data 중앙화, Green IT, Smart work 실현
단점	SPOF 가능성 고려, License 비용증가(부담), 낮은 ROI
기술전화	UDI는 ROI 이슈로, Daas → Zero PC로 전화중

" 끝 "

− SPOF : Single point of failure

→ 동작 안하면 전체 System이 중단되는 요소

「설명하시오.

문 /2/) 오픈소스 하드웨어 (OSHW : Open Source Hardware)에 재해

답)

1. Hardware의 open Mind,   OSHW의 개요

 가. 오픈소스 H/W(open Source H/W)의   정의

  - H/W 제작(회로도, 설명서, 동작흐름도, 인쇄 기간 배치도)에
      필요한 기술을 공개 함으로써 누구나 동일한 제품을 개발할수있게지원

 나. Open Source Hardware의 특징.

| Release 조건 정의 | -OSHWA(Alliance): 문서, 저작물 라이선스배포등 정의 |
| OSHW 프로젝트활성화 | -아두이노, 라즈베리 파이, 비글보드 등거 Easy 접근 |

2. OSHW project 절차와 구성 요소

 가. 오픈 소스 Hardware project의 절차.

          → Design후 배포까지 필요한 과정

| 하드웨어 Design | → | 디자인파일 Web 게시 | → | 디자인에 재한 License 취득 from OSHWA | → | OSHW 유통 | → | OSHW 구축완료 |

  - 라이선싱 방법은 Copyleft (무료배포)와 permissive 라이선스가있음

 나. 오픈 Hardware project의 절차 설명

H/W design	-유료 & 무료 OSS Tool 사용 Design.
Web 게시	-디자인 파일 On-Line공개 (project추진자)
License 취득	-복제/수정 변경허용 문구명기, Copyleft, permissive 라이센스
유통에 Release	제품 Logo, Release 날짜, Version 명기
구축완료	Trade Mark 존중, 수정 & 개선사항공유문화

 다. 오픈 H/W project의 구성 요소.

          permissive : 자유롭게 사용

BOM: Bill of Material: 제품에 들어가는 HW 부품들

구성요소	내용
원본 디자인파일	OSS기반 표준사양으로 작성 →변경가능
보조 디자인파일	PDF나 JPG 같은 대중화된 형식 사용
재료 명세서 (BOM)	부품명칭, 설명, 제공사, 가격, 부품상세설명(CAD)자료
SW & Firmware	SW Source Code나 Firmware 수정가능형태로제공
사진등 제품설명서	H/W 조립순서, Setting 방법, 사용설명서 제공

3. OSHW 개발 project의 종류

platform	정의	특징
아두이노 (Arduino)	-8bit AVR CPU, 저사양 OSHW -개발 Tool, 회로도등 open	디지털/아날로그핀 -센서,스피커,모터연결
라즈베리 파이 (Raspberry pi)	-교육목적의 초소형 single 보드 -PC에 연결해서 사용 가능	-CPU, GPU, DSP SDRAM 탑재, USB
비글보드 (Beagle Board)	-TI(社) OMAP(open 멀티미디어 응용 플랫폼) SoC프로세서 기반	-고속 비디오/Audio 2D/3D Grapic 가능

-비글보드는 리눅스, Android, 우분투등 다양한 OS지원. "끝"

대해 설명하시오. 개구율: 단위면적에서 빛이 나올수 있는 면적의 비율.

문122) BD(Blu-ray Disc)에 적용된 Contents 보호 기술 3가지에

답)

Max 100GByte ☆

1. 청색 (Blue) Laser 사용, 고용량 저장 기술, BD의 개요.

가. (BD(Blu-ray Disc)의 정의) - Blue-Laser를 사용하여
파장을 최소화(405nm), 개구율을 최소화하여 저장용량 증대한 광 Disc기술

나. CD, DVD, BD Disc의 Contents 보호 기술

CD	DVD	BD
Safe Disc	CSS, CPRM, 지역코드화	AACS, BD-ROM Mark, BD+

변경가능
- CSS(Content Scramble System), CPRM(Content 보호 for Recordable Media)

다. BD disc의 종류 - 기능(Data, Video, Audio, 기록)과 용량으로 구분

분류 \ 기능	Data	Video	Audio	Write(1회)	Rewritable	Hybrid
☆ Disc 종류	BD-ROM	BD-MV (Movie)	BD-AV (Audio)	BD-R (record able)	BD-RE (SL/DL) single/Dual	BD-J (Java)

2. Blu-ray Disc의 Contents 보호 기술의 구성도및 설명

가. BD Disc의 Contents 보호 기술의 구성도

☆
(2)

- AACS(BD에 적용된 정보보호방식):Advanced Access Contents System

CD: Compact dis
DVD: Digital Versatile Disc

→계층시

4.	BD의 Contents 보호 기술의 설명	
	보호기술	설 명
	BD ROM Mark	-물리적인 Copy protection으로 Mastering시 삽입 (RF신호를 Disc에 삽입→Drive에서 Wobble 신호로 해독)
☆(3)	BD+	-Security Virtual Machine으로 Code 난독화. (Reverse Engineering 방지 - 역공학 방지)
	AACS	- Drive마다 개인키 사용(생산시 ROM에 적용), Drive인증, Seed(난수발생), 112byte Hash, SHA-1, AES(대칭키)

3. CD, DVD, BD의 비교

구분	CD	DVD	BD
용량	670MB/ 800MB	DVD-5 →4.7GB DVD-9 → 8.7GB	BD single - 25GB Dual - 50GB XL - 100GB
1배속전송Data	150 Sector	762 Sector	4350 sector (4350 × 2048 Bytes)
레이저	Red Laser	Red Laser	Blue Laser
파장	720nm	650nm	405nm
개구율	0.45NA	0.6NA	0.85NA
해상도	MPEG1	MPEG2	MPEG4
Trackpith	1.5μm	0.74μm	0.32μm
Disc두께	1.2mm	1.2mm	1.2mm

☆(2)

- NA = Numerical Aperture.

"끝"

문/23) 3D 프린터의 제약 사항과 해결 방안, 3D 프린터의 활용
답)

1. [3D 프린터의 정의] - Computer로 설계된 3D 디자인을 금형 제작하여 주조하거나 부품을 조립하여 만들지 않고 재료물질을 층층이 쌓아올려 3차원 입체 제품을 만들어 내는 printer.

[3D 프린터의 등장배경] - 전통 제조업의 한계극복 필요성

전통제조업의 한계		3D 프린팅의 효과	
금형비용&초기제품제작 비용과다, On Demand와 어려움, 맞춤형 소량생산어려움	투자 관리 생산 관계	주기단축	설계, 제작, 판매과정공수단축
		ICT융합	3D프린팅과제조업, Internet연계
		직접제조	수요자가 원하는 제품 직접제작

2. 3D 프린터의 동작원리, 제약사항및해결 방안

가. 3D 프린터의 동작원리.

동작 원리	동작 단계 설명
제품디자인 → slice화 → 제품생성	1) CAD프로그램통한 컴퓨터상에서의 3D디자인 2) CAD로 디자인 된 내용을 얇은 층으로 나누어 프린터로 전송 3) 액체 & 분말 형태 재료를 분사/경화/ 본딩과정을 반복하여 한층씩 적층 → 입체제작

4. 3D 프린터의 제약 사항 및 해결 방안

이슈사항	현재	⇒ 해결 방안
느린조형속도	반나절소요(3cm/시간)	재료기술개발로 조형속도 단축
재료선택제한	플라스틱류 중심(ABS, 아크릴등)	다양한재료(스테인리스, 저타늄)사색감
최대조형크기	30세제곱 센티 미터 미만	수십 제곱미터 이상 가능

			상품 지자인	-3D CAD 중심 지자인	-초보자용 S/W 등장 → Easy 사용
				-단순 비형 디자인에 집중	-복잡한 비형 디자인 가능
				-제한된 내부부품 개수	-수백~수천개 내부부품 제작
				-0.5mm~0.01mm 조형 해상도	-반도체 직접도 수준의 정밀도 가능

☆ (핵심특허권 만료) - FDM 제조방식 특허권 만료, 오픈소스 project, 개인 3D 보급

☆ (프로세스 기술개발) - 현재 SLS 기술보다 빠른 레이저 용형기술개발

☆ (금속물질의 전환) - 플라스틱 소재 → 구물 성분 강호 넘는 다양한 재료등장

3. 3D 프린터의 활용분야

적용분야	설명	사례
전자산업	개발&생산공정비용과시간관축	Smart 기기제작 IC 생산
항공/자동차	복잡한설계/제작작업개방및효율화	설계 & 시제픔 제작 개방/점검
의료/제약	인간의 신체내증성에 따른맞춤제조	인공장기 제작, 인체 Sample
교육/패션	수요자 중심 컨텐츠	전환된교육환경, 납기 준수(맞춤)

"끝"

문124) Wearable Device 구현기술과 Smart watch Device
답)   의 기능에 대해 설명하시오.

1. Wearable Device 정의
   - 사용자가 이동중에 자유롭게 사용하기 위해 신체나
     의복에 착용할수 잇도록 작고 가볍게 개발된 차세대 PC

2. Wearable Device의 형태 및 구현기술

가. Wearable Device의 형태

-단말기술	젠랜드 (메모트카메라)	안경(구글클래스)	-Smart cloud
-정보수집	의류 (아디다스 마이크처)	smart watch	-Life Logging
-Middleware	센서의류		-모바일 헬스케어
-Infra	신체수집	신발 (거출의 앞하는신발)	-의료기구
-서비스 제공기술			-smartwatch

← 정보취득 →‖← Wearable Device →‖← N/W 연동 →

나. Wearable Device의 구현기술

구분	구현기술	설명
단말 기술	Soc, MEMS	System on chip, chipset 집적도 향상
	AP	Application Processor, 경량화된 모바일 프로세서
	Flexible display	휘는 display, 다양한 형태의 단말 제작가능
	Device API	단말내 APP.간 Data 전송&활용
정보 수집	음성인식	특징추출(MFCC/LPCC), 음향모델(CHMM)
	센싱기술	자이로스코프, Bio센서, CCD카메라, 가속센서
	통신기술	WiFi, LTE, WiDi, WiFi Positioning, GPS

			uPnP	단말 N/W 연동표준, TCP/IP, XML등 활용
		Middle Ware	JINI	JAVA기반(JVM) 단말 공유 protocol
			DLNA	홈 가전 제품간 N/W 통한 콘텐츠공유/재생 규약
		인프라	Big Data	대용량 센서 Data, 멀티 미디어 Data 처리
			Cloud	다양한 기기 유비쿼터스환경, 이동지향서비스
		서비스 제공	Mesh-up	서비스간 결합을 통한 새로운 서비스 창출
			증강현실	실세계와 가상정보를 연동하여 입체적 서비스제공

3. Smart Watch Device의 기능

삼성전자 갤럭시 기어2 비교	소니 Smart watch 2
-스마트폰 연동 전화 송수신	-스마트폰연동 전화 송수신
- Message, E-mail 수신알림	-Message, E-mail 수신알림
- 음악감상 (Smart phone 연동, 자체 저장 가능)	-스트랩교체가능 (클립형)
-심박수 측정, 만보계, 방수방진	- 음악감상 (smart phone 연동)
- 스트랩 교체 가능	-방수 기능.

"끝"

문125) Flexible Display 유형과 핵심 기술에 대해 설명 하시오

답)

1. Paper-like Display, Flexible Display의 개요

  가. Digital paper, Flexible Display 의 정의
  - 종이 처럼 얇고 유연한 기판을 통해 손상없이 휘거나, 구부리거
  나, 말수 있는 차세대 Display.

  나. 유연성 정도에 따른 Flexible Display의 유형

1세대	2세대	3세대 (Flexible OLED)	4세대 (E-paper)
Mobile display	Wearable	Flexible	paper-like display
Thin& Light	Conformable	Folderable	Roll, Easy printing
휴대폰	손목시계	사전, 컴퓨터	전자신문(종이형태)

2. Flexible Display 의 핵심 기술

분류	주요 기술	상세 설명
기판기술	-기판재료 기술	-유리기판을 대체할수있는 저가격 생산
	-열적안정성향상기술	-기판제조& Barrier Coating 기술
구동소자 기술	-유기 반도체소자	-액정, OLED, 전자종이등 Display모드 구동
	-전이 기술	-TFT소자 및 Array 기술 지칭
Display 모드 기술	-전자종이 -액정 Display -OLED	-플라스틱 기판위에 PDP, OLED, LCD등 다양한 Display 모드를 구현
공정 기술	-프린팅 기술 (접촉/비접촉) -패턴 형성기술	-증착/노광/프린팅 기술, 새로운 패턴 형성기술등 대량 생산가능 기술

3. Flexible Display 의 특징.

구분		상세 설명
기술적 측면	형태적측면	다양한 형태로 변형&가공 (얇고 가벼움, 깨지지 않음)
	재료적측면	다양한 유기 재료 도입 (유기반도체, 유기전열체)
	공정적측면	저가의 상온, 상압 공정 가능
비즈니스 측면	신규시장창출	미래가치 지향, 새로운 응용분야와 시장 창출
	원가측면	초저가의 원가로 Display 구현, 가격경쟁력확보
	기술선점	국내 기술이 World wide로 적용후 로얄티 회수

"끝"

설명하시오.

문126) 무선 전력 전송(WPT, Wireless Power Transfer) 기술에 대해

답)

1. Code-Free 세상, 무선 전력 전송의 개요

　가. 무선 전력 전송(Wireless Power Transfer)의 정의
　- 전기에너지를 무선 전송이 가능한 전자기파 또는 광각로
　변환하여 무선으로 전력을 전달하는 것

　나. 무선 전력 전송의 종류

전송전력과 거리의 관점에서 전자기유도, 자기공진, 마이크로 웨이브 방식으로 분류

2. 무선전력 방식들의 특징 및 설명

특징	전자기유도	자기공진	마이크로파
블럭도			
원리	-송전코일과 수전코일간 전자기유도 -수전측 축전기에 전력유도	-송수신코일의 공명현상 -송신부코일의 공진주파수를 수신부코일에 전달	-전자빔 형태로 안테나에서 마이크로파 송출 -수신측 전자기파→전력화
주파수	125KHz, 13.56MHz	수십 KHz ~ 수MHz	2.4/5GHz, 5.8GHz
전송거리	근접형(수cm이내)	중거리(수m)	장거리(수십m이상)

		특징	대전력 전송유리	근거리 전송유리	장거리 전송유리
		적용	휴대폰, 전기자동차, RF파	휴대폰, TV등	위성과 지구간 전력전송
		장점	고효율, 기술구현용이	멀티충전(여러개)가능	장거리 전송가능
		단점	충전거리 짧음	인체 무해성	인체에 유해

3. WPC(Wireless Power Consortium)의 무선전력전송 구성 예

☆☆

전원축적 ← 제어 ← Mobile device 〔수신부〕 전원수신 ← 제어 ← 통신 & 제어	수신부인 Mobile device는 전력 수신(pick-up), 통신및 제어부로 구성됨
전원변환 unit → 통신및 제어 전원입력 system 제어 Base station 〔송신부〕	송신부는 Base station 에서 전력변환부, 통신 & 제어 시스템으로 구성

- WPC 에서는 전력통신을 위한 통신및 제어 SPEC 규정함 "끝"
  ☆   (이미)

이미 SPEC화함

塵)의 등급에 대해 설명하시오.

문/27)	Wearable Device에 적용되는 방수(防水)및 방진(防
답	

1. IP등급(Ingress Protection rating) 규정, 방수, 방진의 개요

가. IP등급에 따른 표기 방식과 방수, 방진의 정의

IP등급표기 방법	X : 방진등급 → 먼지로부터의 보호 정도
IP : X/Y	Y : 방수등급 → 물로부터의 보호 정도

(2) ☆

나. IP X/Y 표기법의 국제 기준

- 국제전기술 위원회(IEC)는 IEC 529 규격에 의거해 방진과 방수에 관련된 기술을 명시함 (생활/기능성 방수규정)

2. IP등급 표기에 따른 방진및 방수등급 구분 방법

가. IP X 표기, 방진 등급의 분류

IP등급 첫번째 숫자		보호 대상
0	weable device ⊐	보호 안됨
1	←손touch	50mm 이상, 손으로 만지는 정도는 보호
2	←손touch	12mm 이상, 손으로 만지는 정도 보호
3	전선	2.5mm 이상, 연장및 전선으로부터 보호
4	전선	1mm 이상, 연장및 가는전선으로부터보호
⑤	먼지	먼지로부터 보호, 제한된수준의 유입허용
⑥	먼지	먼지로부터 완벽하게 보호

- IP 0 ~ 6 등급으로 분류되며 6등급이 먼지로부터 완벽보호

나. IP Y 표기, 방수등급의 분류

IP 등급 두번째 숫자		보호 대상
0	weable device	보호안됨
1	물방울	수직으로 떨어지는 물방울은 보호
2		수직으로부터 15°이하로 직접분사되는 액체
3		수직으로부터 60°이하로 직접분사되는 액체
4		모든 방향에서 분사되는 액체, 제한된 수준의 유입허용
5	물줄기	모든 방향에서 분사되는 낮은 수압의 물줄기, 제한된 수준의 유입허용
6	물줄기	모든 방향에서 분사되는 높은 수압의 물줄기 (예: 선상)
7	15cm~1m 물	15cm ~ 1m 깊이의 물속에서 보호
8	1m 이상 물	1m이상 깊이의 물속에서 장시간 보호

3   최신 Smart watch 제품의 방수/방진 등급
               및 smart phone.

Smart watch	삼성 갤럭시 Gear2(14년3월)/Gear fit는 IP67 등급임
Smart phone	-갤럭시 S4 액티브는 IP67등급, CASIO G'zone은 IP67 -Sony Experia Z는 IP57등급, LG옵티머스 GT IP57

〃끝〃

재한 적용기술을 설명하시오

문 128)	Wearable Device 중 방수 제품의 방수(防水) 방법에
답)	

1. 물로부터의 IT 기기 보호, 방수의 종류

　가. 생활방수와 기능성방수의 정의

　　• 생활방수 — 일상생활에서 사용하는 방수로 맞지 않은 물이나 빗물
　　　정도에 방수됨을 의미하며, 수압이 작용하지 않는 수준을 말함

　　• 기능성 방수 — 어느 정도 수압이 작용하고 IT 제품의 각각의
　　　기능과 동작상에서 방수됨을 의미. (기능은 어떤 특정기능임)

　나. 방수의 등급 기준 — IEC에서 IP등급으로 둠기

　　☆ IP등급표기 IP X/Y — Y값(등급)이 방수의 정도를 둠기

2. 방수제품에 적용된 방수(防水)기술의 종류

　가. 고무 패킹(Rubber Packing) 방법(기술)

적용 기술 (packing 기술)	사례
- 기밀, 수밀을 위해 접합면 사이에 삽입하여 접합면을 통해 유체의 누설 방지목적, 즉 물에 대해 물이나 수 증기등이 출입되지 않게 막아줌	1) 배터리커버에 붙어 있는 고무 packing (꼼꼼히 둘러야 방수효과) 2) 수도꼭지나 압력 밥솥에서도 고무 packing을 많이 사용

　나. 코팅(Nano-Coating) 기술

Coating 하지 않은 경우	Nano-Coating 적용 후
IT 기기	← 물방울 IT 기기
- 표면 장력으로 인해 표면에 물방울이 삼아 있음.	- 표면 장력이 감소하여 물방울이 동글동글 함

☆ (나노코딩(Nano-Coating) 기술의 정의) - 제품표면에
나노미터 크기의 초박막 폴리머층을 입혀 외부로부터 보호.
즉, 표면 장력을 감소시켜 물체 표면에 물방울이 동글동글하게 맺히게함

3. 최신 Smart phone 적용 사례

- Battery Cover나 스티커, 이어폰단자에 고무 패킹이나
특수코딩 (Nano-coating) 적용되어 양산중

"끝"

문129)	RFID(Radio Frequency IDentification)에 대해설명하시오
답)	
1.	유비쿼터스(Ubiquitous) 사회의 기반 기술, RFID의 개요
가.	RFID(Radio Frequency IDentification) 정의
	- 무선 신호를 이용해 해당 사물의 정보를 인식, 식별하는 기술
나.	Air Interface, RFID의 특징

무선인식 환경적응력 자체메모리 재활동기능

[비가시적, 비접촉식] [수중, 먼지, 냉장/냉동] [Read/write 가능] [반복사용]

2.	RFID 시스템 구성 및 분류
가.	RFID System의 구성

product 정보 RFID Tag Reader ONS Server DB
RFID Tag RFwave 13.56MHz(HF) 433MHz(UHF) 미들웨어 Internet PML Server DB
Legacy System (ERP, SCM, CRM...)

Tag Reader	Tag에 저장된 product 정보 자동 인식
ONS Server	product (제품)에 대한 Name 서비스
PML Server	product Markup language 서버
Middleware	tag 저장 정보를 Filtering하여 응용서비스에 전달

나	RFID 방식별 분류	
	구분	내용

		tag Read/write	읽기 전용(제조시 프로그래밍), 한번쓰고읽기전용 (PROM사용-사용자프로그래밍), Read/write(고가, 활용많지않음)
		tag 전원유무	능동형(Battery부착), 수동형(Battery 미부착)
		무선주파수	135KHz 이하 (FA용), 13.56MHz(IC카드, 신분증) UHF(능동형, 인식우수), 마이크로파 (소형/저가, 인식저하)

3. RFID 기술 적용 효과

분야	현재모습	RFID/USN 기술 적용 효과
위조방지	복사방지용 광간섭무늬등사용	사물정보내장전자태그칩 사용
교통안전	측정거리를 사용→자동차상태 파악가능	텔레매틱스 서비스 제공, 타이어에 RFID부착 공기압 조절 가능, 교통사고 예방
식품관리	-유효기간등 바코드문자 표기 -물류 유통과정 실시간관리가	RFID칩에 유효기간, 생산일자, 유통과정, 요리법 등을 기록

"끝"

문130) COS (Chip Operating System)

답)

1. COS (Chip Operating System)의 정의

스마트카드의 제한된 Hardware 자원을 이용하여 카드

자원을 효율적으로 관리하며 카드상에 새로운 기능을

자유롭게 추가 및 삭제할 수 있는 Operating System

2. Chip operating System의 유형

구분	폐쇄형	개방형
개념도	기존 카드 platform 응용프로그램 운영체제 Hardware	개방형 카드 platform 전자지갑, 신용카드, 출입통제 가상기계 및 API (APP. Programming 인터페이스) 운영체제 Hardware
특징	Bottom-up 방식 개발	Top-down 방식의 개발
장점	메모리 자원 효율적으로 이용 공간 오버헤드 줄임, 성능 우수	Application 개발이 쉽고 빠름 가상기계 사용으로 Multi-App. 환경
단점	개발기간 오래 걸림	성능 부분이 다소 떨어짐
사례	폐쇄형	MultOS, 자바카드, Windows Smart Card

3. Chip OS의 종류

- MultOS (Multi Application operation System)

- 자바카드 (JAVA Card)

- SCW (Smart Card for Windows)

유형	도식	설명
MultOS	App1 — API — App2 MEL-API Mult-OS Hardware	MultOS 위에 MEL(Mult OS Executable Language) 가상기계 탑재, App들과 API 통한 인터페이스
자바카드	App1 — API — App2 On-Card VM(가상머신) Card OS Hardware	On-Card VM(가상 머신)을 통한 정보 교환
SCW	App1 — App2 Runtime 환경 Windows OS Hardware	MS커널에 Visual Basic 가상기계 탑재, C++, C#등언어지원 보안성 강화

"끝"

문 131) Smart phone Sensor 에 대해 설명 하시오.

답)

1. Smart phone에 사용되는 지능형 Senor의 개요.

가. *smart phone* Senor 의 정의 (사용자 UI/경험 효율성 극대화)

- 물리적, 화학적인 아날로그 정보를 감지소자와 논리 기능, 판단기능, 통신기능을 갖춘 지능화된 신호처리 IC가 결합, SW서

나. Senor의 발전 과정

증폭, 보정, 보상 거리의 제공

1세대	Discrete (독립)	감지 및 감촉 센싱소자와 신호처리회로 분리
2세대	Integrate (통합)	센싱소자와 신호처리 회로 결합, 에러보정록제한
3세대	Digital	Digital 보정/보상 가능 (정밀도 향상), N/W 기능
4세대	Intelligent	SoC 도입, MCU가 Sen or 내장, 논리/기억/통신 제어

2. Smart phone 의 sensor 의 종류 및 설명.

Sensor의 종류	Sensor의 설명 (전서)
① Image & GPS	①⑥ 사진, 동영상 촬영, 지문인식, GPS　*CCD, Image, CMOS*
	② 지문인식, 터치식 (압전소자), 정전식
	③ 환경측정 (CO₂배출), 체온/습도
	④⑤ 산소/화학가스/습도측정, 혈량
	⑦⑨ 물체 가속도/충격/진동, 물체 접근
	⑧ 광 저항기, 광 다이오드 이용 전극 생성감지
	⑩ 바코드/QR Code로 상품 이미지, 가격 정보
	⑪ 자이로스코프 이용 3차원운동 인식
	⑫ 지리정보 (좌표), 위치/방향

		GPS	GPS 위성으로 현재위치 획득, 현실과 맵 정합후 LBS제공
		카메라	멀티 터치 구현, 저항(압력)식, 정전용량, 초음파, 적외선
		무선통신장비	모바일 단말과 서버간 정보 송수신을위한 무선N/W (LTE)
		가속도센서	-기울기, 움직임 감지하여 UI 변경 하거나 AP, 입력도구
			-동작원리: 출력 신호처리를 통한 물체의 가속도,
			진동, 충격등의 동적인 힘을 측정
		센서	자이로스코프, 지구자기, 조도, 근접, OLED, 모바일 HMD
		터치스크린	멀티 터치 구현, 증강현실을 프로그램 통해 Easy 제어

3. 증강 현실의 개발사례 및 해결과제

가. 개발사례: HMD (Helmet Mounted Display),
   자동차의 GPS Navigation, 세카이 카메라, window OS의
   에어로 기능등

나. 수익 창출 가능 과제 발굴, 체계적인 DB 구축과 정교한
   위치 파악 필요

"끝"

문/32) Simultaneous Multi-Threading (Hyper-threading)

답)

1. 최신 CPU에 적용된 Hyper-threading의 개요

　가. 정의 : 하나의 물리적 processor를 두개나 논리적 processor로 사용

　나. 장 | 명령어와 Threading 병렬화로 성능증가, CPU 이용률 극대화

　　　점 | OS차원의 Green IT 구현 가능, 저소비전력 구현

2. Hyper-threading의 동작및 실제 사용적용 Flow 제어

　가. Simultaneous Multi-threading의 동작 (1cpu → 2cpu로동작)

〈 SMT Core 〉

- 하나의 CPU Core를 확장하여 2개의 논리적 CPU로 동작, 2개 Thread 수행
- 연산자원, Cache, Scheduling, 명령인출, Decoding등 2개 Thread가 공유
- 레지스터, Buffer등은 Thread 전용으로 할당

　4. Hyper-threading 적용 전/후의 동작예제

　Hyper-threading 기술 적용전의 Thread 간 동작

CPU자원사용도　　S1과 S2는 순차적으로 수행 제어

S1	S2	S1	S2	S1	S2	S1	S2	S1

S1= Thread1동작, S2= Thread 2동작　CPU동작시간

　Hyper-threading 기술 적용후의 Thread 간 동작

CPU 자원사용도　　S1과 S2는 병렬로 동작

제어룰 동작 Time save, 성능향상

S2	S2	S2	S2	
S1	S1	S1	S1	S1

Active→Idle로 전환됨 (저소비전력)　CPU동작시간

3. Hyper-threading의 활용
 - 예를들면 Intel i7 Cpu에서는 Quad Core로 총 8개
 의 Thread로 동시 실행됨
 - SMT 기법과 Multi-Core동시 사용 추세임

"끝"

문/33)	UI (User Interface) 설명, 시대적 변화 설명
답)	
1.	User Interface의 정의와 필요성
가.	정의 : 사용자와 시스템, Machine 또는 S/W와의 교감
나.	필요성 : Look and Feel, Digital 시대의 요구사항 증가
2.	UI특징과 시대적 변화 설명

가.	UI특징	Window 상에 정보 제공, 비동기식 Event 처리
		Objection의 picture화 (ICON화)
	사건분산	KB, Mouse, 메뉴, 윈도우갱신, 개시&종료
	출력방법	좌표, 컬러색상, 모습/모양, 텍스트, 전달매체등

나. Digital 시대의 변화와 UI의 진화

Service (서비스)	PC	Window	방송	Internet	서비스 차원
	DOS	OS기반	VOD	Web시대	Application
플랫폼	PC DOS OS	PC, Network 기반	방송 STB CATV	Phone, OS	플랫폼통일 Web로판
기기	PC	전자기기	전자기기	Smart폰	clouding
UI	text 기반	Graphic 기반	Graphic	햅틱 (오감)	햅틱, UCC, UGC등

다.	표준 User Interface의 필요조건들	
	구분	UI구현및 Interface 위한 조건
	이식성	(Portability) 다양한 System에 Easy 이식
	표준안적합성	ANSI, IEEE등 표준기구의 제안들에 적합구현

			개발도구	다양한 개발틀과 응용에서도 일관성 제공
			유연성	향후 입출력 형태의 수용 및 호환성유지
			국제화	언어, 문화의 차이극복, 본질적 내용추구
			독립성	OS, H/W, protocol, Network의 독립성보장
3		UI 설계관점에서의 중요한 원칙들 및 고려사항		
			메타포어	Metaphore, 은유모델을 통한 기능 유추가능성
			사용자조절	User In Control, 사용자에게 시스템 제어권부여
			직접조작	Direct Manipulation : 정보, 객체의 직접조작 가능

"끝"

문134)	SoC (System On Chip)에 대해 설명하시오
답)	
1.	System on chip의 개요
가.	Digital 핵심 융합기술인 SoC의 정의

CPU, Memory, S/W, I/O등을 하나의 Chip에 직접

하여 칩 자체가 하나의 System으로 동작할수 잇도록 하는기술

나. SoC의 장점

고성능, 저전력	배터리 수명연장위한 ACPI, DVFS, Deepsleep 적용
저렴한 생산가격	개별 Chip 구현보다 저렴한 생산 가격
휴대성 강화	장비 크기격 축소로 장비소형화와 휴대성이 강화됨

2. SoC의 구성 및 핵심기술

가. SoC (System On chip)의 구성도

```
┌──────┐   ┌─→┌─────────┐     ┌CPU/DSP: 각종연산제어장치
│ CPU, │   │  │RF/Analog│─────┤
│ GPU, │←──┤  └─────────┘     ├Memory        : 각종 Data 저장, Code 수행
│ DSP  │   │  ┌─────────┐     │Firmware
└──────┘   └─→│  N/W    │─────┤
             └─────────┘      ├RF/Analog: 무선통신위한 RF송수신기
┌──────────┐  ┌─────────┐     │
│ Memory,  │←→│  MEMS   │─────┤MEMS: 반도체 기계부품 초소형 일체화
│ Firmware │  └─────────┘     │
└──────────┘  ┌─────────┐     └임베디드 S/W: 각종 제어관련 처리
│Embedded S/W│←→│ Driver  │
└────────────┘ └─────────┘
```

나. SoC의 핵심기술

SoC 설계 기술	단위모듈설계 기술, platform 기반 설계 기술
MEMS	초미세 정밀 가공기술내장, 제어 가능
내장형 OS, DB	특수목적의 임베디드OS 및 제어를 위한 DB 구축
시스템 장운드리기술	Chip 양산 기술, Chip 양산 효율증대

3. PCB(printed Circuit Board)와 비교 및 활용

가. PCB와 비교

구분	PCB	SoC
형태	다계층 기판(Board)	소형 chip 형태
소형화 방법	보드 압축 (Layout)	MEMS
설계 기술	PCB설계, 배치, 패키징	chip 자체 설계 기술
사례	Graphic 카드, PC 마더보드	Smart 카드, NFC, Zigbee 등

4. SoC의 활용

- Folderable 폰의 주요핵심부품, One chip화 등

- 스마트카드, NFC 등 보안 기능추가

"끝"

문135)	SIP(System In Package)
답)	
1.	멀티칩 통합 방식의 고집적 IC, SIP의 개요
가	System In Package의 정의
	-단독 기능시스템 혹은 서브 system에 대한 요구 전부/ 상당부분을 단일 Package에 구현하는 기술
나	SIP의 등장배경

SoB	→	SoC	→	SIP
-높은 전력 소모 -낮은성능, 안정성미비 -실제 비용증가		-소형화, 저전력 -고성능, 변경불가, -Time to Market 의문제기		-SoB, SoC의 특징 보완, -SoB, SoC 단점 보완

- SOB(System on Board): 회로기판 위에 다수의 칩(Chip)을 사용하여 설계한 기술

다	System In Package의 특징

구분	특징
Time-to-Market(즉시 배포)	기 개발된 개별 chip설계를 큰 변경없이 사용가능해 빠른 시장 대응 가능
초기개발비 적음	기존 칩을 사서 단일 Package로 결합
다품종소량생산	기존칩 결합으로 원하는 System 구현 가능
낮은 생산 가격	단일칩인 SoC에 비해 여러블럭을 개별칩으로 제작하기 때문
단일 패키지	RF, 안테나, 센서등 하나로 직접

| 2. | SIP의 구성 및 SoC와 비교 |

구분	요소	설 명
SoC	Single Chip Module CPU, DRAM, DSP, 각종소자등	SoC는 모든 블럭을 단일칩으로 구현하여 칩외부수등, 이종소자를 결합시킨것
SiP	Multi chip Module CPU DRAM DSP 각종소자등	SiP는 여러블럭을 개별칩으로 구현하고 수등, 이종소자까지 단일 패키지에 결합한 구조

4. SIP와 SoC간의 비교

구분	SoC	SiP
형태	단일 chip 모듈 Chip기술이 시스템 자체	Multi chip 모듈, SoC를 포함한 모든 chip들이 하나의 부품
특징	여러 기능을 단일 chip에 내장	단일 package 통합
장점	고집적도, 고성능, 저전력, 저가 SiP보다 저가 생산 가능	Time to Marget가능, 패키지 단위 통합, 개발용이 버전 Up용이
단점	Time to Marget 불가 고가의 개발비용, 복잡성	집적율, 소량 생산비용이 SoC 보다 다소 열어짐

3. SoB, SoC, SiP 간 비교

구분	SoB	SoC	SiP
개발기간/비용	단기/적음	장기/많음	단기/적음
동작 속도	느림	빠름	보통
신뢰성	낮음	높음	보통

"끝"

문 /36) Touch Screen의 방식 및 동작원리를 설명하시오

답)

1. Touch Screen의 개요

가. 정의: Keyboard나 Mouse를 사용하지 않고 화면에 있는 문자나 특정위치에 손가락이나 펜이 닿으면 위치를 파악해 특정기능을 처리하는 입력장치

나. Touch Screen의 장점

Easy UI	사용자 친화적인 Interface 구현
Easy Use	Mouse와 K/B 제거 가능으로 산업현장 활용
Easy Move	갤럭시-Tab, I-pad등 이동 편리성 제공

2. 터치스크린의 구성방식 및 종류에 따른 동작원리

가. Touch Screen의 구성방식 및 구성요소

구성 방식	구성 요소
	① 기존 Display 위에 정착
	② Sensor 입력처리 / 전달
	③ S/W 구동용 Driver
	④ Touch screen 활용 SW

- 입력 → Touch Screen ⇌ Controller IC → S/W Driver와 응용 AP.
  (Digital 신호)

나. Touch Screen의 종류와 동작원리

종류	동작원리	장 / 단 점
저항막 (전압식)	-상 하부의 접점 4이의 저항 차이로 위치 파악	-전송강함, 생산비용↓ -투과율 낮고 정확성 떨어짐

저장용초적외선★	정전용량 방식	-금속 전류 전도성물건 사용	·먼지에 안전, 강화유리써정도大
		손 touch시 전류 변화로 위치연	·장착 어려움. 고 가격 .
	흐음파 전로	-XY 송수신 표면파 원리	-광투과율(초음파) 좋음.
		손 Touch시 표면파흡수 위치	-이물건시 오동작. 고가
	장력 축정	압력 / 장력 차이 위치측	-압력투과율大, 응답시간大(느림)
	적외선	적외선 방사 및 인식 위치	-광투과율大, 해상도 낮음

3. Touch Screen 설치시의 고려 사항

가 (설치용이성. 내구성 (오염/파손에 강함), 응답속도 고려

4 (Smart phone 시장 활성화에 따른 Touch Screen 기술 발전 issue化.

"끝"

문/37)		Barcode와 RFID의 장단점을 비교설명하시오
답)		
1.		무선으로 정보인식, Barcode와 RFID의 개요
	가.	Barcode의 정의 : 사물의 정보를 읽기 쉽도록 하기위해
		굵기가 서로 다른 검은색/흰색 막대를 조합시켜 문자나
		숫자를 Code화하여 Computer에 입력및 판독하는 기술
	나.	RFID의 정의 Radio Frequency ID : 무선주파수를 이용
		하여 물건, 사람등을 식별할수있는 전자 Tag 정보 저장,
		각주파수별 RF신호를 사용하여 객체들을 식별하는 비접촉인식기술
	다.	RFID의 특징

무선인식	비접촉식, 비가시성, 인식및 방향성 우수함
자체메모리	Tag내 자체 메모리 내장, 정보입력/삭제 가능
재활용성	Tag UID고유성 갖고 반복 재활용 가능,
환경적응력	수중, 먼지환경영향 최소

2.		RFID 구성도및 Barcode와 비교
	가.	RFID 구성도

- TAG, Reader, Server, ONS, PML 등이 포함된 미들웨어

로 구성되고 BCN (광대역 통신망)과 연동하여 서비스 제공

4. Barcode와 RFID 비교

구분	Barcode	RFID
인식방법	접촉식 (광학)	비 접촉식 (무선)
인식거리	근거리 (밀착 & 수십 (cm))	원거리 (수십 m)
이동인식	불가능	가능
정보량	EAN 13개문자 / QRCode 7089개문자	수k ~ 수백 KByte
데이터 종류	영문/한글/숫자/한자등	영문/숫자
데이터 판독	읽기	읽기 / 쓰기
재사용 /내구성	불가 / 약함	가능 / 강함
보안성 /투과성	낮음 / 불가	높음 / 가능 (금속제외)
인식속도	개별 스캐닝	최대 수백개
가격	저렴 (수원 ~ 수십원)	상대적 고가 (~ 수천원)

3. Barcode 및 RFID 사용시 고려사항

- 편리한 점과 동시에 개인 프라이버시 (privacy) 즉 지적 재산권 보호 활성화 방안 강구 필요.

- RFID 표준으로 Auto - ID Center와 U-ID Center 운영

"끝"

문/38) 터치 패널(Touch Panel)

답)

1. 멀티모달(Multi-Modal)구현, 터치 패널의 개요

　가. Touch Panel의 정의 | 모니터(Monitor)에 손가락 터치

　를 통하여 응용프로그램을 제어하기 위한 패널(pan

　el)로 키보드나 Mouse 대체

　나. 터치 패널(Touch panel)의 주목 이유

　① 햅틱(Haptic)[촉각], Multi-Modal (다양한손 동작움직임)등

　다중 입력 인터페이스 각광 ② 시뮬레이터, 키오스크등

　터치 패널 사용필수 ③ K/B, Mous 대체로 케이블/

　장비 복잡성 제거 ④ Interface의 편리성 추구

2. Touch Panel 종류별특징및 비교

　가. Touch panel 종류별특징

저항막 방식	압력에 의한 저항차이로 판단
정전용량 방식	손으로 누를시 전류 변화로 판단
초음파 전도	손으로누르면 표면파가 흡수되어 인식
장력 측정	터치될 모서리(4곳)의 압력차이로 인식
적외선/자외선	터치시 적외선을 차단하여 위치를 감지

　나. Touch panel별 장단점 비교

종류	장점	단점
저항막 방식	장착용이, 높은 해상도	광투과율↓, 파손위험
정전용량방식	높은해상도, 광투과율↑	전도성물체만 가능

		초음파 전도	높은해상도, 광투과율↑	액체에 약함, 센서오염
		장력 측정	새구성, 광투과율↑	해상도낮음, 진동에약함
		적외선 방식	새구성, 광투과율↑	부피↑, 응답속도느림
3.		디스플레이 및 터치기술의 메가 트렌드		
		디스플레이	UHD/Curved	투명 Display
			고해상도 AMOLED	Flexible/Wearable/Folderable
		터치 기술	Curved 터치패널 중형 터치패널 UX기반기술	Haptic(촉감)/3D터치/공간터치/용복합 「패널」 재형/용복합 터치 패널

「끝」

문 139) MEMS(Micro Electro Mechanical System)에 재해 설명 하시오

답)

1. IT의 소형경량화기술, MEMS의 개요

　가. 반도체 미세 가공 기술 적용한 MEMS의 정의
　　- 반도체 직접회로 제조기술을 기본으로 한 미세 가공기술을 이용하여 전자, 기계, Sensor, 재료등 다양한 분야를 융합한 입체적인 미세 구조나 회로, 센서등을 실리콘 기판 위에 직접 내장 할수 있는 기술(마이크로단위부품설계기술)

　나. MEMS의 주요특징

주요특징	설명
미세가공기술	마이크로미터 이하크기의 초 미세 부품 제작 가능
정밀관소	현미경에 의존하여 크기의 내용물 파악 가능
소형화	반도체 chip을 만드는 실리콘 가공 기술 응용
저가격화	직접화 공정을 통해 일괄 생산 방력(비용절감)

2. MEMS의 기술 개념도 및 장단점

　가. MEMS의 기술 개념도

기술 개념도	설명
전기적 신호 (변환) 기계적동작 Microsensor　Micro Meter Sensing ↔ 분석 ↔ 동작(제어) ⊢→ 1μm ~ 수백μm ←⊣	- 전자회로부분와 미세 기계 적 동작을 실리콘기판에 장착 - Sensing 부와 동작부가 상호 연계 하여 동작

사		MEMS 기술의 장단점	
		장점	단점
		-소형, 대량생산, 저 Cost	-조립기술의 난해(어려움)
		-저비용으로 고성능 상품 개발	-고가 장비 의존성
		-저 소비 전력을 사용, 고속동작	-공정기술과 동작환경 인감
		-군사용 (드론: Drone)/ 상업용까지 응용분야 다양	-소형기기의 주변 기술확보 필요(소형 sensor, 밧데리)
		-반도체와 유기적 결합가능	-반도체와 일괄공정 불가능

3. MEMS의 필요 기술과 주요 적용 분야

가 MEMS의 주요 필요 기술

구분	내용
실리콘 관련기술	-얇은 실리콘의 가공 및 공정기술, 신호전달 기술, 선 및 볼(Ball)구조의 반도체 기술필요 -IC와 기계적 동작간의 인터페이스 기술
유기소재 관련기술	-MEMS에 적용될 유기소재는 휨(flexible) 소재로 개발, -기판위에 실리콘 조각들을 배치하고 전기적으로 연결하는 기술필요
패키징 기술	-IC clock 주파수가 높아지고 Chip size가 커지면 pin수가 증가하면서 packaging 기술도 동시에 발전, -MEMS System의 경우는 특수 packaging 기술필요함.

4. MEMS의 주요 적용 분야

사용분야	설 명
Sensor 분야	속도계, 가속도계, 유량/습도, 압력/온도계
정보기술	HDD Header, ODD의 pick-up.
생명공학	내시경, 세포조작기. DNA 검사/조작기능
광학/영상	마이크로 미셔, 광 커플러, projector
군사	드론, Zigbee 통신에 Mote 적용

"끝"

문 140) VTL (Virtual Tape Library)

답)

1. 디스크 가상화를 통한 테이프 백업기술 VTL의 개요

가. VTL (Virtual Tape Library)의 정의

- 디스크 스토리지에 전용 S/W 엔진 또는 일체형 Hardware 를 사용하여 디스크를 테이프로 인식하는 Backup 방식

나. VTL의 주요 특징

- LAN B2D (Backup to Disk) 환경 및 SAN 환경 지원
- 대단위 중복제거및 Backup 서버에 대한 디스크 기반 백업수행
- Tape Library 방식의 저속, 순차접근, 관리용이, 성능향상

2. VTL의 주요기능및 Storage 백업기술 비교

가. VTL의 주요 기능

① 디스크 기반의 빠른 데이터 백업/복구로 성능확보, RTO 달성을 지원하는 99.9 % 가용성, App/Data 유형에 따른 정책 기반의 Data 중복 (Duplication) 제거

② TCO 절감 (LAN과 SAN VTL 동시 지원, 스토리지/복제 비용 절감)

③ Spin Down : 지정시간 디스크 미사용시 RAID 그룹에 전환처리 (그린[IT])

나. 스토리지 백업기술 비교

항목	VTL	CDP	BCV
백업 방식	가상적 Tape로 백업 (Disk)	패킷복제를 통해 SAN Switch에서 백업 수행	스토리지 내 백업, Storage 간 실시간 Backup

그린 IT : Green IT

사용목적	물리적 복구	논리적, 물리적복구	논리적 복구
RTO/비용	느림/저비용	보통, BCV보다 저비용	빠름/고비용

3. VTL의 활용분야 및 전망

가. Biz 연속성을 위한 목표 RTO 달성을 위해서 Data 백업/복구

나. IT 컴플라이언스의 Data 보관 규제에 따른 ILM 정책의 고도화로 활용

다. 통합 IDC 센터, Internet Portal, 금융권 Data 보관 및 Dynamic
Archiving 기법과 연동한 대용량 Data 관리 지원

라. VTL, CAS, De-Duplication, 디스크 백업, CDP 통합 Backup
Solution 증가 추세임

"끝"

/RTO: Recovery Time Objective : 목표복구시간

/Total Cost of Ownership 의 약자로 PC 한대당 투입되는 전체비용

/CDP: Continuous Data Protection

/ILM: Information Lifecyde Management : 정보수명주기관리

/De-duplication : 데이터 중복 제거

/BCV: Biz Continuance Volume, 업무 지속용이 복사본

문 141) BCI (Brain - Computer Interface)

답)

1. 생각만으로도 이루어지는 세상. BCI의 개요

가. BCI (Brain - Computer Interface)의 정의

- 신경세포의 끊임없는 정보전달을 통해 발생하는 뇌파의 변화를 이용하여 컴퓨터를 작동시키는 뇌-기계 접속 기술

나. BCI의 주목 이유

신경신호측정기술 발전	한번에 수백개 이상 신경신호 측정 가능
신호처리기술 발전	측정한 신경신호를 실시간으로 처리 가능
관련 연구성과 축적	실용적인 뇌-기계 접속기술 개발 토대 마련

2. 원리 및 적용사례

가. Brain - Computer Interface의 원리

- 신경세포들은 끊임없이 서로 정보를 교환하며, 정보교환시 전기신호 전달
- 신경세포는 크기와 형태가 일정한 활동전위로 상호교신 (디지털)
- 활동전위는 모르스 부호와 유사하며 시간에 따른 패턴 변화로 조합

나. 적용사례 (BCI)

적용사례	설 명
인공와우	귀가 손상된 환자의 청각을 되찾아 주는 장치

		인공와우	손상된 기관대신 외부의 소리를 감지해 전기신호로 발신
		인공휠체어	사지마비 환자를위해 외곽을 통해 휠체어 조정
		인공해마	해마부분이 손상된 환자의 기억력 향상
		ACT	Alternative 제어 기술 : 뇌파이용 항공기 조종
3		BCI의 해결 과제	
	가	윤리적 문제 : 장애 극복수단 논란은 적으나 신체이용 측면에서	
		논란 발생 예상됨　　　　　　　　　　Noise	
	나	잡파(Noise) 처리 : 눈깜박임, 침삼키기, 호흡등 필터링 필요	
	다	사용자 편의성 : 두피 전반에 다수 전극부착으로 아직 실용성 낮음	
	라	정확성의 보장 : 정밀한 작업이 가능할 정도로 정확성 향상필요	
		//끝//	

문/4≥)	디지털 홀로그래픽 디스플레이 (Digital Holographic Display)
답)	
1.	실감형 미디어 재생을 위한 디지털 홀로그래픽 Display의 개요
가.	홀로그래픽(Cholography) 용어 : 전체 (whole)라는 의미의
	'holos'와 기록하다(to write)라는 'graphein'합쳐 '전체를 기록'의뜻
나.	Digital Holographic Display의 정의 「하는 Display 장치
-	빛의 간섭을 이용한 홀로그램 영상을 이용하여 3차원 영상을 재생
다.	Display 기술의 발전

지능형 HDTV   3D IPTV   홀로그래픽 Display
시범적활용   실감콘텐츠개발   실감세계의 활용

2.	디지털 홀로그래픽 디스플레이 작동원리 및 복원 처리과정
가.	Digital Holographic Display 작동원리

· 하나의 Beam을 L1과 L2로 분리하여 CCD에 반영
홀로그래픽의 간섭객턴을 CCD에 기록하고 비디오 신호로 전송 (기록시스템)

BE: Beam Emitter (빔조사기), BS(Beam Splitter) : 빔분리기

CCD: Charge Coupled Device (전하결합소자) : 빛을 전하로 변환시켜 화상을 얻어내는 센서

나.	Digital Holographic Display의 복원 처리 과정

SLM (Spatial Light Modulator) 공간광변조기에 의한 동영상 복원,
SLM에 재생된 간섭패턴에 레이저 복원

3. 아날로그와 디지털 홀로그래픽 비교

구분	아날로그	디지털
생성/기록/디스플레이	광학계/필름	CCD/SLM/컴퓨터
편집	편집불가	편집용이
압축/전송	압축/전송불가	압축/전송 용이

"끝"

문143) 홀로그래픽 (Holography), 홀로그램 (Hologram)

답)

1. 홀로그래픽과 홀로그램의 정의

| Holography | 두개의 Lazer (레이저)광이 서로 만나 일으키는 |

빛의 간섭현상을 이용하여 입체 정보를 기록하고 재생하는 기술

| Hologram | Holography 기술을 통해 물체의 영상이 |

기록된 사진필름 또는 재현된 영상을 의미

2. 홀로그램의 생성원리및 종류

가. Hologram의 생성및 재생원리

구분	Hologram 생성	Hologram 재생
도식		
	하나의 Beam을 BS를 통해 두개로 분리 하나는 물체 비친후 홀로그램에 반사, 다른 하나는 필름에 그대로 ② 반사된 영상이 홀로그램에 반영, 서로다른 경로로인한 위상차(입체화)	홀로그램 재생은 Hologram 에 참조광을 비추어 공간상에 3D 입체영상을 재생하는것 (관찰자는 3D 입체 통한 화면 감상)

4. Hologram의 종류

- (간섭) + (회절,초점) ——→ 위상정보 (입체화 가능)

물리적원리	종류	설 명	제품
간섭	아나로그	레이저빔 & 카메라로 직접정보취득	의료기기 등 (현미경)
	디지털	수학적 모델기반 간섭패턴계산	홀로그래픽 렌더러
회절, 굴절	정적 디스플레이	홀로그램 기록 매직에 간섭패턴 기록	홀로그래픽 프린터
	동적 디스플레이	SLM에 의한 동영상 홀로그램 디스 「플레이」	동영상 홀로그래픽 디스플레이

- SLM (Spatial Light Modulator) 공간광변조기

3. 홀로그래픽, 홀로그램의 향후전망 및 시사점

- 글로벌 경쟁력 확보위한 홀로그램 핵심 원천기술 확보위한 지원필요

- 타산업과 융복합을 통한 고부가가치 산업으로 성장위한 인프라구축

- 중소기업의 홀로그램 애로기술 및 기술응용 지원 필요

"끝"

문144) DVFS(Dynamic Voltage and Frequency Scaling)

답)

1. CPU 소비전력 감소기술, DVFS의 개요

가. Dynamic Voltage and Frequency Scaling의 정의

CPU의 전압과 Clock 주파수를 제어하여 전력을 최소화하는 技

(예 Intel의 Speed step, AMD의 power Now 등)

나. DVFS의 특징

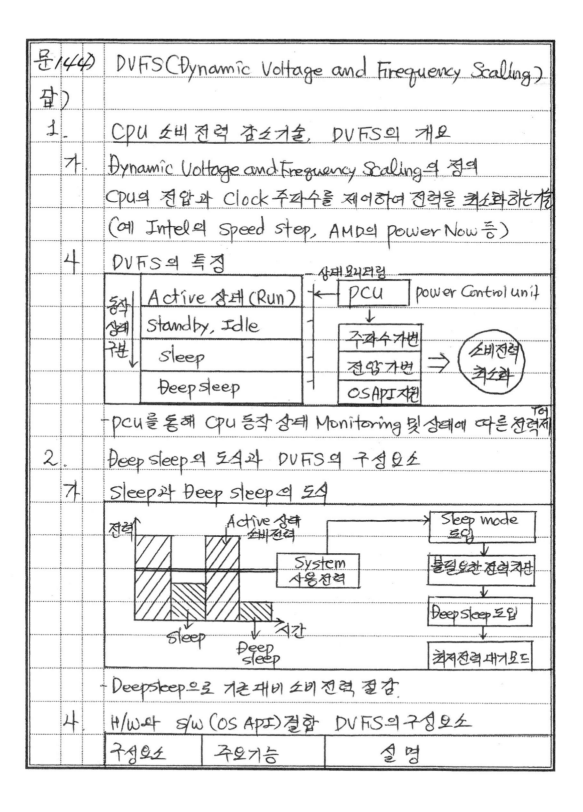

동작상태구분	Active 상태 (Run)	상태요리처리
	Standby, Idle	PCU power Control unit
	Sleep	주파수가변
	Deep sleep	전압가변 → 소비전력 최소화
		OS API 지원

-PCU를 통해 CPU 동작 상태 Monitoring 및 상태에 따른 전력제어

2. Deep sleep의 도식과 DVFS의 구성요소

가. Sleep과 Deep sleep의 도식

-Deep sleep으로 기존대비 소비전력 절감

나. H/W와 S/W (OS API)결합 DVFS의 구성요소

구성요소	주요기능	설명

		전압/주파수 가변 H/W	동적 전압 가변	CPU 공급 전압 가변 시킴
			동적 주파수 가변	CPU 주파수 (clock) 가변
		OS 역할	Load별 스케줄	동작 상태별 CPU 성능 제한
			주파수/전압 동적 가변	주파수/전압 동적 가변
		System 결합	성능 변경 Signal	성능 기반 수행속도 예측 Signal
			사용자 S/W연계	사용자 S/W에 적절한 성능지표 제공

3. CPU 소비 전력 최소화 관련 기술

- ACPI(Advanced Configuration and Power Interface)

- Deep sleep, power aware 스케줄링

- Tickless kernel 등

"끝"

문145) CPU의 동작을 감시하는 워치독 타이머 (Watchdog Timer)에 대하여 기술하고 하드웨어 구현 방법을 설명하시오.

답)

1. 시스템 신뢰성, 가용성 보장, 워치독 타이머의 개요

가. 시스템 오동작시 강제 초기화 가능, Watchdog Timer의 정의

Watchdog = System을 지키는 Clock (= 파수군)의 의미로 Embedded System 등 특수상황 (오동작등)에서 CPU가 올바르게 작동되지 않을시 강제로 리셋 (Reset, 초기화)시키는 기능

나. System에서 Watchdog Timer의 필요성

정상동작	정상동작 → 비정상동작인식 → 초기동작
전원 ON System 동작 전원 OFF	전원 ON System 동작중 비정상 발생 비정상상황 (예외처리, 비정상상태등) 처리 필요 비정상 상태 -S/W 무한루프 -Hang up -Mal-function -논리오류 -비정상 전원 -PC주소번지이상 워치독 Timer ↓ 초기화 정상동작 ↓ 전원 OFF

- 정보시스템의 기능 다양화로 비정상 상황 발생 가능성
- 원격시스템 오동작복구, 자율주행자동차, IoT 등 임베디드 장비 기하급수적 증가 → 비정상상태 → 초기화(정상) 필요

2. Watchdog Timer System의 구성도와 설명

가. 워치독 타이머 System의 구성도

Clock ⎍⎍⎍ ①
(심장박동
(System Heart
Beat
신호) ③

Computer
Reset (CPU)
정상동작 ④

Timer1
(정상상태
모니터)
Kick ⑤   Timeout ⑥

Timer2
(비정상
상태모니터)
Enable Timeout ⑧

Timer
Reset ②

정상상태와 비정상상태 Timer로 설정하여 운영하며 (초기화)
비정상상태 모니터링 Timer 설정값 이상이 되면 System

4. Watchdog Timer System의 동작 구성요소 설명

구분	설명	역할
① clock	CPU와 Timer간 clock 동기화, 즉, 동일한 Time 주기로 Time 설정	시간동기화 (Time 동기)
② Timer Reset	CPU와 Timer 간 Reset. (한번) 동일 조건(Time)으로 초기화(최초)	전원 ON시 동시에 Reset
③ Reset	비정상상태 모니터 Timerout, 초기화	시스템 초기화
④ 정상동작	Timer1 (정상상태 모니터)에서 발생하는 정상 Timeout (내부, 외부 인터럽트, 화면 sleep, Active→Standby→ Idle→Sleep 동작등 정상 Timeout)	CPU (System)가 정상적으로 수행되는 Timeout
⑤ Kick	Timer 시작/종료 설정, Timeout 설정 (Interrupt, S/W수행시간 등등)	Alive 신호, HeartBeat 신호
⑥ Time out	Kick에 의한 정상 Timeout	정상동작 Timeout
⑦ Enable	비정상 상태 모니터링 진입	비정상상태 Enable

| ⑧ Time out | 비정상 상태 모니터 Timer2의 Timeout | System Reset |

3. Watchdog 타이머의 Hardware 구현방법

가. 워치독 타이머의 구현위치에 따른 HW 구현방법

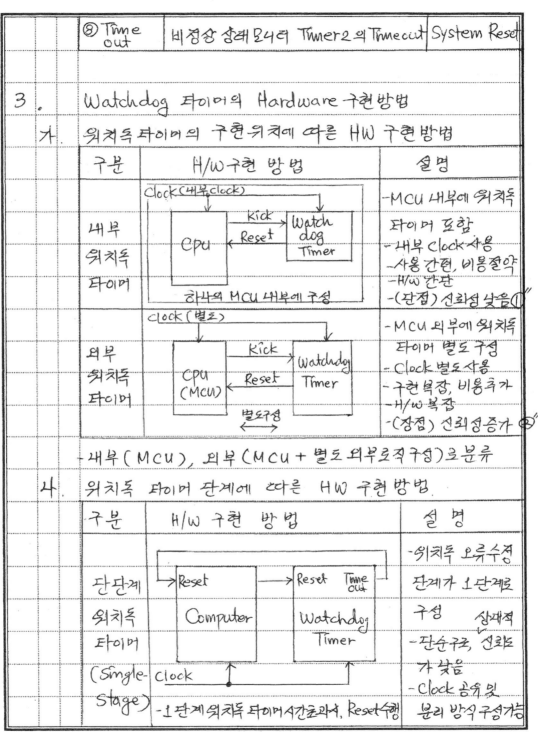

구분	H/W구현 방법	설명
내부 워치독 타이머	Clock(내부clock) / CPU — Kick → Watchdog Timer / CPU ← Reset / 하나의 MCU 내부에 구성	-MCU 내부에 워치독 타이머 포함 -내부 Clock 사용 -사용 간편, 비용절약 -H/W 간편 -(단점) 신뢰성 낮음 ①"
외부 워치독 타이머	Clock(별도) / CPU(MCU) — Kick → Watchdog Timer / CPU(MCU) ← Reset / 별도구성	-MCU 외부에 워치독 타이머 별도 구성 -Clock 별도사용 -구현복잡, 비용증가 -H/W 복잡 -(장점) 신뢰성증가 ②"

-내부(MCU), 외부(MCU + 별도 외부로직 구성)으로 분류

나. 워치독 타이머 단계에 따른 HW 구현방법

구분	H/W 구현 방법	설 명
단단계 워치독 타이머 (Single-Stage)	Reset → Computer → Reset / Time out / Watchdog Timer / clock / -1단계 워치독 타이머 시간초과시, Reset 수행	-워치독 오류수정 단계가 1단계로 구성 상재적 -단순구조, 신뢰도가 낮음 -Clock 공유 및 분리 방식 구성가능

①" 하나의 MCU 이므로 CPU 비정상상태에서 Kick 불가능

②" 신뢰성 증가: CPU(MCU) 비정상상태에서 기존 Kick이 유지되고 있어
Watchdog Timer에서 Reset 가능

| | 다단계
위치독
타이머
(Multi-
Stage) | | | | | 위치독타이머의
안정성 향상을
위해 시정조치
단계가 포함된
여러 단계의
위치독 타이머로
구성

- 마지막 단계에서
재시작(Reset) |

3-stage Watchdog Timer

Compu ter	Timer Stage1	Timer Stage2	Timer Stage3
Reset →	Kick T/o →	Enable T/o →	Enable T/o

Trigger Correction Action

Trigger Correction Action   T/o=Time out

시정조치란 Masking 가능 인터럽트, 동작모드(Active - Standby - Idle - Sleep)등 상태 활성화등 각 Timer 단계에서 Triggering 가능하고 Time out 설정 가능

4. Watchdog Timer H/W 구현시 고려해야 될 항목

구분	세부항목	위치독 타이머 H/W 구현(설계시)시 고려사항
독립성	자체독립성	System에 Reset 신호 전달시 위치독 타이머는 무연향
	실행독립성	Watchdog Timer 위한 전용 Clock 필요 (실행독립)
무결성	비트 설정무결성	위치독 제어 Bit 설정시 변경 불가능 (수정불결외)
	테스트무결성	테스트 가능하고 정상동작이 가능해야 함
동작 완전성	진단완전성	장애 진단을 쉽게 (Easy) 할수 있어야 함
	커버리지 완전성	모든 범위의 Timeout를 Cover 해야 함
	응답완전성	Watchdog Timer의 반응은 적시에 수행

"끝"

문146) 아래 System과 같이 메인(Main) CPU에서는 주 프로그램이 운용중이고 보조 CPU에서는 WATCHDOG이 운용중이라고 가정한다. 보조 CPU에서 동작될수 있는 Watch dog Timer의 동작과정을 기술하시오

답)

1. 메인 CPU 동작감시, Watchdog Timer의 개요

가. 메인 CPU 감시하면서 시간을 Counting하는 회로, 외부적으로 프로그램 상의 논리오류나 PC(Program Counter)가 알수 없는 주소번지로 분기하여 CPU가 먹통이 된 경우에도 Reset를 통해 CPU가 정상동작 (초기화) 가능하게 하는 회로 (Timer)

나. 워치독 Timer의 구성및 필요성

워치독 Timer HW 구성도	워치독 Timer의 필요성
 Kick선호 = CPU 정상동작신호	·CPU 비정상상태를 모니터링 하여 초기화후 정상동작 복귀 ·원격시스템 복구 (우주탐사선) ·사고예방등·위험상황에서 복귀

2. 주어진 System에서 Watchdog Timer 동작수행
- 보조 CPU의 Watchdog Timer는 별개의 회로에서 동작

가. 주어진 System의 Watchdog Timer 회로 구성

- Kick, Reset, Timer Enable, Timeout 신호로 구성

나. 주어진 System에서 메인 CPU와 보조 CPU (Timer) 동작설명

구분	설 명	역 할
① Kick	워치독 타이머 시작/종료, 설정	Alive 선호 (=Enable)
② Enable	Timer 초기화 (Kick 신호 정상도착시)	워치독 타이머 시작
③ Timeout	예기치 못한 상황으로 메인 CPU가 stop되고 Kick신호를 보내지 못함 보조 CPU에서는 연속으로 Kick신호 수신 불가능 상태로 Timer가 초기화 되지 않음으로 설정값 이상 됨①	워치독 타이머 설정값 보다 이상값 일때 Timeout이 됨
④ Reset	메인 CPU Reset (초기화)동작수행	타임아웃으로 Reset(수행)
⑤ CPU 초기화	-보조 CPU로부터 Reset 신호 수신 -초기화 (Booting)과정 수행→정상화	-CPU 초기화 -이상상태로부터 벗어남

3. 워치독 타이머의 내부구성과 외부구성의 비교 설명

구분	내부구성	외부구성
구성	하나의 CPU(MCU) 내부로	외부에 별도로 회로구성

① 설정값 이상 = 예를들면 2분 (120초) 설정시 120초 이상이 됨

H/W 회로 구성	하나의 MCU 내부	별도구성
사용성	사용 간편	사용 복잡
구현	H/W 단순	H/W 복잡 (외부회로 추가)
신뢰성	신뢰성 낮음	신뢰성 높음
Clock	동일 Clock	별도 Clock
가격	동일 MCU 사용	별도구성으로 비용 추가

"끝"

PART

6

논리회로

어려운 부분이 아닌 이해하고 접근하면 고득점을 취득할 수 있는 부분으로
Computer 설계 과정에 필요한 논리회로의 기본요소와 회로 설계 과정을 답안으
로 작성해 보는 Part입니다. 저자의 실무 개발 경험 요소가 많이 반영되어 있습
니다.

[관련 토픽 – 39개]

문(47) 기본 논리 Gate의 종류

답)

1. 전자회로의 논리기능구현, 논리 Gate의 개요

　가. Logic Gate의 정의 (Low : 0 vot, High : +5V)
　　- 논리 연산을 수행 할 수 있는 회로나 요소

　나. 논리 Gate 의 종류

기본 Gate	AND, OR, NOT
범용 Gate	NAND, NOR
활용 Gate	EOR, ENOR, Buffer (E: Exclusive)

2. 논리 Gate의 종류, 그림, 진리표

종류	그림	진리표		
		A	B	F
AND	A B (In) ⟹ F (out)	0 0 1 1	0 1 0 1	0 0 0 1
OR	A B (In) ⟹ F (out)	0 0 1 1	0 1 0 1	0 1 1 1
NOT	A ⟶ F	0 1		1 0
NAND	A B ⟹ F	0 0 1 1	0 1 0 1	1 1 1 0
NOR	A B ⟹ F	0 0 1 1	0 1 0 1	1 0 0 0
Buffer	A ⟶ F	0 1		0 1

| | | XOR
(Exclusive-OR) | A ⊐D F
B | 0 0 0
0 1 1
1 0 1
1 1 0 |
| | | NXOR
(Exclusive-NOR) | A ⊐D∘ F
B | 0 0 1
0 1 0
1 0 0
1 1 1 |

3. 논리회로 Gate의 이해의 중요성

디지털화	Analog → Digital화
기본 단위	회로 설계의 기본단위
회로 최적화	최적회로구현으로 비용 최소화

"끝"

문/48) MUX (Multiplexer)와 DEMUX에 대해 설명하시오

답)

1. MUX와 DEMUX의 정의 (신호선택과 배분기능)

MUX	-데이터 선택기 -Data Selector	-여러개의 입력신호들을 받아 그들 중 하나만 출력신호로 보냄
DEMUX (De-multi-plexer)	-데이터 분배기 -Data Distributor	-Muliplexer의 반대 기능 -한개의 입력(Input)신호를 여러 출력선들 중의 하나로 출력

2. MUX와 DEMUX의 신호선택 및 관계

-MUX와 DEMUX의 개념도 및 신호 설명(1-of-4 조건)

구분	MUX	DEMUX
입력신호수	N개 (출력 1개)	1개 (출력 N개)
선택신호수	$Log_2 N$ (입력기준)	$Log_2 N$ (출력)
선택신호 (입력 4 Bit에 대해 2개 제어신호)	S1 S0 (선택 신호)	S1 S0 (선택신)

		입력	출력		입력	출력
신호 선택 관계		S1 S0	F		S1 S0	F
		0 0 -- A0			0 0 -- F0	
		0 1 -- A1			0 1 -- F1	
		1 0 -- A2			1 0 -- F2	
		1 1 -- A3			1 1 -- F3	

- 입력과 출력 4bit에 대해서는 제어 신호 (Bit)두개 필요, 만약 입력과 출력이 8Bit일 경우는 3개의 제어신호 필요

3. MUX와 DEMUX의 현업 실무자 차원에서 적용예
- Embedded System에서 다양한 제어 신호로 사용
- 광통신 기술 사례로는 DWDM (Dense Wavelength Division Multiplexing) 기술에서 MUX / DEMUX를 사용하여 Wavelength에 따라 빛을 조절함

"끝"

문 149) 밀리머신 (Mealy) 과 무어 (Moore) 머신에 대해 설명하시오

답)

1. 동기식 순차회로 설계에 사용되는 밀리/무어 머신의 개요

가. 밀리 (Mealy) 머신의 정의 | 회로의 출력값이 현재상태와 입력신호에 의해 결정되는 형태의 순차회로

나. 무어 (Moore) 머신의 정의 | 회로의 출력값이 현재상태 들만에 의해 결정되는 순차회로

2. Mealy / Moore Machine의 개념도 및 비교

가. State Machine의 개념도 및 설명

구분	개념도(State)	논리 설명

구분	개념도(State)	State	현재	입력	결과	비고
밀리 머신	입력→1/∅ ← 현재상태 S∅ S1 ∅/∅ 1/1 1/1	S∅	∅	1	S1	전환
		S∅	∅	∅	S∅	유지
		S1	1	∅	S1	유지
		S1	1	1	S∅	전환
무어 머신	1 ← 현재상태 SO[∅] S1[∅] ∅ 1	S∅[∅]	∅	S∅	S∅	유지
		S∅[∅]	1	S1	S1	전환
		S1[1]	∅	S1	S1	유지
		S1[1]	1	S∅	S∅	전환

나. Mealy / Moore Machine의 비교

구분	밀리머신	무어머신
Clock 사용 여부	동기(Synchronous) + 비동기 (Asynchronous) 둘다 사용 가능. Clock사용(동기식) 주로 입력을 Clock신호에 동기시킴	동기 (Synchronous) Clock의 Edge Trigger 에서 상태들이 동시에 바뀜

Edge trigger = ∅⌐1 ⌐∅

↑ 0→1 1→0

방식	Level + Edge Trigger (둘다)	Edge Trigger
출력	Latch + Flip flop 같은 출력	Flip-Flop 출력

- 밀리머신은 clock도 사용 가능 하며 Level과 Edge

    Trigger. 또한 Latch, Flip flop 둘다 출력 가능

3. 밀리/무어 머신의 컴퓨터에서 사용 사례

구분	밀리머신(예시)	무어머신(예시)
회로	D 플립플롭	D 플립플롭
컴퓨터 사용예	- 비동기식, 동기식 I/O제어 - Level Trigger 방식의 Interrupt 처리 - Keyboard / Mouse	- clock 동기식 순차회로 - DDR RAM I/O - Edge Trigger Interrupt 처리 - CPU, 제어장치, ALU 등

"끝"

CLK = clock

문150) 카노프 맵(Karnaugh Map)에 대해 설명하시오.

답)

1. 논리회로식의 간소화 가능 방법, 카노프 맵의 개요.

   가. Karnaugh Map의 등장배경

부울대수 → (회로 간소화) → 카노프 맵

- 복잡한 수식
- 직관적 이해불가
- 회로공간 차지 큼.

- 부울대수(함수)의 간략화
- 회로구현 효율성 (복잡도, 부품수, 공간, 비용, 처리시간등)

   나. 카노프 맵의 정의 (부울대수의 유착 및 법칙 복잡 → 간소화)

- 입력 변수들에 대한 조합수 만큼의 셀(Cell)들로 구성된 2차원 배열에서 인접해 있는 1(혹은 ϕ)들을 2^n개 단위의 그룹으로 묶고, 정해진 규칙에 따라 변수를 제거하는 방법

2. 카노프 맵의 간소화 절차 및 2변수/3변수 Map의 예시

   가. 카노프 맵의 간소화 절차

단계	Action	설 명
준비	진리표 작성	- 논리회로를 부울함수로 표기 - 진리표에 해당하는 논리식 "1" 표기
설계	Boxing	- "1"을 2개, 4개, 8개... 2^n개로 묶음 - 묶는 항은 중복가능, 한번이상은 포함
검증	간소화	- 입력변수($\phi \leftrightarrow 1$) 변경시 간소화 가능 - 보다 큰 1로 묶어 간소화시킴

표현	표현	- 남아 있는 "1"을 문자로 표현
		- OR (논리합) 형태로 논리식 표현
결과	결과	- 회로도 구현

- 묶거된 "1"을 최대한 묶어 간소화 수행, 1은 X, ∅은 X'로도서

4. 카노프맵의 유형

구분	개념도	설명
2변수 Map	<table><tr><td>X\Y</td><td>∅(Y')</td><td>1(Y)</td></tr><tr><td>∅(X')</td><td>X'Y'(00)</td><td>X'Y(01)</td></tr><tr><td>1(X)</td><td>XY'(10)</td><td>XY(11)</td></tr></table> (∅과 1 자리 변동 없음)	- 2변수(X,Y)일 경우는 ∅과 1로 묶기 - 2개 변수에 대해 4개의 최소항 구성
3변수 Map	<table><tr><td>X\YZ</td><td>∅∅</td><td>∅1</td><td>11</td><td>1∅</td></tr><tr><td>∅</td><td>000</td><td>001</td><td>∅11</td><td>∅1∅</td></tr><tr><td>1</td><td>100</td><td>1∅1</td><td>111</td><td>11∅</td></tr></table> (1∅과 11 자리수 변동)	- 3변수(X,Y,Z)일 경우는 11과 1∅자리 변동, 3개 변수에 대해 8개의 최소항 구성

- 인접한 "1"을 묶어 변동(∅↔1)되는 형태면 소거

3. 카노프 맵에 의한 간소화 예제 (3변수 Map)

단계	설명
주어진 식	$F_{(출력)} = X'Y'Z + X'YZ + X'YZ' + XY'Z$ 　　　　∅∅1　　∅11　　∅1∅　　1∅1
준비 단계	<table><tr><td>X\YZ</td><td>∅∅</td><td>∅1</td><td>11</td><td>1∅</td></tr><tr><td>(X')∅</td><td>-</td><td>1</td><td>1</td><td>1</td></tr><tr><td>(X)1</td><td>-</td><td>1</td><td>-</td><td>-</td></tr></table>	- 진리표 구성, - 해당 논리식에 "1"을 묶거함

		Boxing 화	x\\YZ	$\emptyset\emptyset$	$\emptyset 1$	11	$1\emptyset$	- 2^n승이 되도록 묶음
			$\emptyset(x')$	-	①1	③1	④1	- 1이 모두 포함 되게
			$1(x)$	-	②1	-	-	묶어야 함

의미	① : $x'Y'Z$ ② : $xY'Z$ ③ : $x'YZ$ ④ : $x'YZ'$

간소화 단계	①과 ② 간소화 : $x'Y'Z$와 $xY'Z$를 비교하면 $x' \to x$ (x가 변함) 변함으로 소거, $Y'Z$가 남음 ③과 ④ 간소화 : $x'YZ$와 $x'YZ'$에서 $Z \to Z'$로 변함으로 Z소거, $x'Y$가 남음.

결과 도출	$F = x'Y + YZ$

"끝"

문 151) 세변수맵 (Three - Variable map)을 이용하여
다음 부울식을 간소화 하시오

$$F(A, B, C) = \sum (1, 4, 5, 6)$$

답)

1. 논리회로 간소화, 변수맵 이용의 개요

  가. 변수맵 (Variable map , 카르노맵) 기법의 정의
  - 논리회로의 입력을 각 변수로 Mapping 하여
    2차원 또는 3차원 표상에서 간략히 해결하는법

  나. 논리회로 간소화의 중요성

| 비용절감 | 회로 간소화, Chip 면적 감소, Cost 절감 |
| 속도향상 | 회로지연시간 최소화, 속도증가, 회로배치효율성 |

2. 부울식의 진리표 & 변수맵 간소화

   〈진리표〉

	A B C	F(A,B,C)
0	0 0 0	0
1	0 0 1	1
2	0 1 0	0
3	0 1 1	0
4	1 0 0	1
5	1 0 1	1
6	1 1 0	1
7	1 1 1	0

   〈부울식 간소화 : 3변수맵〉

A\BC	00	01	11	10
0	0	1 ¹	3	2
1	1 ⁴	1 ⁵	7	1 ⁶

   AC'   B'C

   〈간소화 결과〉

   $$F(A, B, C) = AC' + B'C$$

3. 논리회로 간소화기법에 대한 실무적 고려사항
- 변수 Map의 한계 : 변수의 숫자가 5개 이상이면,
  2차원상에서 표현하기 힘들어 적용에 어려움.
  (5개 이상시 손으로 풀기위해서는 Quine-Mccluskey
  법등이 사용됨)
- 간소화 Too 활용 : 실무에서는 espresso와 같은
  EDA Tool을 활용시 효과적으로 최적화 가능
                                        "끝"

문 152) 카노프 맵 사용 함수 간략화

($F(A,B,C,D) = A'B'CD + A'BCD + AB'CD + ABC'D + ABCD$)

답)

1. 카노프 맵을 이용한 회로 간소화의 목적
   - 회로 구현시 부품 개수 최소화, 비용절감, 속도향상

2. 주어진 함수에서의 카노프 맵 적용 방법

AB \ CD	00	01	11	10
00			1	
01			1	
11		1	1	
10			1	

ABC   CD

$F(A,B,C,D) = CD + ABD$

理解必修 이해필수

3. 부울 대수 (Boolen Algebra) 활용 간소화 법칙들
   - 교환법칙, 결합법칙, 분배법칙, 팩토링,
     쌍대성원리를 적용하여 간소화 할수 있음

"끝"

「설명하시오.

문/53) 논리회로(소자)에서 Setup time과 Hold time에 대해

답)

1. 논리소자(회로)에서 Setup time과 Hold time의 정의

   Setup time - Clock 상승 Edge 이전에 입력을 미리 유지

   Hold time - Clock 상승 Edge 이후에도 입력을 계속 유지

2. Setup time과 Hold time의 설명

   〈논리소자〉   〈timing〉

   D 플립플롭

심표	설 명
t_s	Setup time (clock 상승 edge 이전 Data 입력)
t_h	Hold time (clock 상승 edge 이후 Data 유지)
t_{pLH}	Low to High 전달 지연 시간
t_{pHL}	High to Low 전달 지연 시간

3. Time 고려 사항

   메모리와 관련하여 CS(Chip Select)핀 (3상태 버퍼의

   Enable 신호)의 홀드 타임을 유지하지 않으면, CPU가

   Data를 읽거나 쓰기 전에 연결이 끊어져 정상 동작

   하지 않을 수 있음.   "끝"

문154) 논리회로에서 Fan-in / Fan-out 개념에 대해 설명하시오

답)

1. 논리회로 설계서 주요고려사항, Fan-in, Fan-out의 개요

　☆　(Fan-in 정의) - 논리회로 Gate에서 가능한 입력신호의 개수

　　(Fan-out의정의) - 논리회로 Gate에서 성능을 저하시키지않고 구동할 수 있는 표준부하의 개수

2. Fan-in/Fan-out의 개념도 및 의미

가. Fan-in/out의 개념도

- 앞단의 AND gate는 Fan-in이 4이고 Fan-out은 2

나. Fan-in, Fan-out의 의미

Fan-in	세부 설명
설명	- Fan-in이 크면 클수록 상대적으로 동작속도 느림 - 반도체 제작 공정에서 제공되는 셀(Cell) 라이브러리에 각 Gate의 최대 Fan-in은 이미 정해져 있음.
해결책	많은 입력신호를 사용하는 경우에는 여러 게이트를 조합하여 사용
예	입력신호 조합 필요시 4 Input AND Gate를 2개 조합사용

Fan-out	세부 설명
설명	표준 부하이상으로 출력단에 연결하게 되면 전이

	설명	시간 (Transition time 값이 변하는시간)이 증가 -전이시간의 증가로 회로의 동작속도가늦어지거나, 정해진 시간안의 동작결과가 상이 할수 있음. -과다한 출력 전류로 인해 회로 파손 될수 있음.	
	해결책	표준 부하 이상으로 연결이 필요할시는 Buffer Gate를 출력판에 연결하여 사용	해결책
	예	용량이 큰 버퍼를 하나만연결할 수도 있지만, 여러개의 버퍼를 사용하면 부하분산이 가능	증가 fan out 버퍼 버퍼 증가

3. CMOS/ TTL 사용시 fan-out 관련 실무적고려사항

가. TTL은 Base 전류동작되는 전류 구동소자이므로 앞단의
출력 전류는 뒷판의 입력 전류와 관련되어 fan-out 고려됨
ex) 출력특성 0.5mA 이고 입력특성 전류가 0.05mA이면
※ fan-out은 0.5/0.05 ≒ 10이됨

나. CMOS는 Gate 전압에 의해 동작되는 전압 구동형 소자
로 입력 전류는 ϕ에 가깝고 fan-out 문제 발생 않됨

"끝"

문155)	Open Collector와 open Drain에 대해 설명하시오
답)	
1.	전자회로설계의 필수요건인 Open Collector와 Drain 개요
가.	Open Collector와 open Drain의 정의
	- TR(TTL)/MOSET(CMOS) 출력단 회로없이
	입력회로만 구성된 TTL/CMOS 구조
나.	TTL/CMOS 회로 구성시 소자가 소손되는 경우의 수

〈여러개의 출력을 1개로 묶는 경우〉　〈문제점〉

H= Source Current
L: Sink Current 발생
OR(Wired-OR)

-①,②,③ 처럼 서로
다른 H,L가 발생되면
High→Low로 단락(短絡)
→오래지속시 소손됨.

다.	Wired-OR회로의 소손 단락 해결 방안
	- 출력단에 전원 단락회로용회로인 open Collector와
	open Drain, 3상태 방식 사용.
2.	Open Collector와 open Drain의 회로구성 및 동작원리
가.	오픈 Collector와 open drain구성 -2개 출력과 1개부하로구성

〈open Collector형, TTL〉　〈open Drain, CMOS〉

- 외부에 pull-up 저항 장착 High 출력
- Open Collector/Drain 형태로 여러 TR/MOSFET가 없으므로 단락(短絡) 위험 없음 → 소손 없음

4. Open Collector / Open Drain 동작 원리
   - 외부에서 Sink 전류 유입시 TR/MOSFET 동작 "L"가 출력
   - TR/MOSFET 동작하지 않으면 pull-up 저항에 의해 출력 "H"될

3. Open Collector와 Open Drain의 용도
   - I/O 주변장치가 Cpu에게 Interrupt 요구신호(Low신호)
   - Chip Select 신호 선택
   - RS-485 통신의 수신부 회로 구성

"끝"

Register에 대해 설명하시오.

문156) 논리회로에서 풀업(pull-up)과 풀다운(pull-down)

답)

1. High 상태, Low 상태 유지, Pull-up/down 레지스터정의

☆☆ (1)	Pull-up 저항의 정의	High상태유지를 위해 선로의 입력 또는 출력 단자와 전원(VDD)에 연결하는 저항
	pull-down 저항의 정의	Low상태 유지를 위해 선로의 입력 또는 출력 단자와 접지(VSS)사이에 연결하는 저항

2. pull-up 저항과 pull-down 저항의 용도및 원리, 설명

가 논리소자 입력단에서의 pull-up/down의 용도/원리.

용도	원리	설명
입력논리값의 명확화 (floating 현상방지)		입력신호가 floating 되어 H(High)도 아니고 L(Low)도아닌 상태 방지 시스템 오동작사전방지
미사용입력 판의 향후사용에 대비한 회로구성		H/W적으로 회로의 변경이 필요없이 그대로 입력하면 되도록 사전시스템을 설계화(회로변경 없이 개발진행 가능)

☆☆ (2)

나 출력단에서의 pull-up/down의 용도/원리, 설명

오픈 Collector 사 오픈 Drain 회로에 풀업 저항	open collector / open drain	오픈 Collector나 Drain 은 "Low"출력만 가능, "High"출력을 위해 Pull-up 저항이 필요

☆☆ (2)

		용도	원리	설명
		출력 전류 부족시		디지털 회로의 출력단이 많은 부하를 구동하여 출력 전류를 증재시키거나 팬 아웃을 늘리기 위하여 pull-up 저항을 사용
		초기값의 명확한 부여 (내부 레지스터 와 연결된 pin 의 비정상동작 방지 차원)		전원 입력후 초기 값 (Default값)을 High, Low 값으로 지정하기 위해 pull-up이나 pull -down 사용

- Pull-up 저항과 pull-down 저항의 용량 결정은
  Source 전류 (또는 Sink 전류)가 수mA가 유지 가능하도
  록 수 KΩ 저항을 사용

"끝"

문(157)	CMOS와 TTL에 대해 설명하고 비교하시오
답)	

1. 디지털논리회로 구성을 위한 CMOS와 TTL의 개요

　가. CMOS (Complementary Metal Oxide Semiconductor) 정의

- P 채널과 N 채널로 구성된 상보성 금속 산화물 반도체

　나. TTL (Transister-Transister Logic)의 정의

- 바이폴라 트랜지스터 (Transistor)을 사용하여 만든 Digital IC

2. TTL IC와 CMOS IC의 특징 비교

구분	TTL	CMOS
전원 전압	4.75 ~ 5.25V	종래형:3~18V, 고속형:2~6V
입출력간 전달지연시간	AS, AL형 3~3.5nS	고속형 : 8nS
소비 전류	LS형 3.2mA(H출력)	~0.0003 microA
Fanin/out	CMOS대비 적음	TTL대비 5~10배 이상
장점	전달지연시간 짧음	구조간단, 직접화 쉬움
단점	소비 전력이 높음	전달 지연시간 김
잡음 여유	CMOS 대비 적음	TTL 대비 큼

- 잡음 여유는 논리회로의 동작을 방해하지 않는 외부 잡음의 허용치

3.		CMOS와 TTL의 Interface시 고려사항	
	구분	CMOS → TTL	TTL → CMOS
	문제점	CMOS의 출력 전류 용량이 작아 TTL 1개 정도만 구동가능	TTL의 출력 전압 레벨이 CMOS의 입력전압 레벨보다 작음 (2.4v < 3.3v)
	해결 방안	CMOS → TTL의 Fan-out을 1개로 제한	TTL의 출력단을 pull-up (전원에 저항을 이름 연결)

"끝"

문(58)	CMOS와 TTL의 잡음 여유도에 대해 설명하시오
답)	

1. CMOS와 TTL의 잡음여유도(Noise Margin)의 정의

- 논리회로의 동작을 방해하지 않는 외부 잡음의 허용치

  High Level - $V_{OH} - V_{IH}$ ← 출력 전압과 입력 전압의 차이
  Low Level - $V_{IH} - V_{OL}$ ← 출력 전압과 입력 전압의 차이

2. IC의 전기적특성에 따른 잡음여유도 계산

가. 범용 Logic IC의 전기적특성

범용 Logic IC의 전기적 특성 (전원 전압 5V)

패밀리		전압 (V)						전류 (mA)			
		출력레벨		입력레벨		잡음여유		출력		입력	
		V_{OH}	V_{OL}	V_{IH}	V_{IL}	H	L	I_{OH}	I_{OL}	I_{IH}	I_{IL}
TTL	표준(74)	2.4	0.4	2.0	0.8	0.4	0.4	0.4	16	0.04	1.6
	74LS	2.7	0.4	2.0	0.8	0.7	0.4	0.4	8	0.02	0.4
CMOS(5V)	74HC/AC	4.9	0.1	3.5	1.5	1.4		4 / 24		0.001	

4. CMOS와 TTL의 잡음 여유 비교 (사례)

분류	CMOS		TTL	
	입력전압	출력전압	입력전압	출력전압
Diagram				

V_{OH} : 출력 전압 High
V_{OL} :　　 〃　　 Low
V_{IH} : 입력 전압 High
V_{IL} :　　 〃　　 Low

			High level	$= 4.7V - 3.3V$	$= 2.4V - 2V$
			잡음 여유도	$= 1.4V$	$= 0.4V$
			Low level	$= 1.7V - 0.3V$	$= 0.8V - 0.4V$
			잡음 여유도	$= 1.4V$	$= 0.4V$

3. IC의 전기적 특성에 따른 잡음 여유도의 고려사항
 - 잡음 여유도가 높을 수록 안정적 이고 외부 Noise에강함

"끝"

문159) 조합논리회로, 순차논리회로

답)

1. 디지털 회로 구성의 기본인 논리회로의 개요 정의

논리회로의 정의 (Combinational / Sequential 회로)

조합논리회로 (Combinational Logic circuit)	-현재 입력값들만 이용하여, 출력값이 결정되는 회로. -신호들이 조합되어 최종출력 발생	
순차논리회로 (Sequential Logic circuit)	-현재 입력값 뿐만 아니라, 과거의 입력 혹은 출력값도 함께 고려되어 출력값 결정 -조합논리회로에 기억요소(Memory Element)취	

정의 明確
定義

2. 조합논리회로와 순차논리회로의 비교

구분	조합회로	순차회로
개념도		
설명	입력신호를 받는 즉시 그들신호조합으로 출력	현재의 입력과 현재상태에 의해 현재 출력이 결정됨
구성	Input, output, Logic Gate	Input, output, Memory소자
특징	-정보를 기억하지못함 -현재 입력변화에따라 출력의 계속적변화	-정보 저장 가능 -기억소자를 이용하여 현재 상태 기억

주요 개념	-조합회로 설계목표		상태표현 = 기억소자에 저장
	최저비용	최소 Gate수	-순차회로에 사용되는 기억소자
	최소공간	단순구성, 연결	-래치(latch) = 기본 Gate
	고속	빠른속도 설계	-Flip-Flop: latch에 회로추가(clock 사용)
적용	-Adder, Decoder Encoder, MUX/DEMUX		Latch, Flip-Flop.

"끝"

→ 응용예상

문 160) 논리회로에서 Latch와 Flip-Flop에 대해 설명하시오

답)

1. 논리회로에서의 Latch와 Flip-Flop의 정의

Latch의 정의	Clock pulse를 사용하지 않으므로 입력이 변 할때마다 출력 상태가 변화(Level Trigger)
Flip-Flop	Clock pulse가 입력될때만 출력상태가 변함(Edge Trigger)

2. Latch의 설명 (NOR형 RS Latch)

☆
(1)

<RS Latch>

입출력 상태전이도

R S	Q
0 0	불변	← 현재값 유지
0 1	1
1 0	0
1 1	불확실

3. Flip-Flop (NAND형 RS Flip-Flop)의 설명

☆
(2)

Q = 플립플롭의 현재상태
S, R = 가능한 입력 값
CLK : clock pulse
Q̄ = Q의 반대 값

<입출력 상태전이도>

Q	S	R	Q(t+1)값
0	0	0	φ (불변)
0	0	1	0
0	1	0	1
0	1	1	불확실
1	0	0	1 (불변)
1	0	1	0
1	1	0	1
1	1	1	불확실

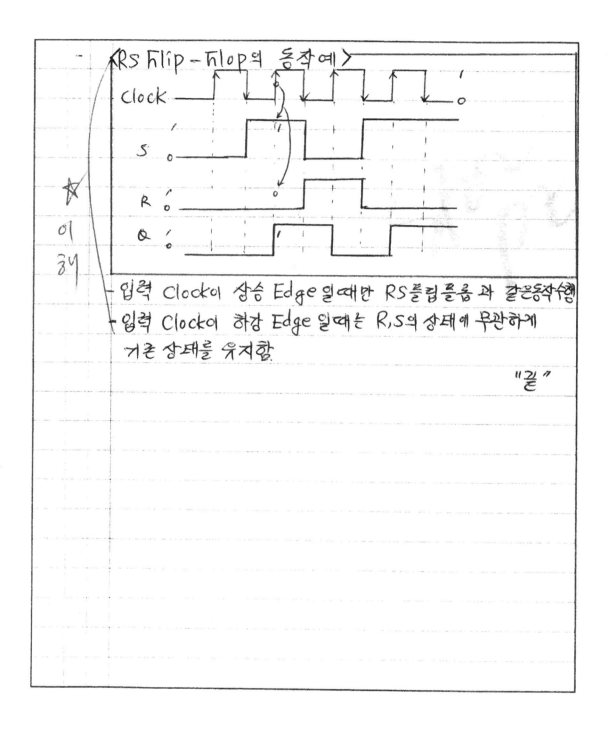

〈RS flip-flop의 동작예〉

Clock

S

R

Q

☆
이
해

- 입력 Clock이 상승 Edge 일때만 RS플립플롭 과 같은동작수행
- 입력 Clock이 하강 Edge 일때는 R,S의 상태에 무관하게
  기존 상태를 유지함.

"끝"

문 161) 논리회로에서 래치(Latch)와 플립플롭(Flip-Flop)에 대해 설명하시오.

답)

1. Latch와 Flip-Flop의 정의와 문제점

   가. 래치(Latch)와 플립플롭(Flip-Flop)의 정의

구분	Latch	Flip-Flop
개념	기본적인 논리 게이트(Gate) 회로로 구성되는 기억소자	래치에 별도의 Clock 회로를 추가하여 구성되는 기억소자
종류	SR래치, S'R'래치, D래치	SR, JK, T, D 플립플롭

   - 저장된 값(즉, 상태값)을 변경시키는 방법에서 차이

   나. Latch의 문제점 (D Latch 기준)

   - Enable 신호가 High(1) 상태를 유지하고 있는 동안 입력값이 바뀌면 출력도 값이 바뀜 (출력이 계속 변경되는 불안전한 상태)

   다. Latch의 문제점에 따른 플립플롭의 등장 배경

   - Enable 신호가 0→1 또는 1→0으로 전이(Edge Trigger)되는 순간에만 상태가 변경되도록 설계

2. Latch와 Flip-Flop의 동작

   가. Latch의 동작 설명

R	S	Q
Ø	Ø	불변
Ø	1	1
1	Ø	Ø
1	1	불확실

- NOR형 RS Latch의 경우로 비동기식 순서논리 소자로
Clock 신호와 관계없는 입력과 출력

4. 플립플롭의 설명.

R	S	Q	Q(t+1)
Ø	Ø	Ø	Ø(불변)
1	Ø	Ø	Ø
Ø	1	Ø	1
1	1	Ø	불확실 상태
Ø	Ø	1	1(불변)
1	Ø	1	Ø
Ø	1	1	1
1	1	1	불확실 상태

- 동기식 순서 논리 소자로서 Clock 신호에 따라 입력에
따른 출력(output)이 변경됨

3. 래치와 플립플롭의 공통점과 차이 및 활용사례

가. Latch와 Flip-Flop의 차이점과 공통점

구분		래치	플립플롭
공통점	기억소자	쌍안정(Bit-stable) 상태중 하나를 거지는 1Bit 기억(소자)	
	Feedback	조합회로로 같은 Gate로 구성, Feedback이 구성됨	
차이점	Clock사용(여부)	미사용, 비동기식	사용, Clock에 동기
	Edge Trigger	미사용, Level(0,1)트리거	사용, Edge 트리거
	활용사례	채터링 노이즈 제거(스위치)	레지스터에 사용

쌍안정 (Bit-stable) - 1 또는 Ø 값으로 불확실한 상태

4.	래치와 플립플롭의 활용사례		

구분	래 치	플립플롭
사례	래치를 활용한 바운싱 영향제거	D F-F을 이용한 4 bit 레지스터
회로 구현	 1) 래치가 없을 경우 → 바운싱, 채터링노이즈 발생 2) 래치를 사용할 경우 → 바운싱 없음, 채터링 Noise 없음	
설명	기계적 스위치 개폐시 여러번 붙었다 떨어지는 바운싱 현상을 제거하기 위해 SR래치사용	D-플립플롭(Flip-Flop)을 활용하여 4 Bit Register 구현 사례임

4.	래치와 Flip-Flop의 공통점과 차이 및 활용사례	
가.	래치(Latch)는 값이 입력되면 바로 적용되어 타이밍 (Timing)문제가 발생되어 Flip-Flop에서 래치에 Enable (Clock신호)신호를 추가하여 타이밍문제해결	
나.	간소화	논리회로 등의 구성시 변수Map, 부울대수등을 통하여 사용되는 Gate 수자 최소화 필요.
다.	Flip-Flop 선정	동일 회로에 대해서도 어떤 플립플롭을

선택하여 사용할것인가에 따라 회로 복잡도가 결정

됨으로 간소화와 성능을 고려하여야 함

라. | Flip-Flop 동작특성 파라미터 고려 | 최대 Clock 주파

수등의 동작 특성 파라미터 초과시 정확한 동작을 보장

하지 못하므로 특성 파라미터를 사전에 검토후 설계 필요.

"끝"

설명하시오.

| 문162) 플립플롭(Flip-Flop)의 4가지 종류에 대해 도식화한후

답) ★★(3)

1. 순차회로의 구성요소, Flip-Flop의 정의

　☆ 래치(Latch)의정의 - Clock 미사용, 입력변화시출력변화 (Level Trigger)

　☆ Flip-Flop의정의 - clock pulse가 입력될때만출력변화 (Edge 트리거)

　☆ Flip-Flop의필요성 - 래치(Latch)의 불안정상태 제거

　☆ 래치불안정상태 - Enable 신호 High (Active)상태에서 입력값이
　　　바뀌면 출력 상태도 같이 바뀜 → 개선 - Flip Flop 사용하여
　　　0→1 또는 1→0으로 전이(Transit)시만 상태 변경되게 함

2. 4가지 Flip-Flop의 도식 및 설명

종류	도식화	설명
SR 플립플롭 (S=set R=Reset) ★★(2)	S Q ─ Q >CLK R Q' ─ Q' 　 S R CLK Q(t+1) 0 0 ↑ Q(t)불변 0 1 ↑ 0 Reset 1 0 ↑ 1 set 1 1 ↑ ? 불확실 X X 0/1 Q(t)불변	·CLK신호의 특정순간에 동작(상태결정) 동기식회로 ·문제점: S(1), R(1)일때 Q(t+1)의 값이 불확실 ★★(2)
JK 플립플롭 (SR플립 플롭의 불확실 상태 제거)	J Q ─ Q >CLK K Q' ─ Q' 　 J K Q(t+1) 0 0 Q(t)(불변) 0 1 0 (Reset) 1 0 1 (set) 1 1 Q(t)(토글)	·SR플립플롭의 문제점 해결 → J(1), K(1)값일때 현재값의 반대 값(토글) ★(2) -J(1) = set -J(0) = Reset 특성함수 = JQ' + K'Q

Toggle

☆	D 플립플롭 $Q(t+1)=D$	D Q ─ Q >CLK Q ─ Q'		D CLK Q(t+1) 0 ↓ 0 (Reset) 1 ↓ 1 (Set) X 0/1 Q(t)(불변)	CLK신호가 1에서 0으로 전이되는 순간 D입력값이 상태값 으로 저장됨.
☆	T 플립플롭	T ─ J Q ─ Q >CLK K Q' ─ Q'		T Q(t+1) 0 Q(t) 불변 1 Q'(t) 토글	JK 플립플롭의 두 입력을 접속하여 하나의 입력 T만 사용함.

"끝"

문 163) RS Flip-Flop에서 R=1, S=1 일때 불확실 또는 부정이 발생되는 원인에 대해 설명하시오.

답)

1. RS Flip-Flop의 구성요소와 특성표의 설명

구성요소	특성표			

- NOR Gate 2개, AND Gate 2개, CP

< NOR형 RS FF >

< RS FF의 Symbol >

Q가 Ø이면 Q̄는 반드시 1 상태여야 함 (Rule)

Q	S	R	Q(t+1)	의미
Ø	Ø	Ø	Ø	Data 보존
Ø	Ø	1	Ø	Reset
Ø	1	Ø	1	Set
Ø	1	1	X	불확실, 부정
1	Ø	Ø	1	Data 보존
1	Ø	1	Ø	Reset
1	1	Ø	1	Set
1	1	1	X	불확실, 부정

R=1, S=1 일때 불확실 발생

- Q는 현재상태, Q(t+1) : Clock pulse가 1일때 Q의 다음상태

2. RS Flip-Flop에서 R=1, S=1 일때 불확실, 부정 발생원인

가. Q=Ø인 경우 (Q̄=1) : CP ⌐⌐¹, R=1, S=1, Q=Ø

- 각 동작 Gate의 입/출력값 분석 및 결과

분석	①	②	③	④	⑤	⑥	⑦	⑧	⑨ Q	⑩ Q̄
	1	1	1	1	1	Ø	Ø	1	Ø	Ø

결과	Q값과 Q̄값이 동일함 (부정, Rule에 맞지 않음, 불확실)

동작순서 ① ② ③ ④ ⑦ ⑧ ⑩ ⑤ ⑥ ⑨
(예)　 1　1　1　1　Ø　1　Ø　1　Ø　Ø
　　　　　　　　　　　　　Q̄　　　　Q

4. $Q=1$인 경우 ($\bar{Q}=\emptyset$) : $CP \sqcap^1$, $R=1$, $S=1$, $Q=1$

- 각 동작 Gate의 입/출력값 분석 및 결과

분석	①	②	③	④	⑤	⑥	⑦	⑧	⑨ Q	⑩ $\bar{Q}$
	1	1	1	1	1	$\emptyset$	1	1	$\emptyset$	$\emptyset$

결과	Q값과 $\bar{Q}$값이 동일함 (불확실, 부정)
동작순서	①→②→③→④→⑦→⑧→⑩→⑤→⑥→⑨

- RS Flip-Flop에서는 $R=1$, $S=1$ 값을 사용할수 없음

3. RS Flip-Flop의 불확실 상태 개선, J-K Flip-Flop 구성요소

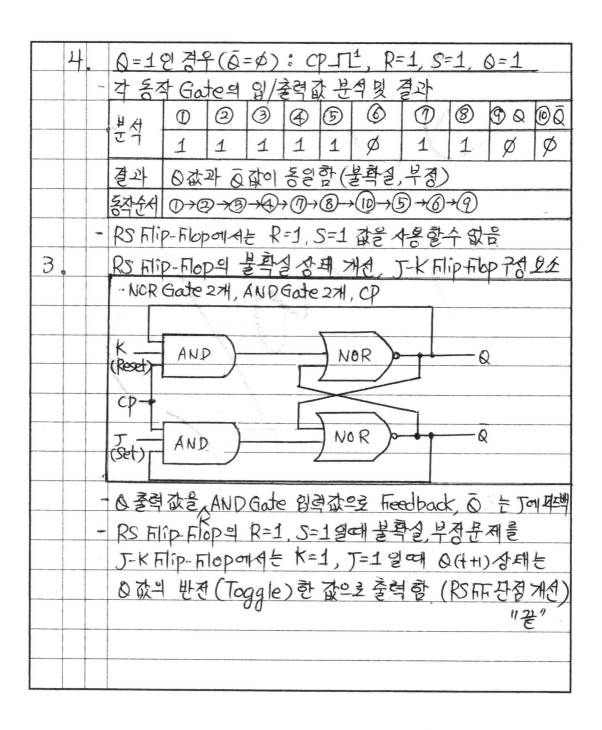

- NOR Gate 2개, AND Gate 2개, CP

- Q 출력값을 AND Gate 입력값으로 Feedback, $\bar{Q}$ 는 J에 피드백
- RS Flip-Flop의 $R=1$, $S=1$일때 불확실, 부정문제를
  J-K Flip-Flop에서는 $K=1$, $J=1$ 일때 $Q(t+1)$ 상태는
  Q값의 반전 (Toggle)한 값으로 출력함 (RS FF 단점 개선)

"끝"

TTL
= Transitor Transitor Logic
응용예상

「설명하시오.

문/64)	3상태 버퍼(Three-State Buffer)의 활용 방안에 대해

답)

1.   3상태 버퍼(Three-state Buffer)의 개념
- 제어신호(Enable)의 제어에 따라 3가지 상태(High, Low, High-Impedance)를 가지는 TTL소자

2.   3상태 버퍼의 기호 및 전치표 (Inverter의 예)

☆
(2)

<기호>

A 입력 ── Y 출력, E(Enable)   전치표→

E(Enable)	A	Y(출력)
High	Low	High
	High	Low
Low	Low	High
	High	Impedance

- Enable 신호가 High인 경우 입력A가 Inverting 되어 출력
- Enable신호가 Low인 경우 입력A와 출력Y간에는 High-임피던스(수M옴)상태유지

3.   3상태(Three-state) Buffer의 활용

활용	설명
활용 (이해)	제어신호와 선택신호를 통한 양방향성 공유 버스 기본구조

Control Select

A ◄   ──► B

Select	Control	방향
1	0	B→A A→B
0	0	Hi-Z

- 3상태 Buffer 활용 양방향 통로제어

Z = Impedance의 의미
High - Impedance = High도 Low도 아닌 상태

		Data Bus 공유	Bus에 여러 Device가 연결된 경우, 사용중이 아닌 장치와의 연결은 High Impedance 유지
		칩 셀렉트 (chip Select) 단자	메모리 소자나 I/O 인터페이스 소자의 CS핀에 연결되어 소자의 작동여부 결정 (CPU의 RD & WR신호)

"끝"

RD : Read신호
WR : Write신호

문165)	3상태 버퍼(Tri-State Buffer)를 이용하여 2-to-1
	Mux (Multiplexer)를 설계하시오
답)	
1.	3상태 버퍼를 이용한 2-to-1 MUX의 개요
가.	3상태 버퍼(Tri-State Buffer)의 정의
	- 0, 1, 고저항(High Impedance State)의 3가지 상태로 작동하는 소자
나.	2-to-1 MUX의 정의 (deMUX는 역다중화 가능)
	- 2개의 입력신호를 1개의 출력신호로 다중화해주는 소자
2.	3상태 버퍼를 이용한 2-to-1 MUX의 설계
가.	3상태 버퍼의 진리표 (Truth table)

A	C	Y
0	0	고저항
0	1	0
1	0	고저항
1	1	1

A(입력) Y(출력) C(제어)

| 나. | 3상태 버퍼를 이용한 2-to-1 MUX의 회로도 |

입력 A —— 출력 Y
입력 B
C (선택, 제어선)

C	Y
1	A
0	B

- C가 1이면 A, 0이면 B 출력

3.	3상태 버퍼를 이용한 2-to-1 MUX의 활용
	- 양방향 버스인 Data 버스의 읽기/쓰기 제어용으로 활용 가능
	- 3상태 버퍼가 Enable 되지 않은 경우, 입력선과 출력선은
	High Impedance 유지. "끝"

발생예제와 설명, 해저드를 제거하기위한 방법을 설명하시오.

문166)	디지털회로에서 발생하는 정적-1 해저드(Hazard)의
답)	☆(2)
1.	디지털 조합논리회로에서의 Hazard의 개요
가.	<u>조합논리회로의 Hazard의 발생원인</u>
	-입력에서 출력으로 가는 경로가 다를 때에 전자지연의 차이로 발생
	-조합회로에 입력이 주어질때 출력에 원치않는 스위칭과도현상발생
나.	조합논리회로의 Hazard의 구분

정적-1 해저드	Static-1 Hazard, 회로의 출력이 일정한값 1로 남아야 하는데 순간적으로 ∅이 되는 경우
☆ 정적-0 해저드	Static-1 Hazard, 회로의 출력이 일정한값 ∅으로 남아 있어야 하는데 순간적으로 1이 되는 경우
동적 해저드	출력이 3번 이상 변화되는(하는) 경우

2.	디지털 조합논리의 해저드의 예제
가.	정적-1 해저드를 갖는 회로.

예제이해

$$F = AB' + BC$$

A	∅	1
BC 00	0	① → AB'
01	0	①
11	①	①
10	0	0

B·C

인접한 항들이 서로 분리되어 있을때 정적1해저드발생

4. 회로의 Timing 상 Hazard 발생예제

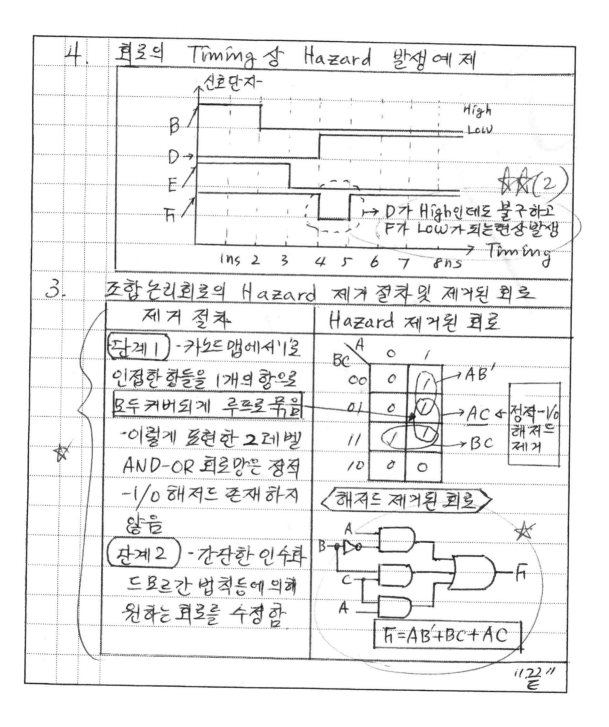

신호단자-

High
Low

B
D
E
F

★★(2)

→ D가 High인데도 불구하고
F가 Low가 되는현상발생

→ Timing

1ns 2　3　　4　5　6　7　8ns

3. 조합논리회로의 Hazard 제거절차및 제거된 회로

제거 절차	Hazard 제거된 회로
[단계1] -카르노맵에서 '1'로 인접한 항들을 1개의 항으로 모두 커버되게 루프로 묶음 -이렇게 표현한 2레벨 AND-OR 회로망은 정적 -1/0 해저드 존재 하지 않음 [단계2] - 간단한 인수화 드모르간 법칙등에 의해 원하는 회로를 수정함	카르노맵 → AB′ → AC → BC 정적-1/0 해저드 제거 〈해저드 제거된 회로〉 $F = AB′ + BC + AC$

"끝"

「기술하시오.
Table)과 특성 방정식('Characteristic equation)에 재해

✗ 고난이도 문제임 (응용-필수)

문 167) 4가지(RS, JK, D, T) flip-flop에 재해 여기표(Excitation

답)

1. flip-flop의 여기표와 특성방정식의 정의

✗ 여기표(Excitation table)정의 - 플립플롭에서 현상태와 다음상태를
알때 플립플롭에 어떤 입력을 넣어야 하는 걸 나타내는표

✗ 특성방정식의 정의 - 현재상태의 입력값에 의해 다음 상태의
변화를 예측할때 사용하는 공식 (각플립플롭마다 특성치 어존재)

여기표	순차회로 설계시 사용 (입출력변화고려)
특성표	플립플롭의 동작 정의와 분석에 유용

2. ✗ flip-flop의 여기표와 특성 방정식 구하기

가. S-R flip-flop의 여기표와 특성 방정식

〈경우의수고려된 동작〉

Q	S R	Q(t+1)	의미
0	0 0	0	Data보존
0	0 1	0	Reset
0	1 0	1	Set
0	1 1	?(X)	불확실
1	0 0	1	Data보존
1	0 1	0	Reset
1	1 0	1	Set
1	1 1	?(X)	불확실

여기표

Q → Q(t+1)	S R
0 → 0	0 X
0 → 1	1 0
1 → 0	0 1
1 → 1	X 0

↓ 특성방정식 ↓

특성방정식 $Q(t+1) = S + R'Q$

4. J-K Flip-Flop의 여기표와 특성 방정식 구하기

이해 ★ ★ (2)

Q	J	K	Q(t+1)	의미
0	0	0	0	~~Data보존~~
0	0	1	0	Reset
0	1	0	1	Set
0	1	1	1	toggle
1	0	0	1	~~Data보존~~
1	0	1	0	Reset
1	1	0	1	Set
1	1	1	0	toggle

여기표

Q→Q(t+1)	J	K
0 → 0	0	X
0 → 1	1	X
1 → 0	X	1
1 → 1	X	0

↓특성 방정식

특성 방정식 $= Q(t+1) = JQ' + K'Q$

4. T-Flipflop의 여기표와 특성 방정식 ★

이해 ☆ ☆

Q	T	Q(t+1)	의미
0	0	0	~~Data보존~~
0	1	1	toggle
1	0	1	~~Data보존~~
1	1	0	Toggle

여기표

Q→Q(t+1)	T
0 → 0	0
0 → 1	1
1 → 0	1
1 → 1	0

$Q(t+1)$의 특성 방정식 $= TQ' + T'Q$

컴 D-Flip Flop의 여기표와 특성방정식

이해

Q	D	Q(t+1)	의미
0	0	0	Delay
0	1	1	Delay
1	0	0	Delay
1	1	1	Delay

여기표

Q→Q(t+1)	D
0 → 0	0
0 → 1	1
1 → 0	0
1 → 1	1

$$Q(t+1) = 특성방정식 = D \ (기존값 유지 \ Delay)$$

"끝"

아래　　　　　　　　　　　　　「으로 구성하시오.

문168) 16×4 bit RAM chip 두개를 활용하여 16×8 bit System

```
┌──────────────────┐
│ A3  A2   A1   A0  │
│ -CS RAM          │
│ -R/W (16×4)      │
│ D0  D1  D2  D3   │
└──────────────────┘
```

답)

1. RAM (Random Access Memory)의 정의

(RAM)－전원공급이 유지되는 한 저장된 내용 지속유지 Memory

2. RAM의 발전과정 (차세대: PRAM, FeRAM, MRAM)

(SRAM) (DRAM) → (SDRAM) → (DDR) (DDR2) (DDR3/4) → (PRAM FeRAM MRAM)

Cache　　주기억장치　　Single Rate　　[Double pumping, 고속]　[ROM+RAM 결합기저장]

3. 주어진 문제에서의 회로 설계 방안

가. 요구 사항의 분석

```
┌─────────────────────┐          ┌─────────────────────┐
│     현재 자원        │          │    목표 시스템       │
│                     │          │                     │
│ -Address (A0~A3)    │   목표    │ -Address : 16 bit 지원│
│  : 2^4 → 16 bit 주소자원│        │                     │
│ -Data ⇒ 4 bit로 구성 │  ──────→ │ -Data 길이 : 8 bit   │
│                     │   설계    │  · 두개 RAM Chip 사용 │
│ -제어신호            │          │ -제어신호            │
│  CS: chip select    │          │  · 각각 제어로 대응.  │
│  R/-W: Read/write 신호│          │                     │
└─────────────────────┘          └─────────────────────┘
```

－ 두개의 RAM chip (16×4)를 사용하여 목표회로 구현

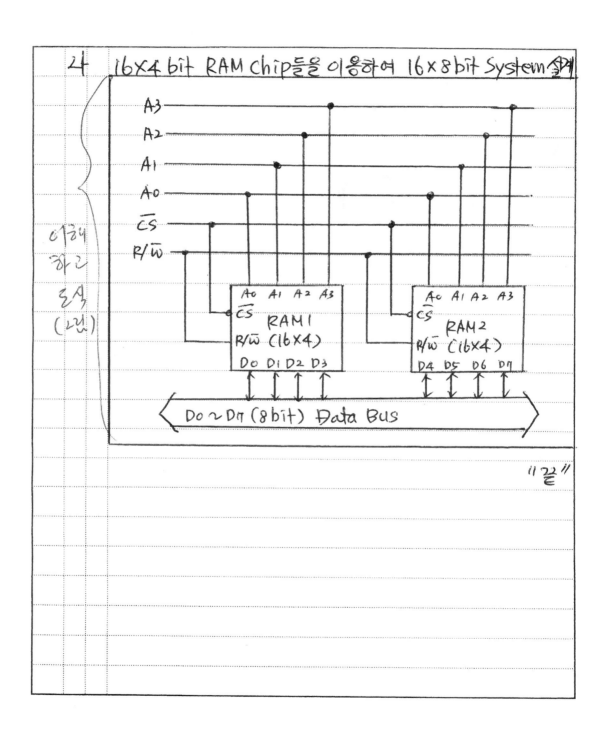

4. 16×4 bit RAM chip들을 이용하여 16×8 bit System 설계

이렇게
하고
도식
(2번)

"끝"

문169) 세개의 입력변수 X, Y, Z로 표현되는 값이 4를 초과하면 1의 값, 4이하인 경우에는 ∅의 값을 출력하는 조합회로를 작성하시오 (10회 응용)

답)

1. 조합회로(Combinational Circuit)의 정의
   - 현재 입력값들만 이용하여 출력 값을 결정하는 회로

2. 조합회로의 설계 방법

　가. 조합회로의 설계목표

입장

목표	설 명	부연설명(회로설계자)
최저 비용	Gate 최소화	PCB(회로기판) 단순화
최소공간	단순구성 → 연결	IC배치 단순화, 저PCB가격
고속처리	Gate수 줄임 → 고속	IC간의 전달지연 최소화

　나. 조합회로의 설계 절차

설계절차	설 명
요구사항정의	구현할 기능 표현과 요구사항 SPEC, 타
변수 결정	입력 및 출력 변수의 결정
진리표작성	입출력 관계분석 → 진리표 작성
회로간략화	카노트맵 사용 회로 간략화
회로구성	회로 구성서, Data, Address, 제어
(해저드고려)	신호의 방향 주의, Netlist 검증

순서

3. 주어진 문제에서의 회로 구현

가. 문제에 정의된 진리표 작성

Hex값	입력 값			출력 값
	X	Y	Z	F
0	0	0	0	0
1	0	0	1	0
2	0	1	0	0
3	0	1	1	0
4	1	0	0	0
5	1	0	1	1
6	1	1	0	1
7	1	1	1	1

$$F = XY'Z + XYZ' + XYZ$$
$$(101) + (110) + (111)$$

나. 카르노 맵을 이용한 부울 함수 간소화 (회로 간소화)

X \ YZ	00	01	11	10
0	0	0	0	0
1	0	1	1	1

$$XZ \qquad XY$$

$$\boxed{F = XY + XZ}$$

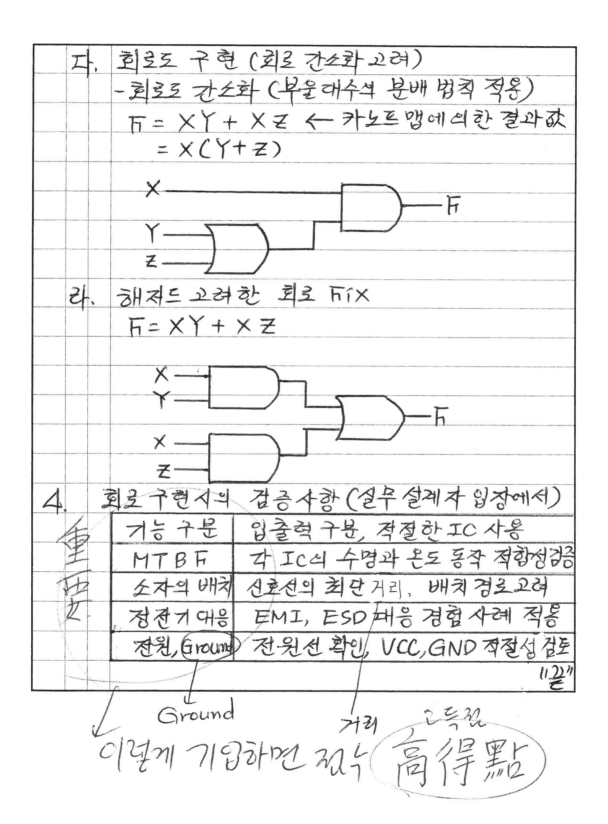

다. 회로도 구현 (회로 간소화 고려)

- 회로도 간소화 (부울대수식 분배법칙 적용)

$F = XY + XZ$ ← 카노프맵에 의한 결과값

$\quad = X(Y+Z)$

라. 해저드 고려한 회로 Fix

$F = XY + XZ$

4. 회로 구현시의 검증사항 (실무 설계자 입장에서)

기능 구분	입출력 구분, 적절한 IC 사용
MTBF	각 IC의 수명과 온도 동작 적합성검증
소자의 배치	신호선의 최단거리, 배치경로고려
정전기 대응	EMI, ESD대응 경험 사례 적용
전원, Ground	전원선 확인, VCC, GND 적절성검토

"끝"

Ground   거리   득점값

이렇게 기입하면 점수 高得點

문/70) 부울대수(Boolean Algebra)를 이용하여 부울함수

$F(A, B, C, D) = A'B'CD + A'BCD + AB'CD + ABC'D + ABCD$를

간략화 하시오.

답)

1. Boolean Algebra의 정의, 필요성(목적), 구성요소.

정 의	논리회로의 표현을 간소화하기 위해 개발된 수학 법칙
목 적	논리회로 구현시 부품(Gate)개수최소화, 비용절감, 속도향상
구성요소	2진 변수 {∅, 1} 사용, 덧셈(+), 곱셈(·) 연산자

2. 회로 간소화에 적용되는 부울 대수의 법칙들

법칙	사용 예	법칙	사용 예
교환	$A + B = B + A$, $A \cdot B = B \cdot A$	곱셈	
결합	$(A + B) + C = A + (B + C)$		$A \cdot A' = \emptyset$
분배	$A \cdot (B + C) = (A \cdot B) + (A \cdot C)$	덧셈	$A + 1 = 1$
팩토링	$AB + AC = A(B + C)$		$A + A' = 1$

3. 주어진 부울함수 간략화 과정과 적용된 법칙

$F(A, B, C, D) = A'B'CD + A'BCD + AB'CD + ABC'D + ABCD$	적용 법칙
$= CD \cdot (A'B' + A'B + AB' + AB) + ABC'D$	팩토링
$= CD \cdot \{A'(B' + B) + A(B' + B)\} + ABC'D$	$B' + B = 1$ (덧셈)
$= CD \cdot (A' \quad + A) + ABC'D$	$A' + A = 1$ (덧셈)
$= CD + ABC'D = CD \cdot (1 + AB) + ABC'D$	$1 + AB = 1$ (덧셈)
$= CD + ABCD + ABC'D = CD + ABD(C + C')$	분배 법칙, 팩토링
$= CD + ABD$	$C + C' = 1$ (덧셈)

4.   주어진 부울 함수의 논리 회로.

$$F(A, B, C, D) = CD + ABD$$

"끝"

문 171) 부울대수(Boolean Algebra)의 규칙을 활용하여 아래의 부울 함수를 간략화 하고 구현된 회로를 작성하시오

$$F(A, B, C, D) = A'B'CD + A'BCD + AB'CD + ABC'D + ABCD$$

답)

1. 논리회로 → 수학적 해석, 부울대수의 개요

   가. Computer 회로설계에 활용, Boolean Algebra의 정의
      - 논리회로를 수학적으로 쉽게 해석위해 영국수학자 부울이제안

   나. 부울대수 활용의 필요성(목적) - 회로(Circuit) 간소화
      (목적) - 회로구현시 부품개수의 최소화, 비용절감, 속도향상

2. 부울대수(Boolean Algebra)의 규칙과 함수의 간략화

   가. Boolean Algebra의 규칙(Rules)들

법칙	설명	예제		
교환법칙	앞항과 뒤항의 교환	$A+B = B+A$, $AB = BA$		
결합법칙	앞항부분과 뒤항부분의 묶음	$(A+B)+C = A+(B+C)$, $A(BC) = (AB)C$		
분배법칙	괄호항의 곱 형태로 분배	$A(B+C) = (AB)+(AC)$		
팩토링	공통 변수의 묶음	$AB+AC = A(B+C)$		
상대성 원리 (Duality 원리)	AND연산규칙에서 연산자와 변수값을 반대로 바꾸면 OR연산자규칙이됨 ⟨AND↔OR, 1↔∅⟩		AND 연산	OR 연산
			$A \cdot \emptyset = \emptyset$	$A+1 = 1$
			$A \cdot 1 = A$	$A+\emptyset = A$
			$A \cdot A = A$	$A+A = A$
			$A \cdot A' = \emptyset$	$A+A' = 1$

   나. 주어진 부울 함수의 간략화

			적용법칙
		$F(A,B,C,D) = A'B'CD + A'BCD + AB'CD + ABC'D + ABCD$	
		$= CD(A'B' + A'B + AB' + AB) + ABC'D$	분배법칙
		$= CD\{A'(B' + B) + A(B' + B)\} + ABC'D$	쌍대성원리 $(B'+B=1)$
		$= CD(A' + A) + ABC'D \rightarrow CD + ABC'D$	쌍대성원리 $(A'+A=1)$
		$= CD(1 + AB) + ABC'D$	쌍대성원리 $(1+AB=1)$
		$= CD + ABCD + ABC'D$	분배법칙
		$= CD + ABD(C + C')$	팩토링, 쌍대성원리
		$= CD + ABD$	-
		- 쌍대성원리, 분배법칙, 팩토링 법칙이 적용됨	
3		구현된 회로의 작성	

- 회로 간소화, 지연시간 감소, 설계비용 감소 효과 발생.

"끝"

문 172) $F(A, B, C) = \Sigma(1, 2, 3, 4, 5, 7)$에 대하여 NAND Gate를 이용한 Logic Diagram을 도식하시오.

답)

1. 부울대수 규칙 활용, $(A \cdot B)' = A' + B'$ 의 증명

입력		출력	
A	B	$(A \cdot B)'$	$A' + B'$
0	0	1	1
0	1	1	1
1	0	1	1
1	1	0	0

2. 주어진 문제에서의 진리표 작성과 회로 간소화

문제에 정의된 진리표 작성

Hex값	입력값			출력값
	A	B	C	F
0	0	0	0	0
1	0	0	1	1
2	0	1	0	1
3	0	1	1	1
4	1	0	0	1
5	1	0	1	1
6	1	1	0	0
7	1	1	1	1

카노프 Map 이용 회로간소화

$$F(A, B, C) = $$
$$\underline{AB' + A'B + C}$$

↑ 간소화된 Logic

3. F(A, B, C) = AB′ + A′B + C 의 Logic Diagram 구현 (NAND Gate)

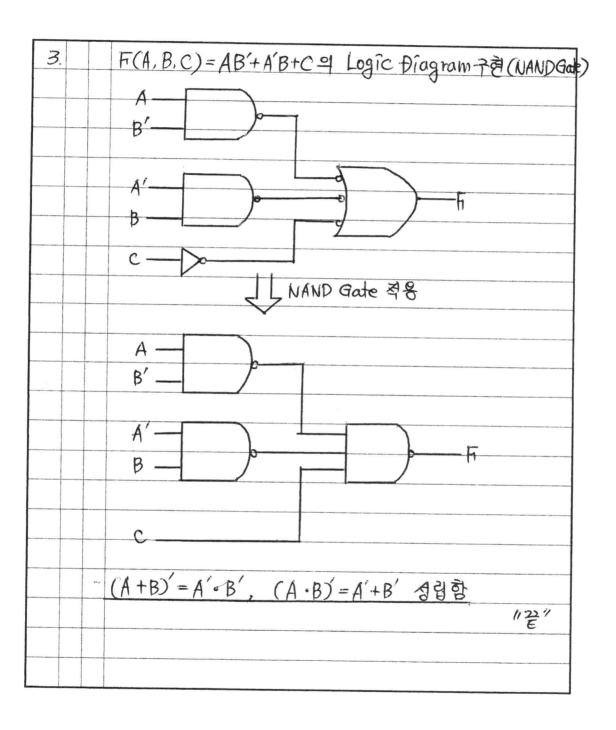

NAND Gate 적용

$(A+B)' = A' \cdot B'$, $(A \cdot B)' = A' + B'$ 성립함

"끝"

| 문 (73) | 8bit 데이터 버스(Data bus)와 14bit Address Bus 로 구성되는 마이크로 컴퓨터 시스템에서 각각 8bit의 입력 1 port 와 출력 2 port의 맵(Map)을 작성하고, 작성한 Map에 근거한 회로를 설계 하고 설명 하시오. (단, 마이크로 프로세스는 어드레스 버스 신호 (A0~A13), Data Bus 신호 (D0~D7), 메모리를 위한 신호(/MEM) 이외에 입/출력을 위한 별도의 신호(/IO)를 가지며 출력신호(/WR), 입력신호(/RD)도 별도로 존재한다. (데이터와 어드레스는 그룹으로 묶어 해도 무방하며 단일로 쓰이는 신호는 반드시 개별 신호명을 묶기 하시오. "/"는 Active Low 신호 이고 묶기가 없으면 Active High 임) |

답)

1. 회로설계를 위한 구성요소 및 Address Map 작성

가. 회로의 구성 요소 분석

구성요소	설 명	방향
Data 버스	8bit (D0 ~ D7)	양 방향신호
Address 버스	14bit (A0 ~ A13)	단방향신호
제어 버스	/MEM, /IO, /WR, /RD	단방향신호

- I/O port는 8bit의 입력 1 port와 출력 2 port

나. 회로 설계의 절차

구성요소분석 → Address Map 작성 → 디코더 및 배치 정책 → 설계 및 검증

[요구사항근거]　　[주소에 따른 디코더 설정]　[설계]

4. 회로 구성을 위한 Address Map 작성

항목 \ 상태bit	시작/끝	16K 8K 4K2K1K				번지
		A13 A12	11 10 9 8	7 6 5 4	3 2 1 0	
입력 port	시작	0 0	0000	0000	0000	0
	끝번지	0 0	1111	1111	1111	FFF
출력 Port1	시작	0 1	0000	0000	0000	1000
	끝	0 1	1111	1111	1111	1FFF
출력 Port2	시작	1 0	0000	0000	0000	2000
	끝	1 0	1111	1111	1111	2FFF
미사용	시작	1 1	0000	0000	0000	3000
	끝	1 1	1111	1111	1111	3FFF

-A12와 A13 신호를 사용하여 입력과 출력 port에
연결되는 Chip Select (/CS) 단자 신호 생성

2. 회로 설계를 위한 준비 단계

가. 2 × 4 Decoder의 선택

- 8bit의 입력1포트와 출력 2포트를 제어하기위해 2×4 디코더 사용

A1	A0	D3	D2	D1	D0
0	0	0	0	0	1
0	1	0	0	1	0
1	0	0	1	0	0
1	1	1	0	0	0

4. 배치 정책 - PCB Size 최소화 고려

A13	A12	배치 (할당)
0	0	입력 port 할당
0	1	출력 port
1	0	출력 port
1	1	Don't Care(미사용)

다. 회로 설계 (Circuit Design)를 위한 신호의 Define

분류	신호	신호 설명
Data	D0 ~ D7	1 Bytes
Address	A0 ~ A13	16K 소자 제어 가능
Memory 제어	/MEM	Decoder 활성화 신호
IO port 제어	/IO	입력/출력 제어
IO port Read	/RD	Read 신호
IO port Write	/WR	Write 신호

- 신호에 대한 정의와 사양을 미리 Define 함

라. I/O port 선정 (74LS245)

/E	DIR	입력 / 출력
0	0	출력 (쓰기)
0	1	입력 (읽기)
1	0	High Impedance
1	1	High Impedance

/E와 DIR 신호선을 이용 하여 입/출력 제어

3.	회로구현

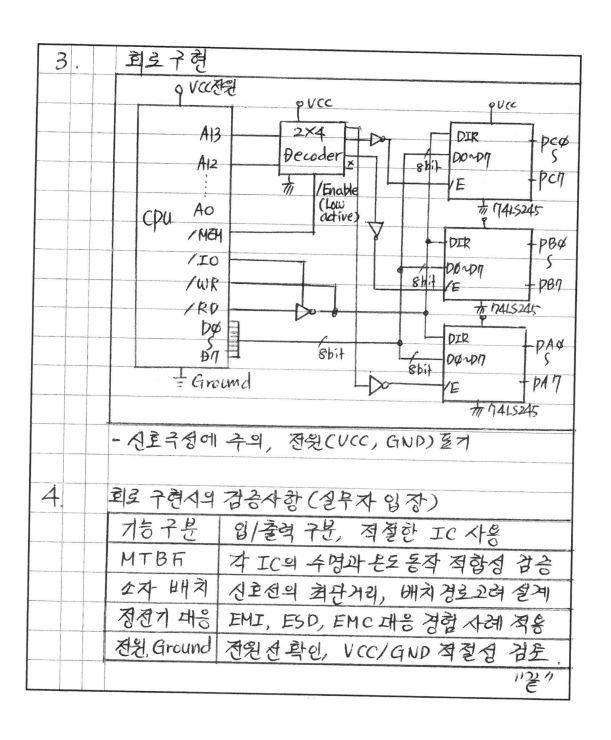

- 신호극성에 주의, 전원(VCC, GND) 놓기

4.	회로 구현시의 검증사항 (실무자 입장)	
	기능구분	입/출력 구분, 적절한 IC 사용
	MTBF	각 IC의 수명과 온도 동작 적합성 검증
	소자 배치	신호선의 최단거리, 배치 경로고려 설계
	정전기 대응	EMI, ESD, EMC 대응 경험 사례 적용
	전원, Ground	전원선 확인, VCC/GND 적절성 검토

"끝"

문174)	Positive edge triggered J-K Flip Flop을 사용하여 상태 순차 000, 001, 010, 011, 100을 반복하는 동기식 Counter를 설계하시오. 단, 3상태 101, 110, 111이 발생하는 경우에는 다음 상태에서 000이 된다

답)

1. RS FF의 불확실/부정상태 개선. J-K FF의 여기표

Q(t)	Q(t+1)	J	K	
0	0	0	X	Q(t): 현재상태
0	1	1	X	Q(t+1): Q의
1	0	X	1	다음 상태
1	1	X	0	

2. 주어진 동기식 Counter의 상태 전이도 작성

Q(t)			Q(t+1)			J K Flip Flop					
A	B	C	A	B	C	J_A	K_A	J_B	K_B	J_C	K_C
0	0	0	0	0	1	0	X	0	X	1	X
0	0	1	0	1	0	0	X	1	X	X	1
0	1	0	0	1	1	0	X	X	0	1	X
0	1	1	1	0	0	1	X	X	1	X	1
1	0	0	1	0	1	X	0	0	X	1	X
1	0	1	0	0	0	X	1	0	X	X	1
1	1	0	0	0	0	X	1	X	1	0	X
1	1	1	0	0	0	X	1	X	1	X	1

3. JK Flip-Flop 입력에 대한 카르맵 작성

가. J_A, K_A에 대한 카르 Map.

J_A:

A \ BC	00	01	11	10
0	0	0	1	0
1	×	×	×	×

$\longrightarrow J_A = BC$

K_A:

A \ BC	00	01	11	10
0	×	×	×	×
1	0	1	1	1

$\dashrightarrow K_A = B + C$

$\check{C}$ $\check{B}$

4. J_B, K_B에 대한 카르 Map.

J_B:

A \ BC	00	01	11	10
0	0	1	×	×
1	0	0	×	×

$\dashrightarrow J_B = A'C$

K_B:

A \ BC	00	01	11	10
0	×	×	1	0
1	×	×	1	1

$\rightarrow$ C

$\dashrightarrow$ AB

$K_B = C + AB$

다. J_C, K_C에 대한 카르 Map.

J_C:

A \ BC	00	01	11	10
0	1	×	×	1
1	1	×	×	0

$J_C = B' + A'C'$

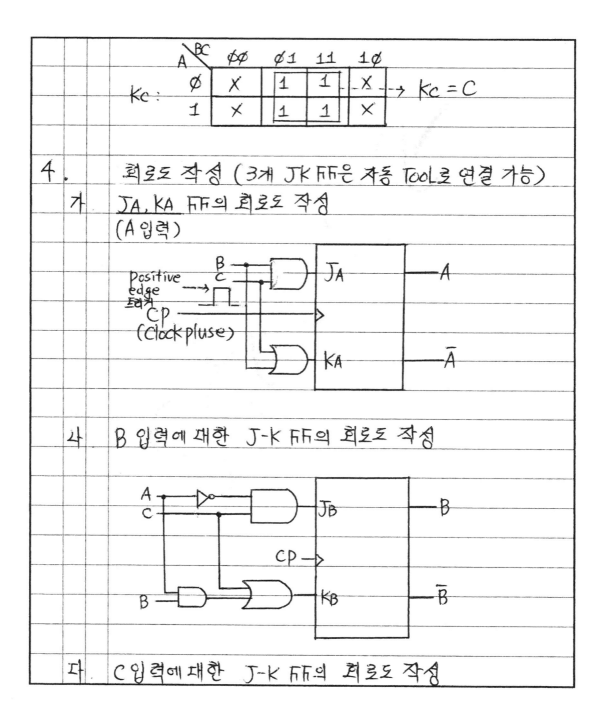

A\BC	∅∅	∅1	11	1∅	
Kc: ∅	X	1	1	X	→ Kc = C
1	X	1	1	X	

4. 회로도 작성 (3개 JK FF은 자동 TOOL로 연결 가능)

가 JA, KA FF의 회로도 작성
(A입력)

나 B 입력에 대한 J-K FF의 회로도 작성

다 C 입력에 대한 J-K FF의 회로도 작성

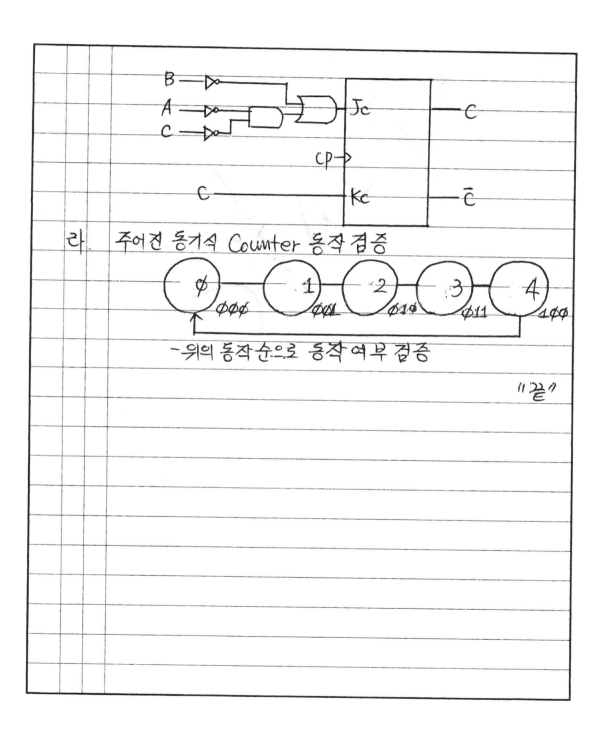

라. 주어진 동기식 Counter 동작검증

－위의 동작순으로 동작여부 검증

"끝"

문 175) J-K Flip Flop을 사용하여 아래 3bit 2진 Counter를 설계하시오. 3bit 2진 Counter의 상태도는 아래와 같다.

000 → 001 → 010 → 011 → 100 → 101 → 110 → 111 → (순환)

답)

1. RS FF의 불확실 상태 개선 JK Flip Flop의 여기표

Q	J K	Q(t+1)	의 미
0	0 0	0	Data 보존
0	0 1	0	Reset
0	1 0	1	Set
0	1 1	1	Toggle
1	0 0	1	Data 보존
1	0 1	0	Reset
1	1 0	1	Set
1	1 1	0	Toggle

여기표 (다음상태 결정)

Q → Q(t+1)	J K
0 → 0	0 ×
0 → 1	1 ×
1 → 0	× 1
1 → 1	× 0

- Q(t+1)의 의미는 Q의 다음 상태 표시
- JK Flip Flop의 여기표를 작성하여 Counter의 상태도에 대입

RS FF (Flip Flop)

2.		Counter의 현재/차기 상태와 상태 전이도 작성					

가. 현재 상태와 차기 상태 분석

여기표로 상태 전이도를 작성하기 위함

현재 상태(Q)			차기 상태(Q(t+1))		
A	B	C	A	B	C
∅	∅	∅	∅	∅	1
∅	∅	1	∅	1	∅
∅	1	∅	∅	1	1
∅	1	1	1	∅	∅
1	∅	∅	1	∅	1
1	∅	1	1	1	∅
1	1	∅	1	1	1
1	1	1	∅	∅	∅

나. 주어진 문제의 3bit 2진 Counter의 상태 전이도 작성

Q A B C	Q(t+1) A B C	JK FF의 입력					
		J_A	K_A	J_B	K_B	J_C	K_C
∅ ∅ ∅	∅ ∅ 1	∅	×	∅	×	1	×
∅ ∅ 1	∅ 1 ∅	∅	×	1	×	×	1
∅ 1 ∅	∅ 1 1	∅	×	×	∅	1	×
∅ 1 1	1 ∅ ∅	1	×	×	1	×	1
1 ∅ ∅	1 ∅ 1	×	∅	∅	×	1	×
1 ∅ 1	1 1 ∅	×	∅	1	×	×	1
1 1 ∅	1 1 1	×	∅	×	∅	1	×
1 1 1	∅ ∅ ∅	×	1	×	1	×	1

3.		JK Flip-Flop 입력에 대한 카노프 Map 작성
	가.	J_A, K_A에 대한 카노프 Map 작성

구분	J_A	K_A

	Map									

J_A

A \ BC	00	01	11	10
0	0	0	1	0
1	×	×	×	×

K_A

A \ BC	00	01	11	10
0	×	×	×	×
1	0	0	1	0

결과	BC	BC

- $J_A = BC$, $K_A = BC$ 도출

	나.	J_B, K_B에 대한 카노프 Map 작성

구분	J_B	K_B

J_B

A \ BC	00	01	11	10
0	0	1	×	×
1	0	1	×	×

K_B

A \ BC	00	01	11	10
0	×	×	1	0
1	×	×	1	0

결과	C	C

- $J_B = C$, $K_B = C$ 도출

	다.	J_C, K_C에 대한 카노프 Map 작성

구분	J_C	K_C

J_C

A \ BC	00	01	11	10
0	1	×	×	1
1	1	×	×	1

K_C

A \ BC	00	01	11	10
0	×	1	1	×
1	×	1	1	×

결과	1 (High)	1 (High)

- $J_C = 1$, $K_C = 1$

4. 회로도 작성

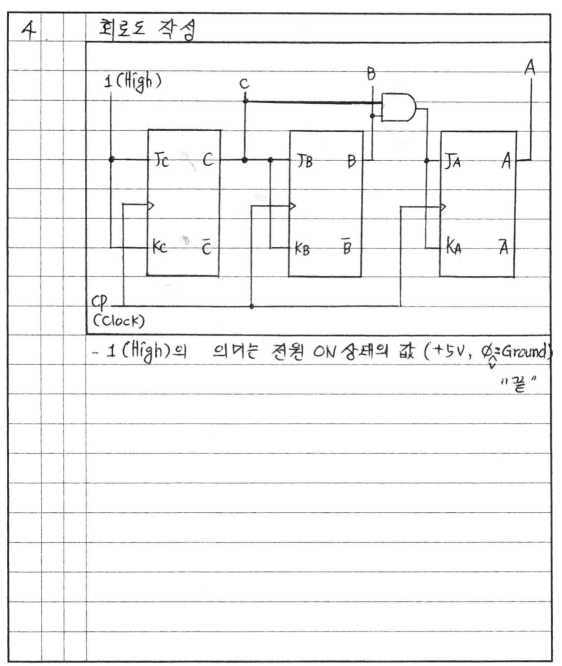

- 1 (High)의 의미는 전원 ON 상태의 값 (+5V, ∅≒Ground)

" 끝 "

∅V = Ground
  ↓
Voltage

문 176) J-K Flip Flop을 사용하여 아래와 같이 주어지는 상태도에 대해 Counter 회로를 설계 하시오 (미 사용 010, 100 상태에 대해서는 Don't Care 상태로 처리 하시오)

답)

1. Data 보존, Set, Reset, Toggle 상태, JK FF의 여기표

다음상태

$Q \rightarrow Q(t+1)$

여기표 (다음 상태 결정)		
$Q \rightarrow Q(t+1)$	J	K
$0 \rightarrow 0$	0	$\times$
$0 \rightarrow 1$	1	$\times$
$1 \rightarrow 0$	$\times$	1
$1 \rightarrow 1$	$\times$	0

$Q(t+1)$ 의 의미는 Q의 다음 상태로서

2.		Counter의 현재/차기 상태와 상태 전이도 작성
	가.	현재 상태와 차기 상태(Next 상태) 분석

현재 상태(Q)			차기상태(Q(t+1))		
A	B	C	A	B	C
$\emptyset$	$\emptyset$	$\emptyset$	$\emptyset$	$\emptyset$	1
$\emptyset$	$\emptyset$	1	1	1	$\emptyset$
1	1	$\emptyset$	1	1	1
1	1	1	$\emptyset$	1	1
$\emptyset$	1	1	1	$\emptyset$	1
1	$\emptyset$	1	$\emptyset$	$\emptyset$	$\emptyset$

나. 주어진 Counter 에서의 상태전이도 작성

Q	Q(t+1)	JK FF의 입력					
A B C	A B C	J_A	K_A	J_B	K_B	J_C	K_C
$\emptyset\,\emptyset\,\emptyset$	$\emptyset\,\emptyset\,1$	$\emptyset$	$\times$	$\emptyset$	$\times$	1	$\times$
$\emptyset\,\emptyset\,1$	$1\,1\,\emptyset$	1	$\times$	1	$\times$	$\times$	1
$1\,1\,\emptyset$	$1\,1\,1$	$\times$	$\emptyset$	$\times$	$\emptyset$	1	$\times$
$1\,1\,1$	$\emptyset\,1\,1$	$\times$	1	$\times$	$\emptyset$	$\times$	$\emptyset$
$\emptyset\,1\,1$	$1\,\emptyset\,1$	1	$\times$	$\times$	1	$\times$	$\emptyset$
$1\,\emptyset\,1$	$\emptyset\,\emptyset\,\emptyset$	$\times$	1	$\emptyset$	$\times$	$\times$	1

3.		JK Flip Flop 입력에 대한 카노프 Map 작성
	가.	J_A, K_A 에 대한 카노프 Map 작성

구분	J_A				K_A			

	A\BC	00	01	11	10
Map	0	$\emptyset$	1	1	×
	1	×	×	×	×

C

	A\BC	00	01	11	10
	0	×	×	×	×
	1	×	1	1	$\emptyset$

C

결과	C	C

4. J_B, K_B에 대한 카노프 Map 작성

구분	J_B	K_B

	A\BC	00	01	11	10
Map	0	$\emptyset$	1	×	×
	1	×	$\emptyset$	×	×

$A'C$

	A\BC	00	01	11	10
	0	×	×	1	×
	1	×	×	$\emptyset$	$\emptyset$

$\overline{A}$

결과	$A'C$	A'

4. J_C, K_C에 대한 카노프 Map 작성

구분	J_C	K_C

	A\BC	00	01	11	10
	0	1	×	×	×
Map	1	×	×	×	1

1

	A\BC	00	01	11	10
	0	×	1	$\emptyset$	×
	1	×	1	$\emptyset$	×

B'

결과	1	B'

4. 회로도 작성

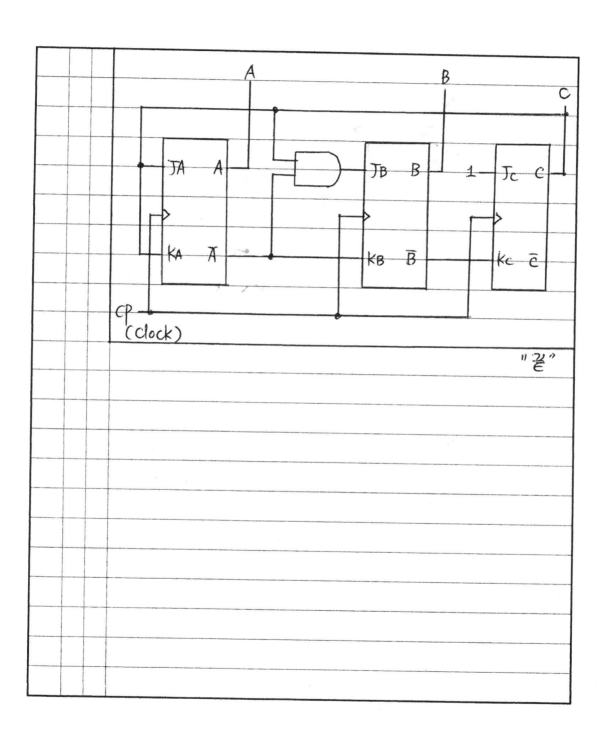

문/77)	8 bit 데이터 (Data) Bus와 16 bit Address Bus로 구성되는 마이크로 컴퓨터 시스템에서 아래와 같은 조건으로 기억 장치를 설계하고자 한다. 회로를 설계 하시오.

- 메모리 용량 : 1KByte RAM, 1KByte ROM
- 주소 영역은 RAM은 Ø번지부터 ROM은 800H 번지부터
- 사용가능한 칩들은 256B × 8 bit RAM, 1k×8 Bit ROM

RAM의 제어신호는 RD, WR, CS (chip select) 이고 ROM의 제어신호는 RD, /CS이다. ("/"는 Active Low 신호이고 표기가 없으면 Active High 임)

답)

1. 회로설계의 절차, 구성요소분석, Address map 작성

가. 회로 설계 (Circuit Design)의 절차

구성요소분석 → Address Map 작성 → Decoder 및 배치정책 → 설계및 검증

- 요구사항/조건분석   - 주소에따른 디코더선정   - 설계&검증

나. 회로의 구성 요소분석

구성요소	설 명		방 향
Data 버스	8 Bit (DØ ~ D7)		양방향신호
Address 버스	16 Bit (AØ ~ A15)		단방향신호
제어 버스 (RAM, ROM)	RAM	RD, WR, CS	단방향신호
	ROM	RD, /CS (Low Active신호)	단방향신호

	다	회로구성을 위한 Address Map 작성

- 회로구성 - 1K Byte RAM을 구성하기위해 256B × 8Bit

RAM 4개가 필요, 1KB ROM은 하나

Chip \ 주소Bit	시작/끝	A11 A10 A9 A8 7 6 5 4 3 2 1 0	Address
RAM1	Start	∅∅∅∅ ∅∅∅∅ ∅∅∅∅	∅ 번지
(256B)	end	∅∅∅∅ 1111 1111	FFF 번지
RAM2	Start	∅∅∅1 ∅∅∅∅ ∅∅∅∅	1∅∅ 번지
(256B)	end	∅∅∅1 1111 1111	1FF 번지
RAM3	Start	∅∅1∅ ∅∅∅∅ ∅∅∅∅	2∅∅ 번지
(256B)	end	∅∅1∅ 1111 1111	2FF 번지
RAM4	Start	∅∅11 ∅∅∅∅ ∅∅∅∅	3∅∅ 번지
(256B)	end	∅∅11 1111 1111	3FF 번지
ROM	Start	1∅∅∅ ∅∅∅∅ ∅∅∅∅	8∅∅ 번지
(1KB)	end	1∅11 1111 1111	BFF 번지

- A9와 A8신호를 사용하여 RAM의 Chip Select (CS)에 연결

(2×4 디코더 필요)

2.		회로 설계를 위한 준비 단계

| | 가 | 2×4 Decoder의 선택 |

A9	A8	RAM4	RAM3	RAM2	RAM1
∅	∅	∅	∅	∅	1
∅	1	∅	∅	1	∅
1	∅	∅	1	∅	∅
1	1	1	∅	∅	∅

A8 ─── 2(입력) ── CS1(RAM1)
A9 ─── 4(출력) ── CS2(RAM2)
Decoder ── CS3(RAM3)
── CS4(RAM4)
Ground

4. 배치 정책 - PCB(회로기판) size 최소화 고려

A11	A9	A8	배치(Replacement)
$\emptyset$	$\emptyset$	$\emptyset$	RAM1
$\emptyset$	$\emptyset$	1	RAM2
$\emptyset$	1	$\emptyset$	RAM3
$\emptyset$	1	1	RAM4
1	$\emptyset$	$\emptyset$	ROM

차. 회로 설계 (Circuit Design)를 위한 신호선의 Define

분류	신호	설명
Data	$D\emptyset \sim D7$	1 Byte Data
Address	$A\emptyset \sim A15$	64K 주소 지정 가능
Read 제어	RD	Read 신호
Write 제어	WR	Write 신호
CS 제어	CS	High Active (칩선택)
(RAM, ROM)	/CS	Low Active (칩선택)

3. 회로 구현후 검증사항 (실무 System 개발 경험자 입장)

기능, 성능 고려	입/출력 구분, 최적 IC 선정, Hazard 고려
MTBF	각 IC의 MTBF, 온도 환경(고온/저온/습도) 검증
IC 배치 정책	신호선의 최단거리, 배치 경로 고려한 설계
정전기 대응	EMI, ESD, EMC 대응 경험사례 적용
전원, Ground	전원 및 Ground 배치 적절성 여부 검토

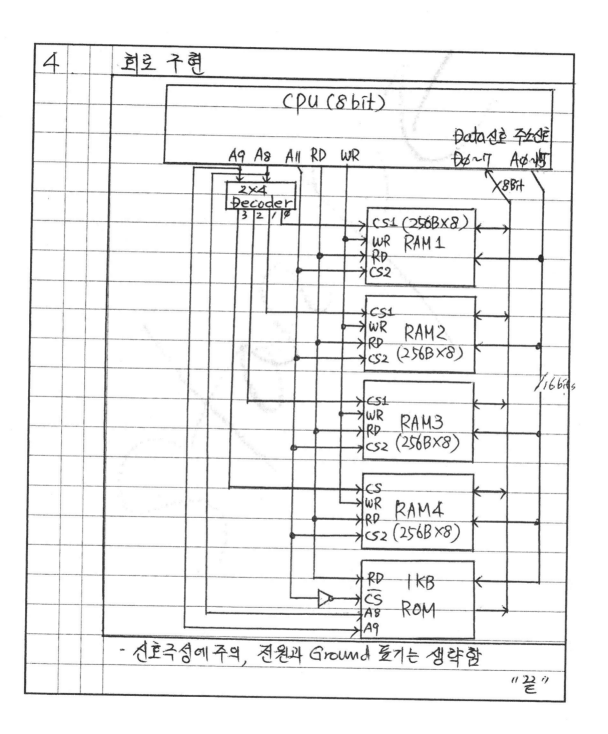

4 | 회로 구현

CPU (8bit)

Data선은 주소선
D0~7 A0~15

A9 A8 A11 RD WR

2×4 Decoder
3 2 1 0

×8Bit

CS1 (256B×8)
WR RAM 1
RD
CS2

CS1
WR RAM2
RD
CS2 (256B×8)

/16bits

CS1
WR RAM3
RD
CS2 (256B×8)

CS
WR RAM4
RD
CS2 (256B×8)

RD 1KB
CS ROM
A8
A9

- 신호극성에 주의, 전원과 Ground 표기는 생략함

"끝"

문/78) Programmable switch (프로그래머블 스위치)

답)

1. 오류발생시 Easy 수정, Programmable switch 의 개요

가. 개발납기단축, 초기비용(개발) 감소, 프로그래머블 스위치정의

- PLD (프로그래머블 로직 Device) 내에서 사용자의 프로그래밍에 따라 조직 블럭과 배선을 연결하거나 차단하는 전자소자

나. Programmable 스위치의 주목이유

- 급격한 시장변화대응, 개발기간단축, 비용절감에 적합

- PLD중 FPGA는 최근 비약적인 기술발전 & 성능향상됨

다. FPGA (Field 프로그래머블 Gate Array) 활용

DSP	ASIC	ADAS	SPN	암호화 에뮬레이어	AI Big Data 클라우드 등
디지털 신호 처리	주문형 반도체 초기버전	첨단 운전자 지원 시스템	S/W Define N/W	암호 시뮬레이어	신기술에 활용

라. 프로그래머블 스위치의 발전

PROM → PLA → PAL → SPLD → CPLD → FPGA

→ 규모, 성능, 편리성

2. PLD의 종류 및 특징

가. PLA (Programmable Logic Array)

- 프로그래머블 AND-plane (곱)과 OR-plane (합)이

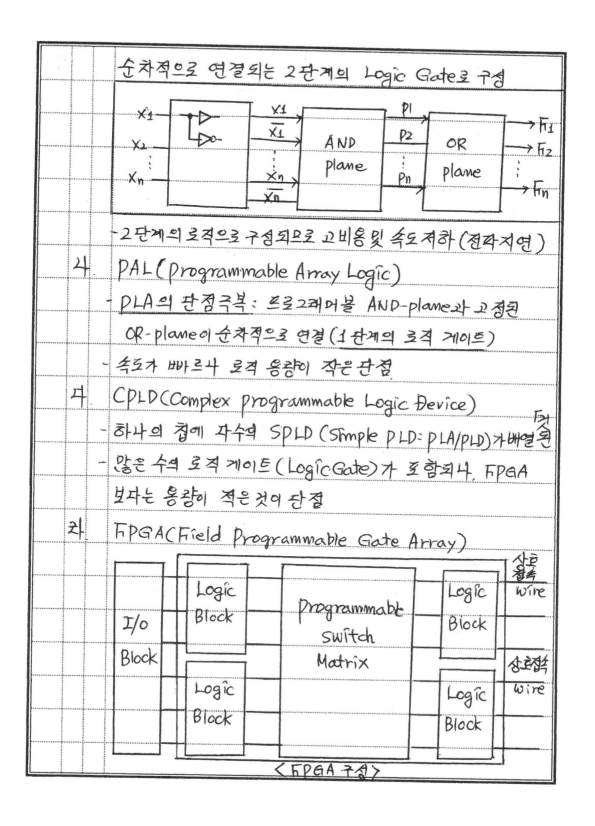

순차적으로 연결되는 2단계의 Logic Gate로 구성

- 2단계의 로직으로 구성되므로 고비용 및 속도저하 (전파지연)

4. PAL (Programmable Array Logic)

- PLA의 단점극복 : 프로그래머블 AND-plane과 고정된 OR-plane이 순차적으로 연결 (1단계의 로직 게이트)

- 속도가 빠르나 로직 용량이 작은 단점

다. CPLD (Complex Programmable Logic Device)

- 하나의 칩에 다수의 SPLD (Simple PLD : PLA/PLD)가 배열된

- 많은 수의 로직 게이트 (Logic Gate)가 포함되나, FPGA 보다는 용량이 적은 것이 단점

라. FPGA (Field Programmable Gate Array)

〈FPGA 구성〉

- 대용량이며 프로그래밍이 가능한 Logic Device
- 설계가능 논리소자와 프로그래밍 가능 내부선이 포함된 반도체소자
- VHDL 또는 Verilog와 같은 HW를 사용하여 프로그래밍됨
- 개발기간이 짧고 오류를 현장에서 재수정 가능. 초기개발비용 적음

3. Programmable switch 기술

가. 역할 : 사용자의 프로그래밍에 따라 로직 게이트 (Logic Gate), 로직 블럭 (Logic Block), 배선을 연결 가능

나. 한번 기록 (퓨즈사용), 여러번 사용 (EPROM - 자외선), (EEPROM - 전압)

다. FPGA를 이용한 경우 (여러번 기록 가능)

분류	내용
SRAM 스위치	여러번 기록, 속도빠름, 휘발성 (PROM 필요)
Flash 스위치	여러번 기록, 비휘발성, 전기적 소거
안티퓨즈 스위치	퓨즈와 반대, 한번만 기록가능, 비휘발성
차세대 메모리	MRAM, FeRAM, PRAM등 여러번 기록, 비휘발성

라. SRAM, Flash, 안티퓨즈, 차세대 메모리와의 비교

항목	SRAM	Flash	안티퓨즈	차세대 메모리
재프로그램	가능	가능	한번만	가능
휘발성	휘발	비휘발	비휘발	비휘발
외장메모리유무	필요	불필요	불필요	불필요
소모전력	높음	보통	낮음	낮음
기술성숙도	우수	우수	우수	보통

4		programmable switch 기술동향
		- 시제품 제작및 검증의 단순화로 영역 확대 추세
		- FPGA는 성능 (동작주파수, 전력소모 절감등) 향상& 단가 하락으로 산업 전 분야에 확대 (응용)
		- 산업분야는 통신, 자동차, 산업용, 데이터 센터 / 컴퓨팅, 가전제품, 군용/항공우주, 헬스케어, 검사/측정/Emuator 분야로 분류됨.
		"끝"

문179)	FPGA의 개념, 구성, 그리고 CPLD와 비교하여 설명하시오
답)	
1.	현장에서 즉시 programming 가능한 Gate Array, FPGA개요
가.	FPGA(Field Programmable Gate Array)의 개념
-	사용자가 원하는 Digital Logic을 programming을 통해 구현 가능한 Chip.(Board에 내장 후 목적에 맞게 활용)
나.	FPGA의 구성 및 설명

구성	설명
Programmable 연결 ② / I/O Block ③ / die Area / 기억소자→① Logic Block (Lookup table)	① 현재 Logic("0"과 "1" 상태를 저장(플립플롭) ② Look up table를 상호 연결 (Shift 레지스터) ③ 다른 chip과 I/O 인터페이스

2.	FPGA와 CPLD (Complex Programmable 로직소자)와 비교

분류	FPGA	CPLD
구조도	내부 연결 (Inter Connect) / I/O Cell / Logic Cell	I/O 연결 / LAB LAB / LAB LAB / PIA(내부연결Array) Logic Array블럭
특징	구조간단, 여러개 Logic cell	-복잡, Array 형태로 구성
구성요소	주로 SRAM (휘발성)	EEPROM (비휘발성)
다운로드	기동시(전원ON) 정보 다운필요	기동시 Down 불필요

게이트수	수백만개 제어가능	수백 ~ 수천
소자크기	크다	작다
가격	상대적 고가	상대적 저가
적용분야	대규모 개발, 복잡성감소	소규모 개발 (Simple 구조)

3. FPGA 사용사 실무자 차원에서의 검토할 사항
- 시장출하 고려한 유연성 및 신속한 prototype성능고려
- 향후 System 재구성 고려한 설계사항 표준화.
- 유지보수를 위한 사전 검토 작업 필요.

" 끝 "

문 (80)	ASIC(Application Specific Integrated Circuit)의 설계방법론에 대해 기술하시오. (2교시)
답)	종류와 설계과정,
1.	주문형 반도체, ASIC의 개요
가.	사용자 특정용도의 반도체 주문, ASIC의 정의
-	사용자가 특정용도의 반도체를 주문하면 반도체 업체가 이에 맞춰 설계와 제작을 해주는 기술, 특정용도의 Chip 설계
나	ASIC(Application Specific IC)의 장점

- (성능) - 소형, 경량화. 신뢰성 향상, 고속화, 저전력, 특정 기능
- (비용) - 개발 비용 절감, 개발기간 단축, 설계용이성, Reuse

2. 사용자가 직접 Design한 회로, ASIC의 종류와 설명

가. ASIC의 종류

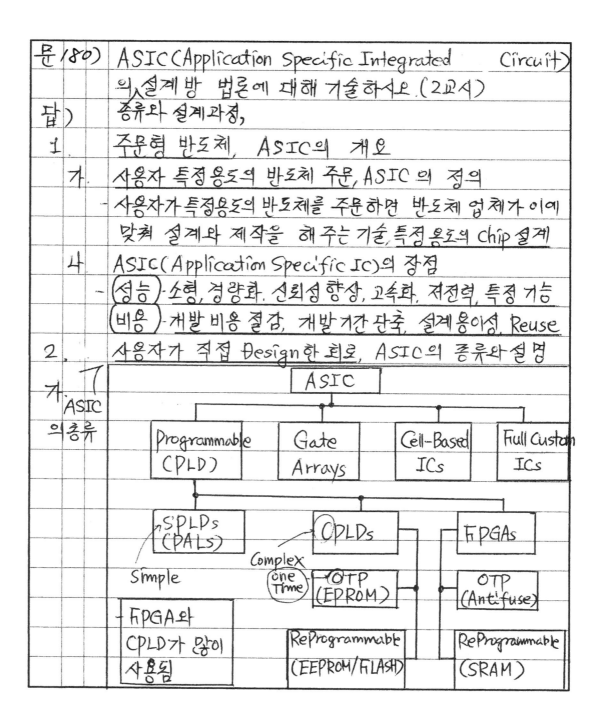

4. ASIC의 종류에 따른 설명

분류	설명
CPLD (Complex Programm-able Logic Device) (복합프로그램 가능논리소자)	-수십개의 단순 PLD로 형성된 프로그램논리소자(PLD) -논리 Block간의 프로그램 가능, EPROM, EEPROM. Flash 등 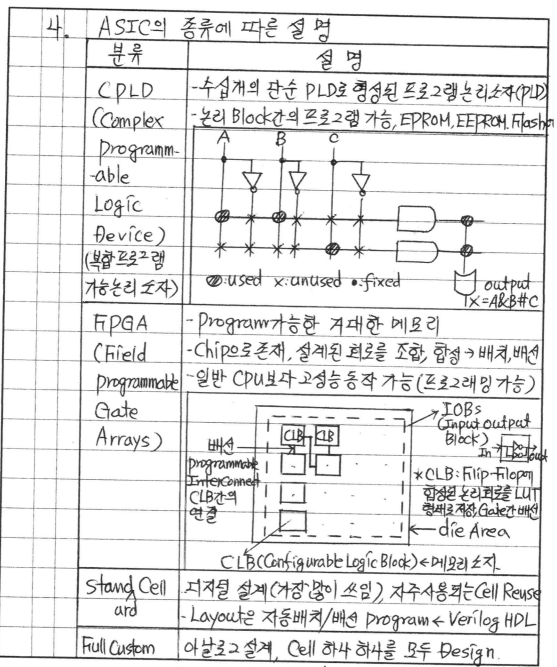 ⊘:used x:unused •:fixed output X=A&B#C
FPGA (Field Programmable Gate Arrays)	-Program가능한 거대한 메모리 -Chip으로 존재, 설계된 회로를 조합, 합성 → 배치, 배선 -일반 CPU보다 고성능동작 가능(프로그래밍 가능) IOBs (Input output Block) 배선 programmable interconnect CLB간의 연결 *CLB: Flip-Flop에 합성된 논리회로를 LUT 형태로 저장, Gate간 배선 ← die Area CLB(Configurable Logic Block) ← 메모리 소자
Stand ard Cell	-디지털 설계(가장많이 쓰임), 자주사용되는 Cell Reuse -Layout은 자동배치/배선 Program ← Verilog HDL
Full Custom	아날로그 설계, Cell 하나 하나를 모두 Design.

LUT: Look up table

ASIC 설계과정및 설계 방법론

3 가 ASIC 설계과정

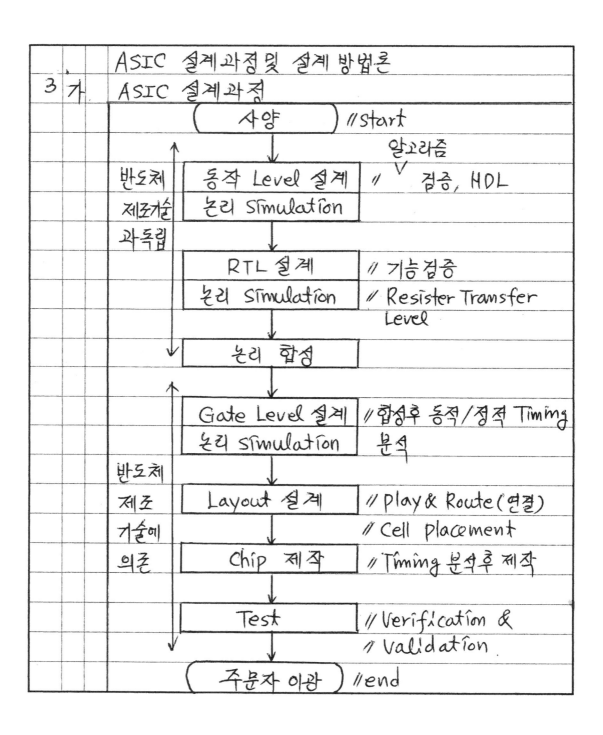

```
           ┌─────────────┐
           (    사양      )  // Start
           └─────────────┘
                 │
반도체          ↑              알고리즘
제조기술   ┌──────────────┐        ∨
과독립     │ 동작 Level 설계 │  //    검증, HDL
           │ 논리 Simulation │
           └──────────────┘
                 │
           ┌──────────────┐
           │  RTL 설계     │  // 기능검증
           │ 논리 Simulation │  // Resister Transfer
           └──────────────┘         Level
                 │
           ┌──────────────┐
           │  논리 합성    │
           └──────────────┘
                 │
           ┌──────────────┐
           │ Gate Level 설계│  // 합성후 동적/정적 Timing
           │ 논리 simulation │     분석
           └──────────────┘
반도체           │
제조       ┌──────────────┐
기술에     │  Layout 설계  │  // Play & Route (연결)
의존       └──────────────┘  // Cell placement
                 │
           ┌──────────────┐
           │  Chip 제작   │  // Timing 분석후 제작
           └──────────────┘
                 │
           ┌──────────────┐
           │    Test      │  // Verification &
           └──────────────┘  // Validation
                 │
           (  주문자 이관  )  // end
```

	나.	ASIC의 설계 방법론

추상화 (기능) ↑ — System Concept

알고리즘
Architecture
RTL
Gate (레이아웃합성)
Transistor

복잡성 (세부 로직) ↓

- System - Board - chip (RTL 합성) - Gate - Layout (TR)

1) Bottom-up: Full custom 설계, 작은면적, 고성능

2) Top-down: HDL에 기반한 설계, CAD 툴 (Tool)을 사용한 자동합성이 용이, 개발 및 검증 용이

4.		ASIC Design을 용이하게 하는 Tool 및 검증방안
	가.	ASIC Design Tools. (반도체 전자설계 자동화 Tool)

구분	Tool	기능
HDL Simulation	NC-Verilog, Model sim	HDL로 모델링한 시스템 동작을 시뮬레이션(기능, 타이밍)
	MATLAB & Simulink	모델 기반 설계
합성	Design Compiler, Build Gates	RTL수준 HDL을 Netlist로 변환, 표준 Cell Lib 이용
검증	Prime Time	회로분석, Timing 검증

		검증	EPIC, Star-sim	Design Rule check
		Layout	Apollo, Silicon Ensemble	자동 Place & Route, 직접 Layout 작성

- 전자설계 자동화 개념에 Security (보안) 요소가 추가됨

4. ASIC Test (Verification & Validation)

분류	설명
기능 Test (시뮬레이션)	- 설계된 모듈들의 기능이 정상적으로 동작하는지 검증 - 칩(Chip) 제조 이전에 수행 - Simulation
양산 Test (검증)	- 각 회로와 Gate가 예상대로 동작하는지 검증 - 웨이퍼(Wafer) Test, 패키지 Test 수행.

"끝"

문 181) VHDL (Very High speed integrated circuit. Hardware Description Language)

답)

1. 하향식 Hardware 설계방법, VHDL 개요

　가. Hardware 기술언어, VHDL의 정의
　　- VHSIC(Very High speed Integrated circuit) 의 설계를 위한 Hardware 기술언어
　　- VHDL은 미국방성에서 개발, 문서화 Simulation, 합성의 용도로 사용 표준화 (IEEE 1076)

　나. 회로도와 HDL을 이용한 설계비교

구분	회로도 이용	HDL 이용
작성방식	회로도 입력	텍스트입력(SW와 유사)
논리식	논리식 고려	논리식 고려불필요
설계변경	어려움 (시간 걸림)	용이함 (시간걸리지 않음)
이해용이성	설계자의 이해 산이	프로그램형태, 이해용이

2. VHDL의 특징 및 문제점

　가. VHDL의 특징

표준화된 형태 이해 용이	기존 HDL언어들의 다양성을 표준화 (자료교환, 보관, 문서화등의 표준화)
특정 기술에 독립	특정 설계 기술이나 제조공정과 무관 하게 제품 설계 가능 (표준 사항 준수로 가능)

		고급언어	HLL(High Level Language)에 H/W특징부가
		광범위한 설계범위	간단한 Hardware 모듈에서 VLSI수준 고밀도 직접회로까지 설계 가능
		하향식 설계방식	하향식 설계지원으로 보다 복잡한 회로의 설계기간단축, 오류(Error)수정용이
		다양한 설계기법	재추모 지지털(Digital)시스템에 대한 명세기술, 설계, Simulation 가능
		폭넓은 기술범위	System 레벨(Level)에서 논리회로 Level까지 하나의 언어(Language)로 기술
		공동개발 지원	공동 Library 구축, 계층적 설계등을 이용, 다수의 그룹이 포함된 공동개발 지원
4		VHDL의 문제점	
		문제점	주요 내용
		문법의 복잡성	VHDL은 비교적 복잡한 언어(Language)이며 기존 H/W 제작자에게 부담으로 작용
		설계방식의 변화	기존 상향식(Logic+Module+System)에서 하향식으로 급격한 설계방식의 변화불가피
		최적화 도구 지원 필요	VHDL은 하나의 언어로서의 가치외에 Hardware에 대한 정확한 기술이 되지 않으면 성능 발휘불가, 최적화도구는 필수
		비효율적 회로의 설계	VHDL 설계 결과가 수등설계 결과보다 규모가 큰 경우 비효율적 설계 가능성

이해난이도	H/W 담당자가 언어의 이해력 부족

3.　VHDL의 기본구성 & 코드구현 사례

SELETOR

패키지 호출

Entity 엔저티이름 is
　　Port 선언등
end 엔저티 이름;
Architecture 아키텍처이름
of 엔저티 이름 is
　　각종선언
Begin 본체
end 아키텍처 이름;

― 위의 SELETOR의 실제 Code 구현

Code 구현	설명
library ieee; Use ieee.std-logic-1164_all; entity SELETOR is 　port (A, B: in.std-logic; 　　　C, SEL: in.std-logic; 　　　Y: out-std-logic); 　end SELETOR architecture 　　DATA FLOW of SELETOR is begin 　Y<=(SEL and A) or (not 　　　SEL and B); 　end DATA FLOW;	library define. 사용할 library 표기 entity 구조시작 　내용 명기 (H/W) entity end architecture 구조시작 　내용명기 (Logical) architecture end

4.		VHDL의 구성 및 Modeling	
가.		VHDL의 구성	
		Entity	개체, 회로의 입출력 & 외부 I/F 정의
		Architecture	H/W 구조, 내부회로들의 연결, 동작, 구조표현
		Package	Library, 자료형과 부프로그램 등 기술, 재사용
나.		VHDL의 모델링(Modeling)	
		절차적	상위 Level (추상적) 표현, 알고리즘 이용
		구조적	하위 Level 표현, Component & 상호연결
		자료흐름적	데이터 자료의 흐름에 중점을 두어 표현

"끝"

문181) PLL(Phase Locked Loop), PLL 제어 예시

답)

1. 위상동기화를 위한 PLL(Phase Locked Loop) 개요

가. 디지털 전자기기의 Clock 동기화, PLL의 정의

외부 Noise 간섭이나 열, 저항의 변화로 인한 Clock
신호의 Delay나 skew 발생을 보정하는 회로

나. 주파수 고정 및 가변을 위한 PLL의 필요성

동기화 통신	Device간 Clock & Data skew 방지
주파수 고정 (Sync화)	온도 조건, Noise, 외부 신호간섭, 전기적 간섭현상에 주파수 무변동
주파수 가변 (속도제어)	Clock 주파수 대역을 정확하게 가변 (속도제어 & Interface)

2. PLL(Phase Locked Loop)의 구성 및 동작 제어원리

가. PLL 주파수 보정회로의 원리

회로의 구성

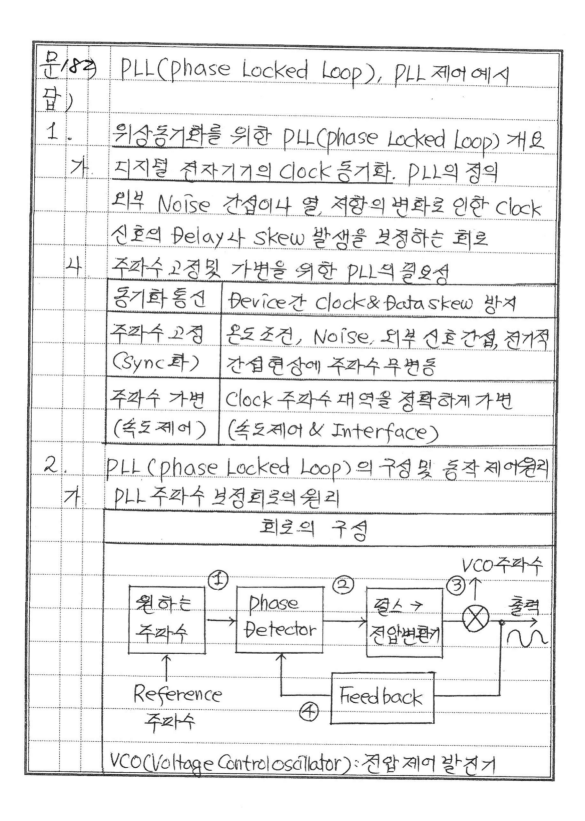

VCO(Voltage Control oscillator) : 전압 제어 발진기

4	동작 제어 원리 설명	
	항목	설 명
	①	원하는 주파수 ⊕ Feedback 값 비교
	②	두 주파수의 차이에 해당되는 pulse 생성
	③	pulse → 전압, VCO로 전압제어
	④	출력 주파수 Feedback

3. PLL 제어 예시 (800MHz → 792MHz로 변경) & 설명

가. 주파수 변경시 PLL 제어 예시 (주파수 분해능 고려)

- 펄스 - 전압변환 : charge pump & Loop Filter 사용

- 800MHz를 Fout 값 792MHz로 변경

4. 800MHz → 792MHz로 변경 과정 설명

	항목	설 명
	①	800 MHz에서 1/100 Divider → 8MHz 변환
	②	phase Detector에서 입력값 비교 charge pump 수행
	③	8MHz 만큼의 전압강하로 792MHz Fout 출력

4. PLL (phase Locked Loop)의 적용방안
- Embedded System에서는 초기화 과정에 PLL
  초기화 & 설정이 필수요소임.
- 동기화(Synchronous) 통신에 통신기기 간의
  정확한 Timing 제어가 필요
- 전송속도 가변위해 PLL를 Firmware적으로 제어가능
- 통신위한 기기간 주파수 분해능(Resolution)은 동일필요

"끝"

문183) Ripple Carry adder 보다 빠른 가산기 3가지

답)

1. 이진수 덧셈을 위한 조합회로, 가산기의 개요

　가. 가산기(Adder)의 정의

　- 이진수 Data들 간의 덧셈을 수행하는 조합회로

　나. 가산기의 종류(반가산기와 전가산기의 설명)

반가산기(Half Adder : HA)	전가산기(Full Adder : FA)
A →A HA S — 합(Sum) B →B　　C — 올림수 　　　　　　　　(Carry) $S = A \oplus B,\ C = A \cdot B$ A —⟩⊕— Sum B —　— Carry	A →A FA S — 합(Sum) B →B　　Co 올림수 C (2개의 HA) Co 출력 올림수 입력 $S = (A \oplus B) \oplus C_i$ $C_o = (A \oplus B)C_i + A \cdot B$
A, B 두 Bit들을 더하고 합과 올림수를 발생하는 회로	A, B 두 Bit와 올림수 입력을 더하여 합과 올림수를 발생하는 회로

2. 올림수 전달지연, Ripple Carry Adder의 구성,특징, 지연계산

　가. Ripple Carry Adder의 구조

B=1111
A=0001
─────
1111
Carry

B3(1) A3(0)	B2(1) A2(0)	B1(1) A1(0)	B0(1) A0(1)
C4(1) ←Co FA4 Ci← C3(1)	Co FA3 Ci← C2(1)	Co FA2 Ci← C1(1)	Co FA1 Ci← C0(0)
↓S3	↓S2	↓S1	↓S0
6ns(수행시간)	6ns	6ns	6ns

- N개의 전가산기(FA)로 N-bit를 계산할수 있는 RCA(Ripple Carry Adder) 생성

4. RCA의 특징 & 각 FA에서 두 bit 덧셈 소요시간

특징, 동작원리	단순구조	단순구조로 설계용이, 연산소요시간 길다
	저속연산	하위 bit 연산 결과 참조하여 상위 bit 계산
Bit 덧셈 소요 시간	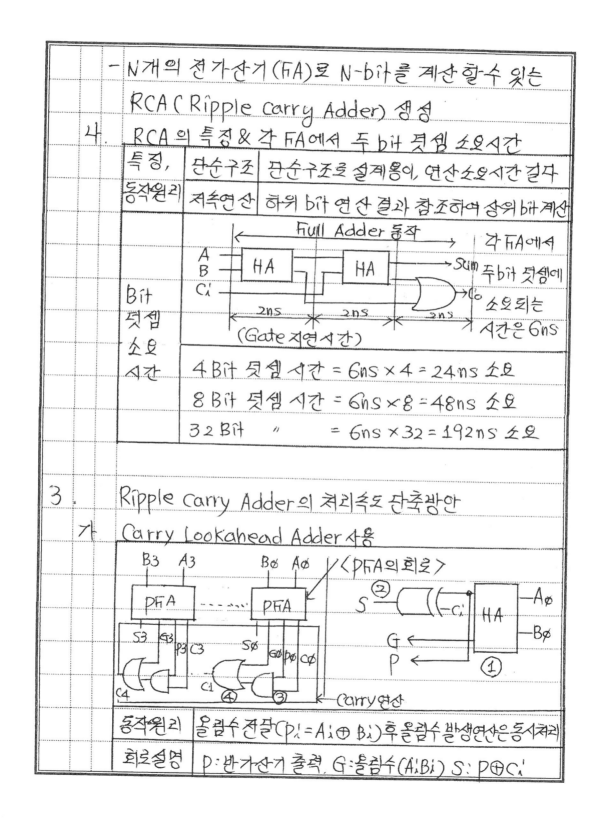	각 FA에서 두 bit 덧셈에 소요되는 시간은 6ns
	4 Bit 덧셈 시간 = 6ns × 4 = 24ns 소요	
	8 Bit 덧셈 시간 = 6ns × 8 = 48ns 소요	
	3 2 Bit 〃　　 = 6ns × 32 = 192ns 소요	

3. Ripple Carry Adder의 처리속도 단축방안

가. Carry Lookahead Adder 사용

동작원리	올림수 전달(P_i = A_i ⊕ B_i)후 올림수 발생연산은 동시처리
회로설명	P : 반가산기 출력, G : 올림수(A_iB_i) S : P ⊕ C_i

(Full Adder 동작 / A B C_i / Sum / C_o / 2ns / 2ns / 2ns (Gate 지연시간))

⟨PFA의 회로⟩ B3 A3 ... B∅ A∅ / PFA ... PFA / S3 G3 P3 C3 S∅ G∅ P∅ C∅ / C4 ④ C1 ② ③ ← Carry연산 / S ② (-C_i) HA -A∅ -B∅ / G ← P ① 올림수 전달(P_i = A_i ⊕ B_i)

| Bit 덧셈 소요시간 | 4 bit 덧셈 시간 = 2ns × 4(①,②,③,④) = 8ns |
| | 32 bit 덧셈 시간 = 2ns × 32 = 64ns |

4. Carry Save Adder 방식 사용

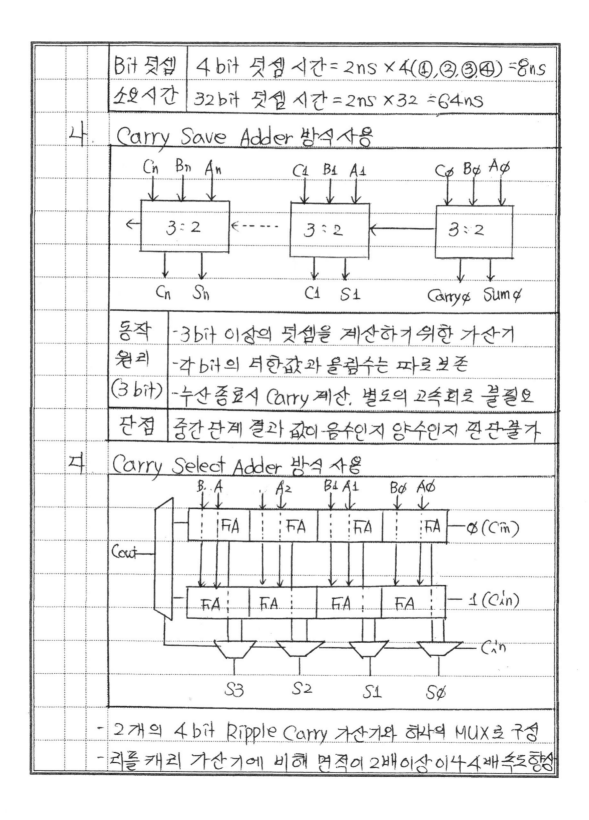

동작 원리 (3 bit)	-3bit 이상의 덧셈을 계산하기 위한 가산기
	-각 bit의 서한값과 올림수는 따로 보존
	-누산 종료시 Carry 계산, 별도의 고속회로 붙질요
단점	중간 단계 결과 값이 음수인지 양수인지 판단불가

다. Carry Select Adder 방식 사용

- 2개의 4 bit Ripple Carry 가산기와 하나의 MUX로 구성
- 리플 캐리 가산기에 비해 면적이 2배이상이나 4배속도향상

4. 가산기의 비교

구분	Ripple Adder	Carry Lookahead	Carry Save	Carry Select
장점	구조 간단	자라수에 무관한 고속처리	별도의 Carry 연산 장치 없음	고속(리플 캐리 방식의 4배 효과)
단점	저속(앞 가산기의 캐리 결과 사용)	자라수 증가에 따른 회로 소자 증가	중간 단계에서 양수인지 음수 인지 구분불가	리플 Carry 대비 2배의 Chip과 면적 필요

"끝"

문(184)	Clock skew에 대해 설명하시오.	
답)		
1.	신호상의 동기화문제, Clock skew의 개요	
가.	(Clock skew의 정의) - 시스템 동기화에 필요한 Clock pulse가 선로길이, 차이, Noise, 소자등 작 지연으로 동기화가 되지 않는 현상	
나.	Clock skew의 발생원인	

원인	내용
전달 지연	논리소자간의 전달 지연 발생
순간 Noise	논리소자 처리시 순간 정전기에의한 Noise
신호간의 간섭	신호와 신호간의 간섭 현상 발생
power 불안정	순간 전압 강하 발생으로 인한 Clock 불안정
PLL 제어불안정	Clock 변경시 전압 조정(VCO) 불안정

2.	Clock skew의 개념과 지연요소, 원인	
가.	Clock skew의 개념	

1GHZ

〈기본파형〉

ins

〈clock skew 발생〉

skew 발생

ins

- 기본 파형과 Synchronous (동기화)되지 않고

Clock 전후로 Delay(지연) 현상이 발생 되는 경우.

나. clock skew의 지연 요소

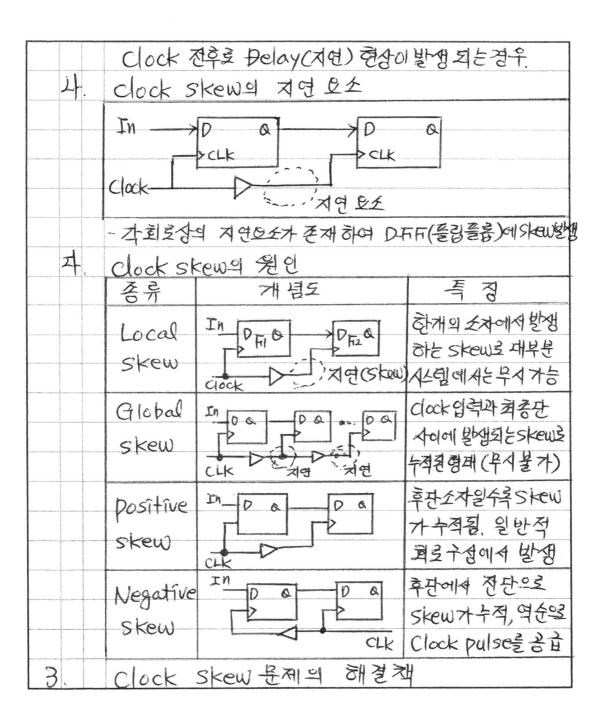

－ 각 회로상의 지연요소가 존재 하여 D.F.F(플립플롭)에 skew발생

자. clock skew의 원인

종류	개념도	특징
Local skew		한개의 소자에서 발생 하는 skew로 대부분 시스템에서는 무시 가능
Global skew		Clock입력과 최종단 사이에 발생되는 skew로 누적된 형태 (무시 불가)
Positive skew		후단소자일수록 skew 가 누적됨. 일반적 회로구성에서 발생
Negative skew		후단에서 전단으로 skew가 누적, 역순으로 Clock pulse를 공급

3. Clock skew 문제의 해결책

해결책	세부내용 - 개념도	세부내용 설명
Clock pulse 분배회로 개선	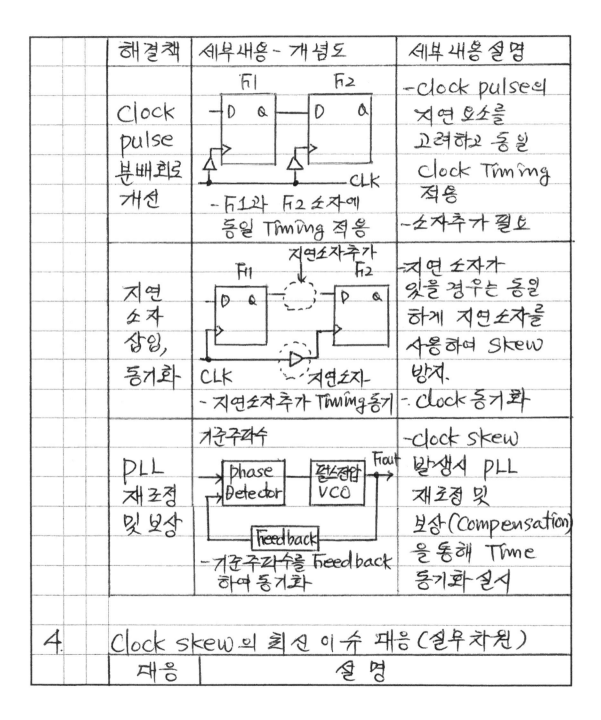 -F1과 F2 소자에 동일 Timing 적용	-Clock pulse의 지연요소를 고려하고 동일 Clock Timing 적용 -소자추가 필요
지연 소자 삽입, 동기화	-지연소자추가 Timing동기	-지연소자가 있을경우는 동일하게 지연소자를 사용하여 Skew 방지. -Clock 동기화
PLL 재조정 및 보상	-기준주파수를 feedback 하여 동기화	-Clock skew 발생시 PLL 재조정 및 보상(Compensation)을 통해 Time 동기화 실시

4. Clock skew의 최신 이슈 대응 (실무차원)

대응	설명

			H/W	-PLL 제어시 1ns 까지 보정이 가능한 V CO 제어 기술 필요, 정밀성/동기화로 Skew 방지
				-H/W로 자동 Skew 보상 제어 기능 탑재 필요
			S/W (firmware 적으로 처리)	-Data 전송중 Sync. 신호 불일치 발생시 firmware 적으로 H/W 제어 하에 동기화 실행
				-Clock skew 발생 여부 판단후 제어 알고라즘 가능

"끝"

문185)		Crosstalk (왜곡) 현상의 개념, 원인, 해결책, 사례, 최근이슈에 대해 설명하시오.
답)		
1.		신호(전기적 Signal) 왜곡 현상, Crosstalk의 개요
	가.	(Crosstalk의 정의) - 전기신호간의 간섭현상으로 인한 신호의 왜곡, Delay가 발생되는 현상
	나.	Crosstalk의 원인

	Inductor(유도자)	선로상에 자기장이 생성되고 상호간섭 발생
	Capacitor	도체와 도체 사이 고주파 신호 섞임
	Resister	회로 신호간의 상호 방해 현상
	정전기	전기적 신호로 인한 정전현상 발생시

	다.	Crosstalk (누화)의 종류

근단누화 (NEXT)	-Near End Cross-talk -신호인가 방향과 반대 방향으로 신호가 유기
원단누화 (FEXT)	-Far End Cross-talk -신호인가 방향과 같은 방향으로 신호가 유기

2.		Crosstalk의 발생 개념과 원인분석
	가.	Crosstalk의 개념도

$\left\{ \begin{array}{l} \text{Inductor} \\ \text{Capacitor} \\ \text{Resistor} \end{array} \right\}$ 신호와 신호상 (신호간섭)

- 신호간의 간섭현상 발생으로 인한 신호 왜곡   T발생
- Crosstalk 현상은 신호왜곡으로 인한 Data 무결성문제

4. Crosstalk 발생으로 인한문제 발생유형

유형	원인	문제 발생
글리치 Noise 발생	Ø Level 글리치 노이즈	신호상 Noise로 논리값 변경될 경우 발생
Under/ Overshoot 발생	overshoot Undershoot	Under-shoot, Overshoot으로 인한논리연산오류
Analog 신호지연	Analog 신호 왜곡	Analog 신호 왜곡으로 인한 Timing 오동작
Setup Time 지연	〈정상〉 〈비정상〉 setup time Setup Time 지연	Setup time 지연으로 인한 오동작발생
EMI문제	Power판 (VDD)와 GND판의 공진주파수 발생	공진주파수로 인한 신호왜곡

3.		Crosstalk 해결방안 및 Eye-pattern 측정		
가.		Crosstalk 해결방안		
		구분	해결 방안	내용
		PCB 설계	고주파 신호는 GND shielding	고주파신호는 GND와 GND 신호 사이에 shielding하여 Crosstalk방지
			신호 Pattern 간격조정	고주파나 신호 변환이 많은 선은 신호와 신호간의 Pattern폭을 넓게이격시킴
			불요파(Emission)	PCB상의 불요파 여부 사전분석
			신호사전 검증	공진주파수 (VDD와 GND)분석.
		H/W 대책	ASIC 설계시 사전 검토	회로 신호 지연요소나 Crosstalk 발생 가능회로의 사전 Simulation
			PCB에 장착될 Connector 분석	PCB에 장착될 Cable/Connector 등의 전기적 분석 및 Ground보강
			De-Cap 위치 선정	Input/Output 단의 De-Capacitor 의 위치 및 용량선정사용, 누화 방지
			EMI 대책 사전 선행개발	EMI 발생부분 사전 검토/탐색후 전기적 신호 최적화되게 H/W수정
			Bead, Coil 대책	EMI 발생시 Bead, Coil 적용
		S/W 대책 (F/W)	PLL clock 신호 변경	MiCOM / 전송속도 / DRAM 등여 PLL 신호를 제어하여 누화방지
			Crosstalk 발견	Crosstalk 발견시 clock down
			고타/저온사전검증	환경조건에서 clockdown, speeddown.

4. Eye-pattern을 활용, Cross-talk 검증

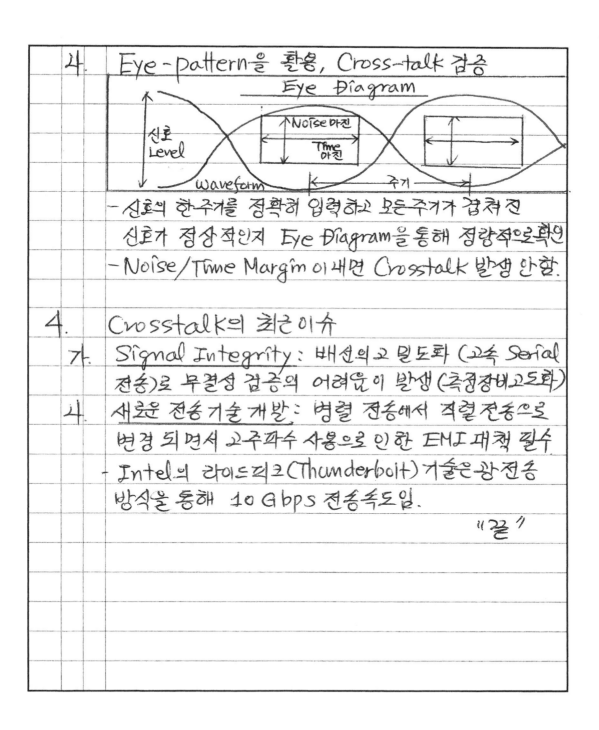

Eye Diagram

신호
Level

Noise 마진

Time
마진

Waveform

주기

- 신호의 한 주기를 정확히 입력하고 모든 주기가 겹쳐진
  신호가 정상 작인지 Eye Diagram을 통해 정량적으로 확인
- Noise/Time Margin 이내면 Crosstalk 발생 안함.

4. Crosstalk의 최근 이슈

가. Signal Integrity : 배선의 고밀도화 (고속 Serial
   전송)로 무결성 검증의 어려움이 발생 (측정장비고도화)

나. 새로운 전송기술 개발 : 병렬 전송에서 직렬전송으로
   변경 되면서 고주파수 사용으로 인한 EMI 대책 필수

- Intel의 라이트피크 (Thunderbolt) 기술은 광전송
  방식을 통해 10 Gbps 전송속도임.

"끝"

PART
7

컴퓨팅

자주 출제되는 토픽들로 양자 컴퓨팅, 자율 컴퓨팅, 엣지(Edge) 컴퓨팅(Computing),
GPGPU, TPU, AI 반도체, 하드웨어 규모 산정, 컴퓨터시스템의 성능 평가 등에
대해 쉽게 이해할 수 있도록 기술하였습니다.　　　　　　　[관련 토픽 – 23개]

문 186) MTBF, MTTF, MTTR, MTFF에 대해 설명하시오

답)

1. 가용도(Availability) 측정기준, MTBF~MTFF 개요

가. System 신뢰도(Reliability) 측정, MTBF~MTFF의 정의

MTBF	-Mean Time Between Failure -평균 고장간격 -고장(Failure)부터 다음고장까지의 동작시간 평균치
MTTF	-Mean Time To Failure -평균 고장시간 -사용한 다음부터 고장까지 동작시간 평균치
MTTR	-Mean Time To Repair -평균 수리시간 -수리(Repair) 시간의 평균치
MTFF	-Mean Time to First Failure -첫고장까지의 평균시간 (수리불가능 제품경우)

나. MTBF와 MTTF의 중요성

- System의 가용도와 신뢰도 측정기준 (SLA에 포함)

2. MTBF, MTTF, MTTR의 개념및 가용도 계산법

가. MTBF~MTTR의 개념도

```
                    MTBF
  ┌──────┬──────────────────────┬──────┐
  │ 고장 │ ///장비정상가능, 운전/// │ 고장 │
  └──────┴──────────────────────┴──────┘
  시작  복구          정상사용        시작  복구
  MTTR            MTTF              MTTR
```

- MTBF = MTTR (평균수리시간) + MTTF

나. 가용도 계산: 고장없이 운영되는 시간의 비율

$$가용도 = (MTTF/(MTTF+MTTR)) \times 100$$

$$정상사용시간 = (MTTF/MTBF) \times 100$$

3. MTBF와 MTTF의 활용

활용	설명
고장원인분석	System 고장의 원인과 분석 통한 개선
ITIL & SLA	가용도 판단 & 신뢰도 측정 기준
설계에 적용	제품 설계 & 개발 자료로 활용
제품선정	목표 가용도를 만족하는 제품(product) 선정
FT, HA관점	FT, HA의 가용도 점검(check)

"끝"

- ITIL : IT Infrastructure Library

- HA : High Availability : 고가용성

- FT : Fault Tolerant : 고장 허용

문(187)	SPEC (Standard Performance Evaluation Co.)	
답)		
1.	Benchmark (벤치마크) 표준기법, SPEC의 개요	
가.	SPEC 의 정의 System의 정수사 실수연산을 측정 하여 시스템간 성능 비교하는 표준기법	
나.	SPEC의 특징 (MIPS의 대응)	
	CPU Bound (한계) 측정 단일 process 시스템이나 다중 process의 CPU 성능측정	
2.	SPEC 측정항목과 종류	
가	SPEC 측정 항목	
	구분	내용
	속도 (Speed) 측정	실수&정수의 연산 성능측정, SPECint, SPECfp
	성능측정 (Throughout)	실수&정수의 연산 능력측정, SPEC int-rate
	Web서버 가용성	JAVA Server/client 성능측정, SPECweb
나	SPEC의 종류	
	SPECcpu2000 (processor, Memory, Compiler등 속도 측정)	-SPECint : 정수 연산 속도 측정 -SPECfp : 실수연산 속도 측정 -SPECint-rate/fp-rate : 주어진 시간동안 성능측정
	SPECweb (Web서버 성능측정)	-SPECweb96/99 : 정적/동적 환경 웹서버 성능측정 -SPECweb-SSL : SSL기반 암호화 기법적용 성능 -SPECweb2005 : WWW 성능 평가
	SPECjbb	-JAVA Application 서버의 성능 test

3.		SPEC Benchmarking 에 대한 활용및 고려사항
가.		활용 항목선정평가, 성능예측, 성능측정, 성능 향상순으로 활용
나.		고려사항 System의 종합적 성능평가서는 복합적 요소 (CPU, Graphic, GpGpu, I/O, Network, Memory, Cache, HDD, SDD 등)들을 고려해야 함.

"끝"

문 /88)	Amdahl's Law (암달의 법칙)
답)	

1. Processor 병렬화 속도 한계성에 대한 암달의 법칙

　가. Amdahl's Law (암달의 법칙)의 정의
- 프로세서 (processor)를 아무리 병렬화시켜도 저이상 성능이 향상되지 않는 한계점 존재 (암달의 저주)

　나. 성능 향상 한계의 원인
- 캐쉬, 메모리등 제한된 자원을 서로 점유하려는 Overhead
- 시스템 구조상 프로세서 성능이 2배 증가해도 20~40% 손실 발생
- 병렬처리 컴퓨터를 효율적으로 사용하려면 순차수행 부분이 적어야함

2. 암달 법칙의 개념도 및 이론상/실제 성능향상 설명

　가. Amdahl's 법칙의 개념도

순차처리코드 비율=0.05의 경우

← Processor수를 늘려도 무한대의 성능은 어려움

　나. 이론상의 성능향상

$$\text{Speedup (성능향상)} = \frac{1}{(1-p)} \qquad / p는 병렬화 시킬수 있는 코드의 비율$$

병렬화	속도(speedup)	병렬화	속도(speedup)
$p=\emptyset$	$1 = \frac{1}{(1-0)}$	$p=80\% (0.8)$	$5배 = \frac{1}{0.2}$
$p=50\% (0.5)$	$2배 = \frac{1}{0.5}$	$p=100\% (1)$	무한대(이론상)

다		실제 성능향상 Speedup $= 1/((1-p) + p/s)$
		/p = 속도향상 가능부분 /s = 향상시킬수있는 배수
		(병렬화 비율) (속도향상)

예) 어떤 작업의 40%에 해당하는 부분의 속도를 2배

(processor를 2배)로 늘릴수 있다면

　　p = 0.4 이고 s = 2

　　Speed up $= 1/((1-0.4) + (0.4/2))$

　　　　　　$= 1.25$

　　　　　　$= 25\%$ 향상

3. Amdal's 법칙의 활용

- 최저 비용으로 최상의 시스템을 구현할수 있는 수학적 근거로 활용

- 시스템 성능향상을 위해 H/W 뿐만 아니라 OS, 컴파일러,
  Application, Library 등 다양한 분야에서 접근 가능하도록
  계기를 마련함

- JDK 개발시 Garbage Collection 성능향상을 위한 설계에 적용

　　　　　　　　　　　　　　　"끝"

문189) 아래공식은 암달(Amdahl's) 공식을 활용한 시스템 성능 향상도이다.

$$시스템 \ 성능 \ 향상 \ (Speedup) = \frac{1}{(1-p) + \frac{p}{s}}$$

/ p = 속도 향상가능부분   S = 속도향상 배수

시스템 속도 향상 가능 부분은 아래와 같을때 각각의 질문에 답하시오

CPU		입출력(I/O)	N/W
정수 연산	부동 소수 연산	기억장치, Display 등	N/W 기능
0.2	0.2		
0.4%		0.5%	0.1%

1) cpu clock speed를 2배로 가속 했을때 성능향상은?

2) 부동소수 연산 가속기를 2배로 했을때 성능향상은?

3) 입출력(I/O) 속도를 2배 (즉, Bus구조, 캐쉬, 디스크등 시스템 아키텍처를 최적화)로 했을때 성능향상은?

4) N/W 속도를 2배로 증가 했을때 성능향상은?

답)

1. 암달(Amdahl's) 법칙의 활용

- ROI (Return of Investment) 최대화 (투자수익률)

- 성능 향상 변수들을 측정하여 성능향상과 상관되는 변수를 시스템에 적용하여 Speedup 필요.

2. 주어진 문제에서의 각 Speedup 계산

1) cpu clock speed 2배 증가시

$$\text{Speedup} = \frac{1}{(1-0.4) + \frac{0.4}{2}} = 1.25 = 25\% \text{ 향상}$$

2) 부동소수연산 2배 증가시

$$\text{Speedup} = \frac{1}{(1-0.2) + \frac{0.2}{2}} = 1.11 = 11\% \text{ 향상}$$

3) I/O (입출력) 2배 증가(속도)시

$$\text{Speedup} = \frac{1}{(1-0.5) + \frac{0.5}{2}} = 1.33 = 33\% \text{ 향상}$$

4) N/W 속도 2배 증가시

$$\text{Speedup} = \frac{1}{(1-0.1) + \frac{0.1}{2}} = 1.05 = 5\% \text{ 향상}$$

3. CPU, I/O, N/W 변수의 성능향상 측정 결과

- System 전반에 거쳐 I/O (입출력) 속도를 증가시키는 방향으로 아키텍처 재설계 필요 (성능향상)

"끝"

문190)	그리드 컴퓨팅 (Grid Computing)에 대해 설명하시오.
답)	
1.	분산된 Computer 자원 극대화, Grid Computing의 개요
가.	Computing 자원의 통합, 그리드 컴퓨팅의 개념.
	- 분산된 Computer 자원을 통합하여 하나의 Computing Resource (자원)으로 활용하는 방식
나.	Grid Computing의 종류

계산 Grid	수학, 과학, 기상 예측 및 계산 처리
장애 그리드	장애 발생 대비를 위한 Computing 환경
응용 Grid	Application program 서비스 제공용

2.	Grid의 구성도 및 구성요소
가.	Grid Computing의 구성도

-분산된 Computing 자원을 초고속 Network으로 모아 활용

나.	Grid Computing의 구성요소

구성요소	설 명
Network 망	고속 Network를 통한 정보교환
원거리위치	물리적으로 원거리에 있는 자원 연결
가상화	물리적 자원을 논리(Logical)적으로 통합

		Automation	구성과 복구등의 자동화
		Blade server	서버간의 공유를 극대화 함
3.		Grid Computing의 응용	
		Utility Computing	사용자가 Computing 자원을 유틸리티처럼 (종량제) 이용하고 과금
		Clouding Computing	사용자가 가상화된 자원 (Cloud 자원)을 이용하고 요구에 따라 사용, 과금.

"끝"

문 19) Wearable Computing의 주요기술과 해결과제

답)

1. 인간의 몸에 부착된 Computer, Wearable Computing 개
   - UX(사용자 경험) 기반 개인화서비스를 위하여
   유비쿼터스, Embedded System을 이용하여 컴퓨터를
   인간의 몸에 일부로 만들어 사용하는 기술

2. Wearable Computing 주요기술

구분	요소 기술	설 명
입력	K/B, Mouse, Touch Multi-모달, 음성/영상	-사용자명령 & 입력수단 -UX(사용자경험) 기술 적용
통신	5G/6G, WiFi WPAN, WBAN, SNS MMS, 영상통화	IEEE 802.15.6(WBAN), -802.15.15(WPAN), 802.11 (WLAN) 5G/6G 통신기술&서비스
센싱	혈압센서, 온도/중력 & 가속도센서, 압력센서	사용자 건강정보 파악, 방향 & 주위환경 Monitoring
인식	GPS, LBS, WPS, 동작인식	사용자 위치정보 파악, 동작인식, 눈동자 인식 등
분석	Context Awareness Mining 기술 적용	맞춤형정보제공 상황인지기술, Data 분석(Data Mining)
출력	AM-OLED, UHDTV, HMD, HUD, 투명Display	사용자에게 정보를 제공하는 Display 기술

3. Wearable Computing의 해결과제

		비즈니스 관점	대중성	Contents 미비 (스포츠/건강분야 집중)
			경제성	높은 개발 비용, 높은 판매 가격
		기술관점	인체유해성	SAR 규제 (주파수 활용) 대응 필요
			Data 폭증	무선 N/W Data의 기하급수적 증가
			Battery이슈	짧은 Battery 사용 시간
		서비스 관점	프라이버시 침해	개인 사생활 노출 (개인정보, 이동경로, 민감정보, 무분별한 사진 촬영)
			정보격차 심화	정보력의 양극화 (부익부빈익빈 현상)

SAR : Specific Absorption Rate
  생체 조직에서의 전자파 에너지의 흡수율

"끝 "

문192) 자가적응형컴퓨팅(Self-Adaptive Computing)에 대해 기술하시오

답)

1. 요구성능을 자동으로 맞춰주는 기술, 자가적응형 컴퓨팅 개요

가. S/W 성능 최적화, 자가적응형 컴퓨팅의 정의

Software의 성능 최적화를 개발자의 개입없이 S/W 실행 시 내부 알고리즘이나 외부시스템 자원들을 자동으로 조절하여 System의 성능을 최적화 가능하게하는 S/W 시스템

나. Self-Adaptive Computing 시스템의 주요 기능

실시간 모니터링	주어진 시스템의 전체 운영 환경을 실시간 감시
컴퓨터 자원분배	Computing 자원을 적절하게 분배
실시간 제어	감시하고 분배한후 적절하게 제어

2. 자가적응형 시스템 구성및 S/W 설명

가. 자가적응형 System의 구성도

- S/W 감시기, 자원 제어기, 자원 결정기로 구성됨
- S/W감시 → 활용자원 결정 → 자원 제어순으로 실행

4. 자가 적응형 시스템 구성에 따른 설명

구분		주요기능설명	적용기술
실행 순서	S/W감시	S/W 성능을 실시간 감시	감시기
	자원활용 결정	S/W가 필요로 하는 최적 자원 결정	결정기
	자원 제어	결정된 자원을 할당	제어기
S/W 감시기		- 시스템 내의 모든 상황정보를 수집하는것	센싱
		- 상태(Status) 정보를 실시간으로 유지관리	메카니즘
활용 자원 결정기		- 실행중인 S/W 성능을 탐지하는 처리	머신러닝,
		- 탐지된 성능과 목표성능의 오차분석	PID 제어,
		- 오차 발생시 제어 방법 결정하는 처리	PLL기술
자원 제어기		- 활용자원 결정 단계에서 결정된 방법	DVFS,
		- 제어할 System 자원과 범위 결정	AVFS,
		- 시스템 자원 제어 및 알고리즘 동적 변경	자원제어

3. 자가적응형 System 구성위한 S/W Framework 및 설명

가. Software Framework의 구성 설명

구분	설명
자가적응형 응용 감시기	전통적인 자가적응형 시스템에서의 소프트웨어 감시기에 대응하는 기능임
자가적응형	- 자원검증과 자원 제어기에 대응함

- PID : Proportional Integral Derivative Control
오차에 근거하여 기준 전압을 유지하도록 하는 feedback 제어
- DVFS : Dynamic Voltage and Frequency Scaling
- AVFS : Adaptive "   "   "   "

시스템 정보 관리기		- 자가 적응형 S/W와 시스템의 상태 정보 통합/유지/관리 - 자가 적응형 시스템 정보 관리기 지원
자가적응 정책 관리기 (내부, 외부, N/W으로 구성)	내부 자가 적응	- 자체 성능 조절 파라미터 - 실제 측정치와 예측치에 대한 결과 - 내부 알고리즘 통한 기계학습 → 성능예측
	외부 자가 적응	- 고성능/저전력 목표 (전력 예측 필수) - 시스템 자원 (Core 개수, Core 타입, Cpu clock 등)을 입력변수로 선형 회귀 분석법을 통한 전력 소모량 예측 - Multi-thread Cpu 스트레스 측정
	N/W 자가 적응	- N/W 트래픽을 모니터링 & 제어 - TCP/Ip Packet 정보 수집 & 자원제어

4. 자가 적응형 S/W 프레임워크

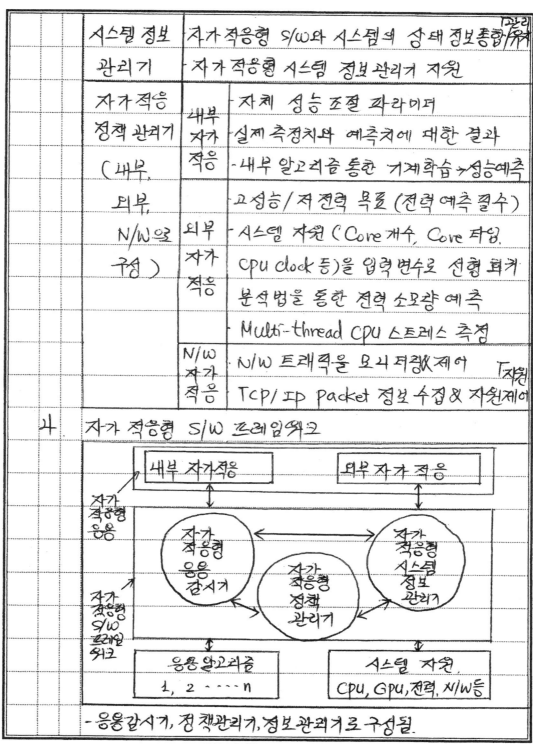

- 응용감시기, 정책관리기, 정보관리기로 구성됨.

★참고: ETRI 2016년 "임베디드 디바이스용
자가적응형 Computing 기술동향"

4. 자가적응형 S/W의 분류및 향후 기대 효과

가. 자가 적응형 S/W의 분류

구분	내부자가형 S/W	외부자가형 S/W
구성도		
설명	할당받은 각라이더(자원)과 현재성능을 고려 최상의 성능 위해 내부로직이나 파라미터 동적으로 변경	자선의 성능상황을 외부에서 감시할수 있도록 글로벌 자원 관리자가 해당 SW의 성능을 개선 하기위해 시스템 자원을 제어

나. 향후 기대 효과

- IoT 및 임베디드 디바이스에 장착 → 개발 비용 절감
- 산업환경 상황고려 적절한 자가 적응형 S/W 적용가능
- S/W및 H/W 다양화로 인한 성능 최적화 대응
- 제한된 복잡 Computing 자원들을 자동으로 최적화 가능

"끝"

문 193) 자율 컴퓨팅 (Autonomic Computing)

답)

1. 인간의 면역시스템과 유사, 자율 Computing의 개요

가. 스스로 자가관리하는 효율적인 자율컴퓨팅의 정의

컴퓨터 시스템들이 스스로 상태를 인식해 인간의 관여 없이 스스로를 격구, 재구성, 보호및 자원 할당등의 기능을 제공하는것

나. Autonomic Computing의 특징 (자가-Self)

자가관리	Management · 인간의 개입을 최소화
자가구성	Configuring - OS 설치, IT 환경변화에 따른 데이터조작
자가치료	Healing - 오류 감지, 오류 발생시 내장중복시스템 활성화
자가최적화	Optimizing - 성능관리, 경험축적 & Biz 목적에 따라 조절
자가방어	Protecting - 데이터에 대한공격대응, 해킹 방어등

2. 자율 컴퓨팅 참조모델 (IBM MADE-K)과 설명

가. IBM에서 제안한 MAPE-K (참조모델)의 구성

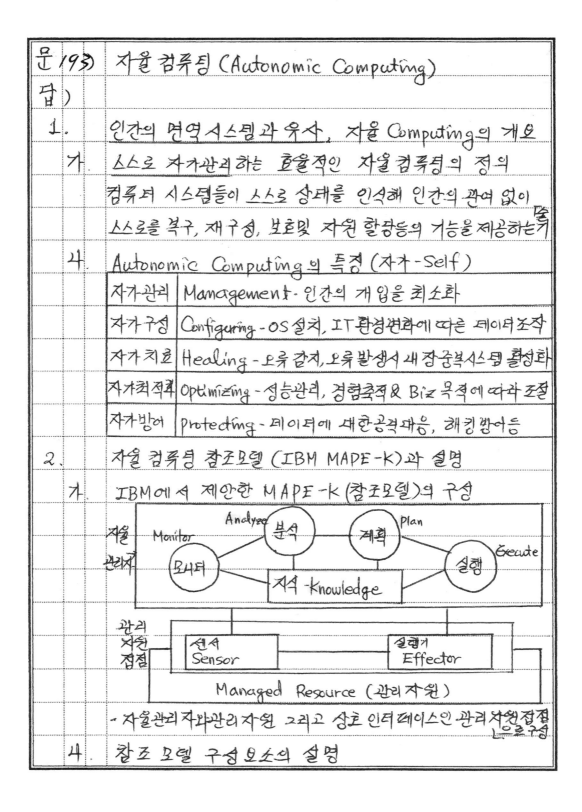

- 자율관리자와 관리자원 그리고 상호 인터페이스인 관리자원접점 으로 구성

나. 참조 모델 구성요소의 설명

구분	설 명
관리 자원	자율관리자가 관리하는 대상으로 S/W나 H/W 자원 (Web 서버, DB, OS, N/W, CPU, WAS서버, SSO서버등)
자율 관리자	센서와 실행기(Effector)를 이용하여 관리대상이 되는 자원에 대한 data를 수집하고 관리자원에 조치를 실행
모니터	센서통해 수집된 데이터 조직화 & 융합 (상황정보생성)
분석	추출된 상황정보와 실행 정보분석 > 관리자원에게 결정요청
계획	변경 대상 자원 & 시점, 변경내용등 실행계획 수립
실행	계획단계에서 결정된 조치를 통해 관리 자원에 적용

3. 분야별 자율 컴퓨팅 예시

구분	기존방식	자율 컴퓨팅 적용
스토리지	디스크를 메인시스템에서 관리 특정디스크 트래픽집중시 성능 하락	디스크간 통신을 통한 관리 트래픽 집중시 분산처리
센서 네트워크	수 많은 센서(Sensor)가도 살려의 2승으로 전력소비	센서간 통신을 통해 가장 가 까운 센서에 전송하여 전력절약
보안	엔지니어가 모니터링및 적대 적프로그램/통신 발견/파괴	LAN이 적대적 프로그램/통신 발견시 파괴및 보고

"끝"

문/9@)	클라우드(Cloud) 컴퓨팅
답)	
1.	인터넷을 통한 IT자원의 On-demand 서비스
	클라우드(Cloud) Computing의 개요
가	Cloud Computing의 정의 (IT자원가상화+자동화+표준화)
	인터넷(Internet) 기술을 활용하여 다수의 고객들에게
	높은 수준의 확장성을 가진 IT 자원을 서비스로 제공
나	클라우드 Computing의 주요특징
	·표준화된 IT 자원기반: 컴퓨팅, 스토리저, Network, App등
	·IP망을 통한 접근: HTTP, REST, SOAP등 Web 기반
	·Always on (24시간 접근성)과 수요에 따른 확장성
	·사용량이나 광고기반과금 (초기 비용 없음)
	·사용자 Self service: Web I/F나 API Call 이용 접근
2.	클라우드 컴퓨팅 구성도및 구성요소, 주요기술
가	Cloud Computing의 구성도

사용자는 서비스 카탈로그에서 서비스확인후,
구매후 사용, 서비스 제공자는 프로비저닝후 사용자에게 제공
(권한설정 ⊕ 자원재할당)

4. 클라우드 Computing의 구성요소

No	구성요소	설명
①	User Interaction Interface	사용자와 인터페이스, IaaS (Infra as a Service), PaaS (platform), SaaS (Software as a Service)등
②	시스템 관리	사용 가능한 컴퓨팅 리소스관리 성능/가용성, 구성관리, 장애, 자원, 보안등
③	프로비저닝 (Provisioning Tools)	요청 가능한 자원 제공을 위해 자원 조합 (자원의 동적 재구성)과 권한설정등
④	Servers	시스템관리 툴에의한관리, 가상화/실서버
⑤	서비스 카탈로그	사용자가 요청할수 있는 서비스 목록
⑥	모니터링&미터링	클라우드 전반의 Tracking & 과금

4. Cloud Computing의 주요 기술

주요 기술	내 용
분산 컴퓨팅 기술	Network에 연결된 Computer들의 처리능력을 최대한 활용, 대규모 계산문제등 빠르게 처리
Cluster (클러스터) 관리 기술	Cluster: 유사목적을 위해 상호작용하는 컴퓨터들의 그룹 -고가용성 (HA) Cluster -부하분산 (Load Balancing) cluster -서비스 프로비저닝, Job 스케줄링

			분산 파일	하나의 큰 파일을 작은 논리(Logical) 블록(Block)들로 나누어 n개의 서버에 나눠어 저장
			가상화	Server, Storage, Network 및 Application 가상화, 하나의 논리적인 자원으로 관리
			기타	보안, 과금, 사용자 인증, 데이터보안, N/W보안등

3. 타 Computing 기술과의 비교

기술	주요 개념	클라우드 컴퓨팅과 관계
Grid Computing	Internet 상의 분산된 컴퓨터 자원 활용 대규모 계산(연산)문제 해결	Grid Computing은 Cloud Computing의 컴퓨팅 방식의 기반
Utility Computing	컴퓨팅 리소스(Resource)를 구매하지 않고 유틸리티처럼 사용량 기반 과금	Utility Computing은 Cloud Computing의 과금모형의 기반
Server Based Computing	서버에 Application 및 Data를 저장해 두고 접속해서 사용	클라우드 컴퓨팅은 가상화 된분산 컴퓨팅에 SBC는 특정 기업의 서버에 중심
Network Computing	SBC와 비슷하나 Application을 Local에 Down후 수행	이용자의 컴퓨팅 리소스를 이용하므로 클라우드 Computing과 구분
Saas	서비스 제공자의 S/W를 Internet 이용 제공	클라우드 Computing은 모든 IT 자원을 서비스

4.		Cloud Computing의 지속 발전 방향
가.		정부는 '클라우드 발전법'을 제정하여 클라우드 선도
		국가로의 발전도모중임
나.		공공기관 클라우드 이용 활성화 방안 마련할
다.		행정/공공기관 민간 클라우드 이용 가이드라인 제시
라.		Cloud 품질&성능 검증운영 체계 및 검증지원 체계 마련함
		- 한국클라우드산업 협회, 한국정보통신기술 협회 주관

"끝"

문 195) 엣지 컴퓨팅 (Edge Computing)

답)

1. Cloud Computing 한계 보완, Edge Computing의 개요

　가. IoT Device들 네트워크 가장자리(Edge)위치, Edge컴퓨팅상의 산업용 IoT, 자율주행 자동차등 실시간 데이터 처리는 원격지의 Cloud 컴퓨팅이 아닌 근거리 IDC에서 실시간 컴퓨팅 기술

　나. Computing 기술의 발전과정

~2000년대
Grid → Utility → SaaS → Cloud → Edge AI IoT BigData
성능, 실시간 처리기술

2. 엣지 Computing과 Cloud Computing의 개념도 & 비교

　가. Edge & cloud Computing 개념도

Cloud 컴퓨팅	Edge 컴퓨팅
물리위치 / BigData 처리 / 중앙에서 처리후 / 반응(지연) / App IoT 디반 Data / 지역클 AI 쌜	지연시간 단축 (실시간 처리) → Edge 컴퓨팅 / 해방 N/W의 Data 처리 / 엣지 플랫폼 / Cloud 가아닌 Edge 에서 Data 처리 (실시간) / Ap 산클 IoT AI 정보 Data

Cloud Computing (원격지)이 아닌 Edge (발생장소)에서 실시간 처리

　나. Edge와 cloud Computing의 비교

구분	Edge Computing	Cloud Computing
처리속도	거의 Real-Time	Non-Real Time
데이터처리량	소규모 Local Data	대규모 Big Data

	주요기능	분석/Filtering	수집/저장/처리/활용
	분포범위	지리적으로 광범위한 분포	중앙 Data 센터에 집중
	고성능처리	고성능처리어려움	고성능 처리 가능

3. 신속성/안전성등 강점 활용 Edge Computing 활용사례

가. 자율주행 자동차 : N/W 지연과 Data 전송오류를 최소화 하며 안전성 제고

나. Smart 공장 : Cloud 와 Edge Computing 조합으로 운영 (효율적)

다. 가상/증강현실 : 지연시간 최소화, 최적의 몰입경험 구현

라. 5G : 무선 기지국에 연산 능력을 부여 하여 다양한 서비스와

콘텐츠 제공.

"끝"

문 196) 엣지 컴퓨팅(Edge Computing)의 장단점과 적용 사례 및 보안취약점에 대하여 설명하시오

답)

1. Network 종단에서의 Computing 기술 엣지 컴퓨팅 개요

- 특 징 / 엣지 Computing / 보안취약점
- 대기시간 감소, 확장성·안정성, 비용절감
- Cloud나 중앙이 아닌 Network의 종단(Edge)에서 Data 처리 하는 Computing 기술
- 인증정보 탈취, DDoS공격, 민감정보 유출

- Edge Computing은 다양한 산업분야에서 활용됨

2. Edge Computing의 장단점

가. 엣지 컴퓨팅의 장점

항목	설명
Latency 감소	- IoT등 Device Data를 N/W 엣지에서 바로 처리
	- Cloud Computing 의존도↓ Real time 컴퓨팅보장
	- Data 소스에 근접, ML, AI 모델 구현 가능
	- N/W 지연과 Data 전송오류 최소화
비용절감	- 엣지와 Cloud 간 데이터 전송 비용 절감
	- Cloud와 Edge에서 실행될 서비스를 구분하여 IoT 관련 비용(cost) 절감

		Smart App.에 적용	-시간에 민감한 IoT App. 요구사항 충족 가능 -대량의 Data 생성/저장/분석/처리 가능 -산업분야의 스트리밍 Data 실시간 처리 가능
4.		엣지 Computing의 단점	

항목	설명
보전성	-필요에 의해 가공된 데이터만 분석/처리, 원천 데이터&불완전 정보는 폐기되는 문제 -향후 필요한 정보의 손실이 발생 가능
해킹	-IoT 장치에 대한 악의적인 공격문제 -N/W 연결장치&내장 Computer 추가에 따라 해커가 침투하여 중요 Data 해킹우려
대량화	-데이터 처리위한 다양한 H/W, S/W 장비 필요 -규모에 따라 구성을 위한 비용 증가

3.		Edge Computing 적용사례		

분야	적용사례	설명
제조업	Smart 팩토리	-생산설비&기계 Data 분석, 불량공정해소 -장애에 대해 실시간 예측 및 해결 -재고 관리 통한 비용 효율화
교통/물류	자율 자동차	-차량에 부착된 Sensor 정보의 Real time 수집→차간거리, 도로상황 대처가능 -이동수단에서 컨텐츠 소비 플랫폼으로변화

		통신	이동통신	-MEC (모바일 엣지 컴퓨팅) 표준활용
				-이동통신 저지연 (Delay 1ms) 실현
				-통신 3사 엣지 Computing 기술 적용서비스 (제공)
		가전	Device Mesh	-개개인의 생활 & 환경에 대한 정보 수집
				/분석하여 필요한 제어 및 서비스 제공
				-지능형 통합 가사 도우미 System 구축가능
		에너지	운영 최적화	-발전기기의 가동 상태 실시간 Monitoring
				-에너지 하베스팅, ESS 통한 에너지 효율극대화
		의료	보행보조	-보행 보조 지팡이등 엣지 Computing 적용
				-주변 환경 정보 파악, 안전한 이동지원 제공

4. Edge Computing 보안취약점 설명

구분	보안취약점	대응방안
인증	① 안전하지않은 키관리	주기적 갱신, 2-factor
	-주기적 갱신안됨	인증 계정관리 철저
	② 재전송공격 (Replay공격)	-Session 토큰 활용 추가
	-인증정보 탈취후 공격	인증 수행 -경량알고리즘
	③ 중간자공격 (MITM공격)	(인증사), 공격감지/방어
	-통신 중간에서 데이터 통합공격	체계 구축수행
N/W	① DDoS공격 -엣지 디바이	-최소/최적 Device 연결
	스 증가에 따른 취약점 존재	-IoT단말 최신보안Update
	② N/W 보안 장비부재	엣지 Device에 대한보안

			-엣지단 N/W보안장비부족	S/W설치 & 최신Update
		Data	① Data 암호화 취약 : 암호화 부재 & 취약 알고리즘 적용	-주요 정보 내부 저장 최소화 -경량암호화적용
			② Data 접근 통제부재 : IoT 기기 접근통제부재 취약점존재	속성기반 암호기법 -함수 암호기법
		프라이-버시	① 위치 프라이버시 : 위치정보 프라이버시 침해	-익명성이용, 장치식별 방어, Dummy 활용혼잡위
			② Data 프라이버시 : 민감정보 접근/수집등 프라이버시 침해	-동형 암호화 -프라이버시 관리 방안

"끝"

문197) 상황인식 컴퓨팅(Context Aware Computing)

답)

1. Computer와 사람의 협업, 상황인식 컴퓨팅의 개요

　가. 상황인식 컴퓨팅(Context Aware Computing)의 정의

　　사용장소, 주변사람과 물체의 결합에 따라 적응적이며 동시에

　　시간이 경과되면서 이러한 대상의 변화까지 수용할수 있는 S/W

　나. 상황정보의 유형

- 컴퓨팅 상황정보: 동작중인 process/Thread, N/W, 통신대역폭 등
- 사용자 상황정보: 시간, 위치, 사용자 profile 등
- 물리적 상황정보: 공간, 시간, 환경, 가용자원, 장애 등

2. Context Aware Computing의 개념도및 요소기술

　가. 상황인식 컴퓨팅의 개념도

　나. 상황인식 Computing의 요소기술

구분	요소기술	설명
지능 공간	센서, RFID, 카메라, Log정보 등등	사용자의 작업과 관련 있는 정보 서비스를 사용자에게 제공하는 과정
Data수집	사용자환경등	사용자/물리적 환경/컴퓨팅 시스템 등

		Smart Data 수집	센서, PC, 모바일, N/W 정보 등등	GPS 수신기, 사물 내장 RFID Tag 정보
				Zigbee, bluetooth, WLAN, 5G등
		Context Aware Computing	Data Modeling(모델링), 분석, 활용	Key Value(환경 변수 저장) Markup 스키마
				메타 Data, Logic기반, Log 저장및 해독 등
		서비스	분석& 활용	상황정보 서비스 분석, 상황정보 제공 등

3.　상황인식 Computing의 향후 발전 방향

- 인공지능(AI) 모형을 통한 실시간 상황정보 분석/활용 방안

- 상황정보의 방대함 - Big Data 처리 기반 필요

- Emergency 상황극복 위한 Log Data 분석 실시간 해석 등

"끝"

문198) 양자 컴퓨터의 특징과 기존 컴퓨터와 비교 설명하시오.

답)

1. 양자의 중첩, 얽힘 현상 이용 초고속연산, 양자컴퓨터의 개요

   가. 양자(Quantum)와 양자컴퓨터의 정의

   | 양자 | 양자 역학, 물질의 입자성과 작동성 특성을 기술하는 물리량의 최소단위, 더 이상 나눌수 없는 에너지의 최소량의 단위

   | 양자 컴퓨터 | 양자 역학 고유의 중첩, 얽힘 등의 원리에 따라 다수의 정보를 동시에 초고속으로 처리할수 있는 새로운 개념의 컴퓨터

   나. 양자 컴퓨터(Quantum Computer)의 등장배경

   - 기존 컴퓨터 무어법칙의 한계도래
   - 4차 산업혁명시대 초고속연산필요
   - 미세공정(10nm이하) 비용상승등

   양자컴퓨팅 선기술 확보 → 보안(5G), 성능향상, 가격재음

2. 양자 Computer의 특징

특징	정의	양자컴퓨터 작용
중첩(Super position)	아날로그 / 디지털 / 양자 중첩	양자중첩, 병렬 함수에의한연산 (기속처리)
얽힘 (Entanglement)	-근/먼거리에 있는 양자거리 동거리 되는 얽힘. -2개 양자 Bit로 4가지(00~11) 경우의 수를 한번에 처리. Qubit 양자 A비트 등거리 Qubit 양자 B비트 1쌍 2개 Qubit로 00,01,10 11 등에 등록가능	-데이터 병렬 계산 -속도를 획기적으로 향상 -얽혀있는 Qubit 상호작용으로 고속처
양자 비트 (Qubit)	-Quantum + Bit의 합성어 -∅, 1 두가지 상태를 이용하여 정보처	Qubit수 증가시 지수함수적 향상 속도

양자 주의의 변환
QFT (Quantum Fourier Transform)

	양자 병렬성	연산시 마치 Ø과 1인 경우를 동시에 훑어가면서 연산하는 효과	고속 정보 처리 가능	
	복제불가 원리	- 임의의 양자정보 복제 불가능 - 정보 전달과정 도청(Sniffing)위험対	양자암호통신 에 활용	
	알고리즘	Shor's 알고리즘 (Algorithm)	QFT이용	
	적용	Grover 알고리즘 (Algorithm)	특정조건 검색	

3. 기존 Computer와 양자 Computer의 비교

구분	기존 Computer	양자 컴퓨터
정보표현	Ø ① 정보를 Ø,1로표현 참,거짓, True, False로 표현	Ø ① 중첩 Ø, 1, 중첩 으로 표현
논리식	부울식 (Boolean)	Quantum (양자) 논리
기본단위	Bit (Ø 또는 1)	Qubit (중첩, 얽힘)
연산방법	논리동에 의한 연산 (계산)	행렬함수에 의한 계산
외부 잡음	오류 정정이 쉬움	오류정정이 어려움
n bit 정보량	$0 \sim 2^n - 1$ 중 1개만 기억	2^n의 모든 값을 기억 (중첩
연산 동작 처리량	n bit ALU는 1번 연산동작 3 bit경우 정보처리는 8번(회) 반복계산	n Qubit ALU는 2^n 연산동작 3 Qubit의 경우 정보처리 1회 (동시계산)

①	Ø	Ø	Ø	0	⑤	1	Ø	Ø	4
②	Ø	Ø	1	1	⑥	1	Ø	1	5
③	Ø	1	Ø	2	⑦	1	1	Ø	6
④	Ø	1	1	3	⑧	1	1	1	8

- ALU (Arithmetic Logic Unit) : 논리연산장치

"끝"

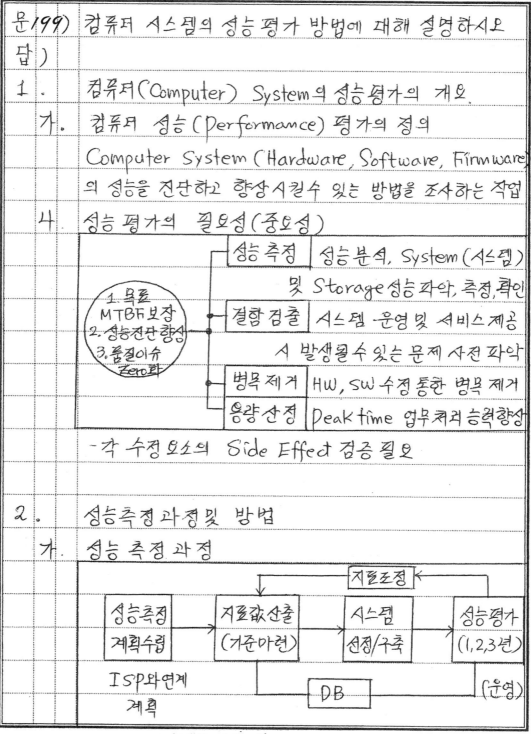

문199)	컴퓨터 시스템의 성능평가 방법에 대해 설명하시오
답)	
1.	컴퓨터(Computer) System의 성능평가의 개요.
가.	컴퓨터 성능(Performance) 평가의 정의
	Computer System (Hardware, Software, Firmware) 의 성능을 진단하고 향상시킬수 있는 방법을 조사하는 작업
나.	성능평가의 필요성(중요성)

1. 목표
MTBF보장
2. 성능진단 향상
3. 품질이슈
Zero화

성능 측정	성능분석, System (시스템) 및 Storage 성능파악, 측정, 확인
결함 검출	시스템 운영 및 서비스제공 시 발생될수 있는 문제 사전 파악
병목 제거	HW, SW 수정 통한 병목 제거
용량 산정	Peak time 업무처리 능력향상

- 각 수정요소의 Side Effect 검증 필요

2.	성능측정 과정및 방법
가.	성능 측정 과정

성능측정 계획수립	→	자료값산출 (기준마련)	→	시스템 선정/구축	→	성능평가 (1,2,3년)

자료조정

ISP와연계 계획

DB

(운영)

ISP : 정보 전략 Plan

- 운영 (Operation) 시에도 지속 성능분석 수행, 용량 부족시 스토리지 추가. - 성능분석 결과를 용량산정시 활용

4. 성능 측정 방법

구분	항목	측정 방법
시스템 (Client Server)	CPU (중앙 처리 장치) 사용도 측정	- CPU 사용도 (Usage), - 사용자 (User), System, Idle 모드로 구분 - Thrashing, Block/Wait Job - 평상시의 Peak time 사용률
주기억 장치 (Main Memory)	Memory 사용도 측정	- Page In/Out/Fault 비율, Swap (교체) In/out, 캐쉬 Hit/미스 비율 (Ratio), System/App. 별 사용률
보조 기억 장치	HDD, SSD 등	- Disk Busy 비율, 초당 Access 속도, - Read/Write/IO 속도 조사
어플리케이션 (App.)	WEB, WAS서버 DB서버	- Keep Alive time, Busy율, Log 생성 등 - Buffer Hit율, 라이브러리 Hit율 등
스토리지 (Storage)	스토리지	- Cache memory의 Read/Write Miss 비율, RAID 안전성 및 보안
SAN	스위치	- Port Busy율, Port간의 Traffic 등

3. SPEC와 TPC의 특징 및 비교

가. SPEC (Standard Performance Evalution Corp.) 특징
- CPU, 서버, 가상화 Infra등 속도 측정 가능

		특징	CPU, Mail 서버, 가상화, WEB/WAS서버, 전력 효율성		
		측정 항목	속도 측정	int / float 성능측정 (SPECint)	
			성능 측정	int / float 성능측정 (SPEC fp-rate)	
			WEB 서버	Web 서버 가용성, Client / Server	
	4.	TPC (Transaction Processing 성능 Council) 특징, 측정			
		특징	주로 Transaction(처리) 단위의 성능 측정 모델		
		측정 항목	TPC-C	전자상거래(OLTP) 비즈니스 모델	
			TPC-D	의사결정 지원하기 위한 벤치마크	
			TPC-H	병렬 Data 처리 성능 기준 제시	
			TPC-Energy	Transaction 별 에너지 (Watt) 모델	
			TPC-R	정형화된 데이터 처리에 대한 정의	
			TPC-W	웹/캐시/DB서버등의 환경고려 성능측정	

- Tmpc : 분당 처리되는 트랜잭션 수를 의미함

다. SPEC와 TPC의 비교

구분	SPEC	TPC
주관 기관	SPEC사 (영리)	TPC 위원회 (비영리)
측정대상	서버 성능, 정수, 부동소수연산	OLTP, 분당 처리수
평가기준	속도, 성능, 가용성	전자상거래, 에너지

4. Computer 성능 평가시 고려사항

- Benchmark에 대한 test 결과가 절대적인 평가 기준은 아님, Tmpc (분당 처리수) 가 공인된 수치

이건 하나 실제 업무에서 똑 같은 성능이 보장안됨
- Vendor는 BMT(Bench Mark Test) 결과 발표시
  자신에게 유리한 결과 공개, 비교 대상 Level 확인
  필요.

"끝"

문200) CPU 성능측정 (Cpu Utilization, Throughput, Turnaround Time, Waiting Time, Response Time)

답)

1. CPU 성능측정을 위한 처리율, 반환시간, 응답시간 정의

구분	정 의
Throughput (처리율)	단위 시간내에 프로세스 처리량
Turnaround Time (반환시간)	단위 프로세스가 시작부터 반료시까지 걸리는시간
Response Time (응답시간)	시스템이 사용자의 요구에 응답하는 시간

- CPU 성능 측정을 위해 처리율, 반환시간, 응답시간을 활용함

2. Throughput, Turnaround Time, Response time 상세 설명

가. 처리율, 반환시간, 응답시간, 대기시간 측정방식

나. 각 측정방식의 설명

No	구분	설명
①	대기시간	process 생성되고 시작전까지 대기시간
②	응답시간	Queue도착부터 첫번째 Output까지 시간
③	반환시간	처음도착부터 Model T가 종료될때까지시간
④	처리율	단위시간당 process 처리시간

3. CPU 성능목표및 최적화 방안

가. CPU 성능목표

구분	설 명
Max CPU 이용율	CPU 자원의 최적 최대사용, 한정된 자원의 효율화
Max 처리율	단위시간당 동시처리 가능 건수의 증대
Min 반환시간	프로세스 단위당 처리시간을 단축, 시스템 효율성 향상
Min 대기시간	작업의 대기시간을 최소, 자원낭비 감소
Min 응답시간	시작부터 종료시점까지 소요되는 전체시간 단축

사. CPU 성능 최적화 방안

- 다중 programming을 통한 다수의 프로세스 수행시 CPU 성능을 최적화 시키기위한 스케줄링 방법 사용
- CPU 스케줄링 기법에 대한 상세 이해를 통해 CPU 성능 최적화 방안을 도출 할수 있음.

" 끝 "

문 201) 병행성(Concurrency)과 병렬성(Parallelism)

답) CPU

1. 병행성과 병렬성의 정의

병행성	하나의 프로세서를 이용해 두개 이상의 프로그램을 동시에 실행하는 것, 동시에 다수의 작업을 처리하는 논리적 성질
병렬성	다수의 프로세서들이 여러개의 프로그램들 또는 한 프로그램의 분할된 부분들을 동시에 처리. (물리적 성질)

2. 병행성과 병렬성의 도식화 및 컴퓨터 구조 관점에서의 비교

   가. 병행성과 병렬성의 도식 설명

구분	도식화	설명
병행성		하나 이상의 프로그램들이 한 순간에 하나의 CPU에서 처리됨
병렬성		하나 이상의 프로그램들이 한 순간에 여러 CPU에서 처리됨

   나. 컴퓨터 구조 관점에서의 병행성과 병렬성 비교

구분	병행성	병렬성
핵심차이	단일프로세서에서 동시처리	멀티프로세서 상의 작업동시처리
프로세서개수	1개	N개
구현방법	시분할 방식	슈퍼스칼라, VLIW등
구현사례	Thread, Process	CUDA, MPI

   - 병행성은 싱글코어에서 멀티쓰레드를 동작시키기 위한

방식이고 병렬성은 멀티코어에서 멀티 쓰레드 (Multi-Thread)를 동작시키기 위한 방식

3. 운영체제 관점 병행성과 병렬성 비교

구분	병행성(Concurrent)	병렬성(Parallelism)
핵심차이점	운영체제 도움없이 자체구현	OS(운영체제)상 제공
실행단위	루틴 (Routine)	쓰레드 (Thread)
구현방법	자체 스케줄링 구현	OS상 Thread 스케줄링구현
구현사례	Go 언어의 go Routine	Thread
장점	Single Thread 상 구현가능	Thread 간 독립적 작업
	Routine간 동기화 처리 간편	수행가능
단점	자체 Scheduling 구현복잡	Thread간 세밀한 동기화 처리

"끝"

문 20)	GPGPU (General-Purpose Computing on Graphics Processing Unit)
답)	
1.	GPU 상의 범용계산, GPGPU의 개요
가. GPGPU 의 정의	그래픽 처리 장치 (GPU)는 컴퓨터 그래픽을 위한 계산만 수행했으나 성능이 Up되어 CPU가 맡았던 응용 프로그램의 계산에 사용하는 기술
나	GPGPU의 등장배경과 특징

GPGPU의 등장배경과 특징

등장배경		특징	GPGPU 특징
기존 → CPU:대규모 소비전력 / 대량 Data처리 위해 다수 CPU 필요	복합 → CPU +GPU / GPU에서 대량 Data 고속처리 가능 / CPU와 GPU 협업	저소비 전력구현	범용 연산처리 / 고성능 병렬화 / 프로그래밍 플랫폼등 / 고해상도 3D Graphic등 / 다수ALU 고속연산 / CUDA등 S/W지원

2.	GPGPU의 구성 및 CPU와 GPU 병렬동작
가	GPGPU의 구성 (NVidea CUDA에서)

- SM(Streaming Multiprocessor)(Core)와 스케줄러
SP(Streaming processor), SFUs(Special Function Units), Load/Store Unit들로 구성되어 있음

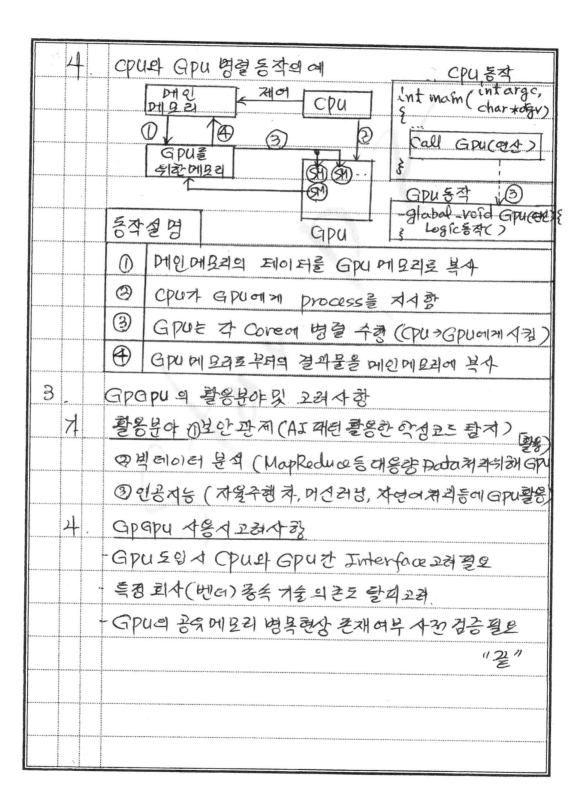

4. CPU와 GPU 병렬 동작의 예

CPU 동작
```
int main ( int argc,
               char *agv)
{
    call GPU(연산 )
}
```

GPU 동작   ③
```
global void GPU(연산){
    Logic동작( )
}
```

동작설명	
①	메인메모리의 데이터를 GPU 메모리로 복사
②	CPU가 GPU에게 process를 지시함
③	GPU는 각 Core에 병렬 수행 (CPU→GPU에게 시킴)
④	GPU 메모리로부터의 결과물을 메인메모리에 복사

3. GPGPU의 활용분야 및 고려사항

가. 활용분야 ① 보안관제 (AI 패턴 활용한 악성코드 탐지) [활용]

② 빅데이터 분석 (MapReduce 등 대용량 Data처리위해 GPU)

③ 인공지능 (자율주행 차, 머신러닝, 자연어처리 등에 GPU활용)

4. GPGPU 사용시 고려사항

- GPU 도입시 CPU와 GPU간 Interface 고려필요

- 특정 회사(벤더) 종속 기술의 큰도 탈피고려.

- GPU의 공유메모리 병목현상 존재여부 사전 검증필요

"끝"

문203) CPU(Central Processing Unit)와 GPU(Graphic Processing unit)의 차이점

답)

1. CPU와 GPU의 개념과 특징

		개념	명령 해독, 산술논리연산&데이터 처리/실행
CPU		특징	-Computer의 가장 핵심(Core)부분 -ALU, Register, 제어장치, Bus로 구성
GPU		개념	이미지와 영상을 처리하는 역할수행
		특징	Floating Point 연산을 수행하는 ALU Core를 수천개 반복 구성시켜 빠른 Graphic 처리수행

2. CPU와 GPU의 차이점

구분	CPU	GPU
구조	Control / ALU ALU / ALU ALU / Cache / DRAM	ALU1 / ALU2 / ALU3 / ALU4 / 제어 DRAM
구성 요소	DRAM, Cache, SP (stack point) 제어기, ALU, I/O 등	DRAM, 소형 Cache, 제어기 다수의 ALU, SP, TPC
Core 구성	하나의 CPU는 몇개의 최적화된 Core로 구성	병렬처리용으로 설계, 수천개의 소형 ALU
연산 처리	-병렬/직렬 처리 -명령어를 병렬로 순차처리	-병렬 처리가 기본 -특정연산을 동시에 처리

연산대상	정수연산 중심	부동소수점 연산 중심
Data 구조	연산 : Stack 기반	비트맵(X,Y,Z 기반위치와길이)
연산수행	process/Thread 기반	Multi-Thread가 가능
기술요구	빠른 명령어 처리	고속 병렬 연산

- 고속연산 병렬연산을 통한 GPU의 Data 처리 능력으로 Machine Learning, Deep Learning등 인공지능 분야 에서 GPU가 보편적으로 사용

3 GPU + CPU ⇒ GPGPU (General Purpose GPU)

```
                    고속연산
         ┌────────┐  행렬, Vector 연산  →  ┌──────────────┐
         │  CPU   │ ←──────────────────→ │ Programming  │
         │        │     연산기능 담당      │    환경       │
         └────────┘                       ├──────────────┤
                                          │  GPU 가속기   │
                                          └──────────────┘
```

- GPU의 일부기능을 통해 CPU의 연산기능을 분배하여 고속처리가 가능한 기술 (상호-협력)

"끝"

문 204)	정보시스템 하드웨어 규모산정 지침 (TTAKKO-10.	
	φ292/R2)에 따른 하드웨어 규모산정절차	
답)		
1.	성능요구사항 재용, Hardware 규모산정의 정의	
	서버 CPU수 & Disk용량등 기본용량과 성능요구사항	
	이 제시되었을 경우, 이를 System 장비 요구사항에	
	포함하여 Hardware 규모를 산정하는 기법	
2.	Hardware 규모산정절차 & 상세설명	
가.	H/W 규모산정 절차	

① 구축방향 & 기초자료조사 → ② 기초자료 & 업무분석 → ③ 참조모델결정 & 서버규모산정, Disk용량등 → ④ 참조모델별 가중치 적용

전체 System 현황에 대한 아키텍처 모델을 수립하고
기준부하를 산정하여 서버별 규모산정 → 가중치적용 → 확정

나. Hardware 규모산정 절차 상세

단계	주요 활동	설명
	전체 System 현황파악	서버개수, App.아키텍처, 통신, 정보, BR등
①	기초자료 조사	공통 & OLTP서버 : 목표수준, System 업무 내용, 사용자 증가 고려 비용계획, BR등
		WEB서버 : 사용자수, Webpage크기등
		WAS서버 : System 용도 & 형태, SSL사용

	②	기준부하 산정	-각 업무별 예상부하 합산 →기준부하선정 -분당 트랜잭션수(TPM), 동시사용자, 세션수	
		내용검증 수행	-Biz 요구사항, 트랜잭션타입, 특성등 -온라인/Batch 구분, 요구시간, 처리 볼륨등	
	③	참조 모델 (R.M) 선택	-RM1: WEB/WAS/DB (단일서버에 처리) -RM2: WEB/WAS, OLTP (응용/DB계층분리) -RM3: WEB/WAS, OLTP (WEB, 응용, DB분리)	
		요소별 규모산정	-②단계 조사된 업무분석 자료 기반 보정계수설정 -CPU, Memory, Disk 구성요소 규모산정수행	
	④	참조모델 1 가중치 적용	-WB/WAS/DB 역할을 동시에 수행하므로 서버의 CPU 규모에 상대적 서버 가중치 2.1 (WEB: 0.4, WAS: 0.7, DB: 1) 적용	
		참조모델 2 가중치 적용	-WEB/ 응용서버, DB서버: WEB, WAS의 역할 동시에 수행해야함 1.6 (WEB: 0.6, WAS: 1) -WEB서버, 응용/DB서버: 응용과 DB서버 의 역할을 동시에 수행, 1.7 (응용: 0.7, DB: 1)	
		참조모델 3 가중치적용	가중치 미 적용 (WEB: 1, WAS: 1, DB: 1)	

-규모산정의 정확도는 규모산정을 위한 기초 자료확보,
표준화된 계산식과 절차, 산정결과의 DB 저장 &
재활용성의 4가지에 의해 결정됨

3.	Hardware 규모산정 방법 비교	

방법	개념	특징

		수식 계산법	사용자 수 등 규모 산정을 위한 요소를 토대로 용량수치를 계산하고 보정치(보정계수 등) 적용하는 방법	- 규모 산정 근거가 명확 - 보정치에 대한 근거 제시 부족
		참조법	업무량(사용자 수, 연계 수, DB 크기)에 따라 기본 데이터를 토대로 대략적인 시스템(System) 규모를 비교하여 비슷한 규모를 산정 (비슷한 규모 참조)	- 기존 System과 비교 가능 - 계산식이 아니라 부정확
		시뮬- 레이션	대상 업무에 대한 작업 부하를 Modeling하고 이를 Simulation 하여 규모를 산정	- 정확한 값 산출 가능 - 시간 & 비용 과다

- 정확한 규모 산정을 유도하기 위해서는 적절한 규모
산정 방식 적용 필요

"끝"

문205) TTA기반으로 정보시스템의 Hardware 용량을 산정
하고자 한다. 다음에 대하여 설명하시오.

1) Hardware 규모산정 방법에 대한 개념및 장·단점
2) 규모산정
3) CPU 및 스토리지의 성능 기준치

답)

1. TTA 기반의 H/W 규모산정방법 개념& 장/단점

가. H/W 규모산정방법 개념과 방법

항목	개념도	설명 & 특징
〈개념〉 규모 산정	응량관리 / 응량계획 / 규모산정	용량&성능, 요구사항이 제시 되었을때 그것을 System 요구사항으로 적용, 시스템관점
〈방법〉 수식 계산법	동시접속자 50명 → 2Core (VM) 5만명 → 64Core (VM)	사용자수등 규모산정을 위한 요소를 토대로 용량수치 계산, 보정치를 적용하는 방법. 기존자료분석 기반 수식 결과
참조법	동시접속자 9,000명 규모산정 DB 1만명 규모접속개	업무량(사용자수,DB크기등) 기존데이터 기반, 유사 규모산정, 유사정보 활용, 재사용
시뮬레이션	〈업무 모델링 환경구축〉 WEB → WAS → DB 시뮬레이션 수행 → 규모산정	대상업무 작업부하를 모델링 하고 시뮬레이션하여 규모산정 유사환경 Test, 비용투자 필요

- 정보 System Hardware 규모산정에 일반적으로 수식계산 / 참조 / Simulation법 3가지 방법 적용

다. Hardware 규모산정 3가지 방법의 장/단점

방법	기간	신뢰성	장점	단점
수식 계산법	단기간	낮음	-근거 제시 명확 -산정 간단	보정치 오류시 결과 차이 큼
참조법			비교적 안정 (기존과 비교가능)	비교방식으로 근거제시 미약
Simulation	장기간	높음	상대적 정확성	시간/비용 소요

2. TTA 기반의 H/W 규모산정 대상과 상세방법

가. Hardware 규모산정 대상

구분	Hardware 유형		System 유형	
			OLTP	WEB/WAS
서버	CPU		○	○
	Memory		○	○
	Storage		○	
	Disk	시스템	○	
		Data	○	

- CPU : 규모계산, 속도(적정성) 고려 서버기종 선정
- 스토리지 : CPU 기반 서버규모 산정 → Storage 규모선정

나. Hardware 규모산정 대상별 상세 방법

구분	산정 방식 상세

		OLTP	CPU (tpmC단위) = (분당트랙잭션수 × tmpC보정 × DB크기 보정 × Application 구조 보정 × App. 부하 보정 × cluster 보정 × 시스템 여유율) / System 목표 활용률
	CPU	WEB/WAS	CPU (max-jOPS단위) = (동시사용자수 × 사용자당 Operation수 × 기본OPS보정 × 업무용도 보정 × I/F부하 보정 × 피크타임 보정 × cluster 보정 × System 여유율) / (시스템목표활용률 × 단위보정)
	스토리지	OLTP/Batch	Storage 크기는 서버 성능에 의존, 서버 성능당 스토리지 성능 비율 즉 tpmc당 IOPS 비율로 설정 OLTP/Batch서버는 산정된 tmc 성능치의 2/₃를 IOPS로 산정 (메가/기가)
	메모리		메모리 (M/G 단위) = {시스템영역 + (사용자당 필요 메모리 × 사용자 수) + 미들웨어 Buffer Cache 메모리) × 버퍼 캐시보정 × System 여유율
	Disk		System Disk = (System OS 영역 + 응용 프로그램 영역 + SWAP 영역) × File system overhead × System Disk 여유율 × RAID 여유율 Data 디스크

3		CPU & Storage의 성능 기준치와 산정 방식 상세 (TTA기준)
가		CPU & Storage의 성능 기준치

구분	CPU			스토리지
	OLTP&Batch	WEB	WAS	

성능측정치	tpmC(TPC-C)	Max-jOPS	IOPS
참조성능기준	TPC-C	SPECjbb2015	SPC-1

-메모리와 Disk 경우는 Mega/Giga Byte 기준 성능 적용

4. Hardware 성능 기준치 상세

구분	설명	주관
TPC-C	-트랜잭션 처리속도 이용 BMT기법 -tpmC를 산출하기 위한 기법	TPC
SPECjbb 2015	-Java Biz 응용을 위한 SPEC 벤치마크 -성능=처리량, 단위는 초당 수행 연산수	SPEC
IOPS	Random으로 작은 블럭의 I/O 처리능력	-
SPC-1	비즈니스 Critical Application과 OLTP 환경 성능측정 위한 Test	SPC

-IOPS 성능 측정 도구: IOMeter, Postmark, j-meter 등

4 Hardware 규모산정 고려사항

고려사항	최적 실현 방안
구축 System에 대한 중장기적 측면 고려	최초 도입/운영 3~5년간 시스템 생명주기 기반 증가율 사전 반영
전략에 부합한 규모산정	System 운영 변수고려 보정치 반영
장비 설치 조건 고려	In/output 고려 구성 검토
중장기 고려 확장성 여부	Interface (외부연계) 고려

"끝"

문206) 모바일 및 임베디드 System에 주로 이용되고 있는 ARM(Advanced RISC Machine) 프로세서에 대하여 다음사항을 설명하시오.

가. ARM 프로세서의 특징

나. ARM Hardware 임베디드 시스템 아키텍처

다. ARM Software 계층구조

답)

1. ARM(Advanced RISC Machine) 개요

가. RISC 기반 명령어처리, ARM의 정의

영국 ARM사에서 개발 & 설계하는 CPU 아키텍처로 임베디드 기기에 많이 사용되는 RISC 기반 processor

나. ARM Processor의 특징

RISC 아키텍처	성능향상	H/W 복잡도↓	고집접, 저비용	Debugger 기술
-코드 집적도↑	-파이프라인	-H/W복잡도	-고집접 Code	-H/W 디버그
-단순한	(병렬처리↑)	낮아구현용이	-저가격	기술채용
RISC기반	고정길이	-저전력	-메모리소자	-log, 분석및
명령어	명령어	-Easy 설계	-저가격	개선

- 고정 길이 명령어로 Pipeline 통한 병렬 처리, 성능향상

- Hardware 복잡도가 낮아 Easy 설계 & 구현

2. ARM H/W Embedded System 아키텍처

가. ARM H/W 아키텍처 구성도

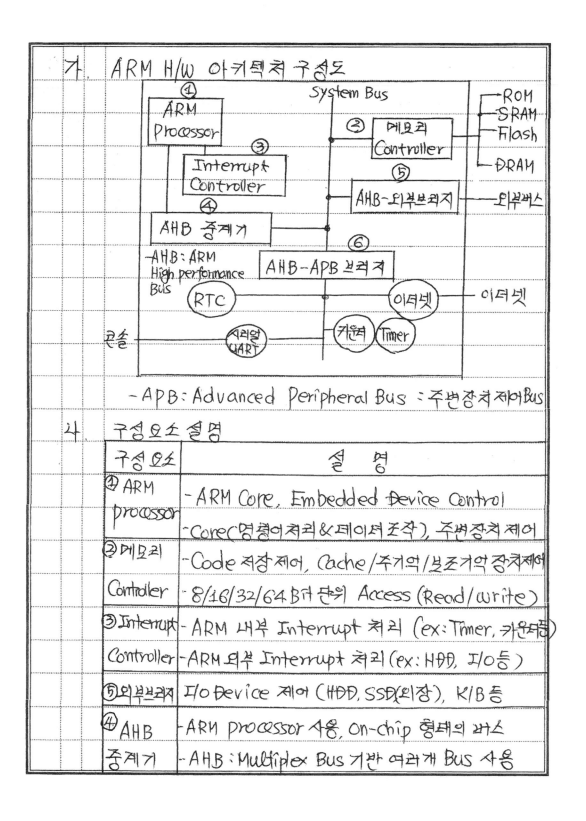

- APB : Advanced Peripheral Bus : 주변장치제어 Bus

나. 구성요소 설명

구성요소	설명
① ARM processor	- ARM Core, Embedded Device Control - Core(명령어처리&데이터조작), 주변장치 제어
② 메모리 Controller	- Code 저장 제어, Cache/주기억/보조기억 장치제어 - 8/16/32/64 Bit 단위 Access (Read/Write)
③ Interrupt Controller	- ARM 내부 Interrupt 처리 (ex: Timer, 카운터등) - ARM 외부 Interrupt 처리 (ex: HDD, I/O등)
⑤ 외부브릿지	I/O Device 제어 (HDD, SSD(외장), K/B등
④ AHB 중계기	- ARM processor 사용, On-chip 형태의 버스 - AHB : Multiplex Bus 기반 여러개 Bus 사용

	⑥ APB 브리지	주변장치가 ARM Core & Controller간 통신

3. ARM Software 계층구조

가. ARM Software 계층도

L4	Application	······ 사용자
L3	Operating System	···· S/W, H/W 제어
L2	초기화 / Device Drivers(S/W)	·· H/W 제어
Layer1	Hardware Device	··· H/W

- S/W 계층구조는 Hardware 장치부터 사용자까지
  Layer별로 추상화(단순)를 통해 제어

나. ARM Software 계층구조 설명

Layer	계층구조	설 명
L4	Application	- End User, 실제 Job 처리 Layer. - 장치에 필요한 여러 Task들 중 하나를 수행
L3	OS	Core, Interrupt, System Bus, 주변장치, 메모리, 브리지 등의 H/W와 S/W 구동
L2	Device Driver	Hardware 장치 구동을 위한 S/W 각 Controller와 Device의 Interface 제공
	초기화 작업	- H/W 설정(초기화), 진단, 부팅(Loading) 수행 - 초기화 : 각 Controller & Device 명령 대기상태 로 초기화, 진단 : 정상여부 진단, 부팅 : 사용자 명령 대기 상태가 되도록 prompt 상태로 전환,

			이미지 로드 후 그 이미지로 제어권 이관 작업
		L1 H/W	ARM S/W 구동위한 Hardware
4.			ARM processor의 지속 발전 방향
			- 저전력, 고효율 특징의 극대화 통한 ARM core 편의성
			- 복잡성 해소 통한 지속 모바일 & 임베디드 에 적용
			- 병렬처리 통한 AI 학습용 Model Tuning에 적용
			- 고정길이 명령처리로 pipeline 처리 극대화
			- AMBA 버스 protocol의 지속 고속화 연구
			"끝"

문207) TPU (Tensor Processing Unit)

답)

1. Tensor flow에 최적화된 Chipset. TPU 개요

가. TPU (Tensor Processing Unit)의 정의

- Learning Machine (기계학습)을 더 빠르게 처리하기 위해 연산 정밀도 향상, 연산속도 고속화 처리가 가능한 인공지능 (AI)에 특화된 주문형 반도체소자

나. TPU 등장배경 & 핵심특징

-기계학습 효율성 증대 Chip 필요 -연산극대화, 저전력	AI특화 고속처리	-Tensor flow 최적 지원 -CPU+GPU보다 AI 고속 -소비전력↓연산능력향상
(등장배경)		(핵심특징)

2. TPU 아키텍처(예시)와 동작원리

가. TPU 아키텍처 구성도

① Input 입력 → Interface 기술 (PCIe 등) ↔ Host 인터페이스 ↔ 연산 제어 Unit → DDR5, HBM → Weight FIFO (처리 스케줄링)

③ Unified Buffer (연산결과 저장 & 새로운 Input)

행렬연산

활성함수

Feedback

④ 제어   ⑤ output

나. 동작원리

		① Input Interface : PCIe등 DDR5, HBM에 저장
		② 연산결과를 임시로 저장, 저장 결과값은 새로운 입력
		③ Vector 연산 (병렬연산)을 거쳐 활성함수 포함
		Unified Buffer에 임시로 저장
		④ 연산등 제어 수행
		⑤ 필요시 output으로 결과값 출력
3		TPU의 발전방향
		- 초고속 Memory (HBM-PIM)와 연동 고속 병렬처리
		- 고속, 전력효율 향상필요, AI에 최적화된 process와
		processor 개발필요, 정밀도 향상추구.
		- 초거대 언어 모델 (LLM)과 인간 피드백 통한 강화학습
		(RLHF)에도 TPU 통한 초고속 처리
		"끝"

문208)	AI 반도체
답)	

1. 학습/추론 대응 가능, AI(인공지능) 반도체 개요

　가. AI 기반 산업의 확대, AI 반도체의 정의

　학습/추론등 인공지능 서비스 구현에 필요한 대규모

　연산을 높은 성능, 높은 전력 효율로 실행되는 AI 반도체

　나. AI 반도체의 등장 배경

2. AI 반도체의 구분 및 도입순서 (예시)

　가. AI 반도체의 구분

구현목적	학습용 AI, 추론용 AI 반도체	
platform	Model 학습 Server, Edge device용	
기술구현 방식	NPU (신경망 처리 장치)	Neuromorphic chip (뉴로모픽 반도체) →
도입순서	범용 GPU → FPGA → DNN (심층신경망) ASIC → 뉴로모픽	
특징	유연성↑, 연산능력↑ 소비전력효율↑ 가격↓	

　나. AI 반도체 도입 순서

범용 GPU	CPU 대비 높은 성능향상, AI 발전 견인
FPGA	CPU연계 병렬 작동, Easy 설계&구현 가능

		DNN ASIC	알고리즘 활용 → 저전력 구현	
		뉴로모픽	인간의 뇌(뉴런) 구성, 병렬처리, 연산 성능↑	
3		기존 반도체와 AI 반도체의 비교		
		구분	기존 반도체	AI 반도체
		기능	범용목적 (OS 범용SW) (단순한 인지수준으로 제약)	인공지능 최적화 (복잡한 상황인식/판단 가능)
		기술특징	데이터를 순차적으로 처리	대량의 Data를 동시(병렬)처리
		성능	단순 연산 성능	AI 처리 성능 향상

"끝"